高职院校思想政治教育工作与实践育人体系构建

陈 燕 钱跃文◎著

贵州大学出版社

Guizhou University Press

图书在版编目（CIP）数据

高职院校思想政治教育工作与实践育人体系构建 /
陈燕, 钱跃文著. -- 贵阳 : 贵州大学出版社, 2023.1
　ISBN 978-7-5691-0694-7

　Ⅰ.①高... Ⅱ.①陈... ②钱... Ⅲ.①高等职业教育
－思想政治教育－研究－中国 Ⅳ.①G711

中国国家版本馆CIP数据核字(2023)第010711号

GAOZHI YUANXIAO SIXIANG ZHENGZHI JIAOYU GONGZUO YU SHIJIAN YUREN TIXI GOUJIAN

高职院校思想政治教育工作与实践育人体系构建

出 版 人：闵　军
责任编辑：葛静萍

出版发行：贵州大学出版社有限责任公司
　　　　　地址：贵州市花溪区贵州大学北校区出版大楼
　　　　　邮编：550025
印　　刷：三河市天润建兴印刷有限公司
开　　本：787mm×1092mm　1/16
印　　张：19
字　　数：436 千字
版　　次：2023 年 1 月第 1 版
印　　次：2024 年 4 月第 1 次印刷

书　　号：ISBN 978-7-5691-0694-7
定　　价：95.00 元

前言

　　近年来，我国高等职业教育蓬勃发展，为现代化建设培养了大量高素质技能型专门人才，对高等教育大众化作出了重要贡献；丰富了高等教育体系结构，形成了高等职业教育体系框架；顺应了人民群众接受高等教育的强烈需求。高等职业教育作为高等教育发展中的一个类型，肩负着培养面向生产、建设、服务和管理第一线需要的高技能人才的使命，在我国加快推进社会主义现代化建设进程中具有不可替代的作用。做好高职院校学生思想政治教育工作，对于提高大学生思想政治素质有着极为重大的意义。

　　高职思政教育更具有务实性、开放性、创新性的特点，教育的开拓力度"强"，教育视角"新"，教育体系"全"，政治性、思想性、针对性和操作性都很强。为此，我们必须进一步提高对加强和改进大学生思想政治教育的认识，坚持解放思想、实事求是、与时俱进的思想路线，以科学发展观为指导，一切从实际出发，努力做到"识变、应变、求变"，不断创新，才能使高职院校大学生思想政治教育取得实效。高校思想政治工作战线最关键的就是要自觉用习近平新时代中国特色社会主义思想武装头脑、指导实践，坚持一体化育人，构建校内校外、课内课外、网上网下协同育人"立交桥"。要重视实践育人，坚持教育同生产劳动和社会实践相结合，广泛开展各类社会实践。

　　本书从高职院校学生思想政治教育工作理论入手，针对高职院校学生学风培养创新、学生心理环境与思想政治教育进行了分析研究；对高职院校学生网络思想政治教育教学模式的构建、学生思想政治教育工作开展策略做了一定的介绍；同时对思想政治教育领域实践育人工作意识与管理理念、育人工作观念与方法以及思想政治教育工作中的实践育人做了研究，旨在引导青年学生积极转变观念，树立主体意识，调动学生参与社会服务的积极性。本书对改进和完善高职院校学生思想政治教育工作、加强和提高高职院校实践育人体系的构建，具有重要的学习、借鉴和应用价值，可作为职业院校管理者、高校思想政治教育工作者参考。

在本书的撰写过程中，收到很多宝贵的建议，谨在此表示感谢。同时作者参阅了大量的相关著作和文献，在参考文献中未能一一列出，在此向相关著作和文献的作者表示诚挚的感谢和敬意，同时也请对撰写工作中的不周之处予以谅解。由于作者水平有限，编写时间仓促，书中难免会有疏漏不妥之处，恳请专家、同行不吝批评指正。

本书由中山市技师学院陈燕、钱跃文著。具体撰写分工如下：陈燕负责第一章、第四章、第六章、第七章的撰写（共计21.3万字），钱跃文负责第二章、第三章、第五章、第八章的撰写（共计22.3万字）。陈燕负责全书的统稿和修改。

目录

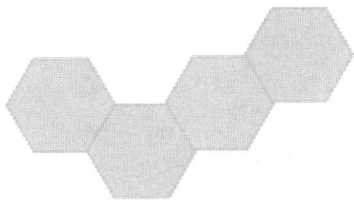

第一章 高职院校学生思想政治教育工作总论

第一节 高职院校学生思想政治教育的概念和特征

思想政治教育是国家和社会采用一定的教育形式，将有助于维护社会和谐稳定和主流意识形态认同的教育内容传递给社会成员，以使其形成符合社会发展要求的思想政治品德的社会实践活动。这项活动是人类社会自阶级和国家产生以来就已客观存在的社会实践的一个重要方面。高职院校是培养社会主义现代化建设者和接班人的重要阵地，故而大学生的思想政治教育一直是党和政府关注的重点。大学生思想政治教育以大学生为教育对象，目的在于培养大学生符合社会发展要求的思想观念、政治观点和道德行为。

一、高职大学生思想政治教育的基本概念

（一）思想政治教育

思想政治教育活动自有阶级社会以来就一直存在，它是人类社会实践和阶级斗争的一项重要内容。各种类型的思想政治教育，其差别只是在政治方向、内容和方法上的不同。中国共产党诞生后，在很长一段时间里沿用各种不同的提法，但在不同时期，使用的重点概念有所不同。从思想政治教育这一概念的演变过程看，政治工作、思想工作、思想政治工作、思想政治教育、政治思想工作这几个概念有着内在的紧密联系，在实际工作中，很多时候是被人们当作同一概念使用的。

学术界对思想政治教育的内涵有着不同的看法。一种观点认为，思想政治教育就是政治思想教育，是为实现人的政治社会化而进行的教育。这里把重点放在政治思想、观念和行为的培养教育上。还有一种观点认为，思想政治教育

主要是进行思想道德教育，促进和加强人的道德修养，培养高尚的道德品质。还有的观点认为，思想政治教育包括思想教育、政治教育、道德教育和心理教育等，内容相对要宽泛。

把握思想政治教育的内涵就要根据"思想"、"政治"、"教育"这三个核心词来分析。《现代汉语词典》（修订版）中对思想的定义为："客观存在反映在人的意识中经过思维活动而产生的结果。"思想是思维活动的结果，属于理性认识，一般也称"观念"。人们的社会存在，决定人们的思想。关于政治的论述是思想政治教育的定义中比较一致的地方。教育区别于工作，思想政治教育是思想政治工作的一个组成部分，思想政治教育是思想政治工作的主要内容。基于上述的认识，这里对思想政治教育下了一个定义：思想政治教育是指社会或社会群体用一定的思想观念、政治观点、道德规范对其成员施加有目的、有计划、有组织的影响，使他们形成符合一定社会、一定阶级所需要的思想品德的社会实践活动。

（二）大学生思想政治教育

思想政治教育是一种教育实践活动。教育是社会按照一定的需要培养合格的社会成员的实践活动。思想政治教育有广义和狭义之分，狭义的思想政治教育专指学校教育。大学生思想政治教育是指高等院校按一定的社会要求，有目的、有计划、有组织地培养学生的思想品德、政治素养和心理素质，使他们形成符合一定社会所要求的社会实践活动。

高等学校的根本任务是培养德智体等方面全面发展的社会主义事业的建设者和接班人。大学生的思想道德素质、科学文化素质和健康素质如何，直接关系到党和国家的前途命运，关系到中国特色社会主义事业的兴衰成败，关系到中华民族伟大复兴目标的实现。为此，必须重视大学生思想政治教育，把坚持坚定正确的政治方向放在教学工作首位。

高校对学生的思想政治教育，通常与"德育"有很大的一致性。德育即思想、政治和品德教育，它体现教育的社会性与阶段性，是学校教育的重要组成部分，它与教育、体育等相互联系，彼此渗透，密切协调，共同育人。高等学校德育对学生健康成长和学校工作具有导向、动力、保证作用，为建设社会主义物质文明和精神文明，促进社会全面进步具有重要意义。高等学校德育的任务是用马列主义、毛泽东思想、邓小平理论、"三个代表"重要思想、科学发展观和习近平新时代中国特色社会主义思想理论教育学生坚持社会主义方向，树立科学的世界观和正确的人生观，形成良好的道德品质，把学生培养成为有理想、有道德、有文化、有纪律的一代新人。

高等学校对大学生进行思想政治教育，使大学生热爱社会主义祖国，拥护党的领导和党的方针政策，确立中国特色社会主义事业的正确政治方向；通过学习马列主义、毛泽东思想、邓小平理论、"三个代表"重要思想、科学发展观和习近平新时代中国特色社会主义思想理论，逐步树立科学世界观、人生观和价值观；弘扬社会主义道德，学习为人民服务精神，具有艰苦奋斗的精神和强烈的使命感、责任感；自觉地遵纪守法，具有良好的道德品质和健康的心理素质。高等学校要把人才培养作为根本任务，要把思想政治教育摆在首要位置，贯穿于教育教学的全过程。教育的根本任务是育人，教育要坚持以学生为本，强调学生在教育当中的主体地位，使思想政治教育成为大学生内在的强烈的需求。这就要把思想政治教育做到大学生的心里去，要贴近实际、贴近学生，努力提高思想政治教育的针对性和实效性。

（三）高职大学生思想政治教育主要任务

高职思想政治教育的内容十分广泛，这些内容共同构成了高职大学生思想政治教育的主要任务。

第一，要以理想信念教育为核心，进行正确的世界观、人生观和价值观教育。胡锦涛同志指出，广大青年学生一定要注重树立正确的理想信念，培养高尚的道德情操。人总是要有点精神的，理想信念是人生的精神支柱和动力源泉。要积极引导大学生不断追求更高的目标，确立马克思主义的坚定信念；要教育大学生树立在中国共产党领导下走中国特色社会主义道路、实现中华民族伟大复兴的共同理想和坚定信念。世界观是人们对生活在其中的世界以及人与世界的关系的总体看法和根本观点。人生观是世界观的重要组成部分，是人们在实践中形成的对于人生的目的和意义的根本看法，它决定着人们实践活动的目标、人生道路的方向和对待生活的态度。价值观是人们关于什么是价值、怎样评判价值、如何创造价值等问题的根本观点。世界观、人生观和价值观教育对于大学生思想政治教育是非常重要和必要的，它符合大学生这个年龄段的认知特点，对于大学生正确看待自己、人生和社会有着至关重要的意义。

第二，要以爱国主义教育为重点，突出弘扬和培育民族精神教育。爱国主义是中华民族的优良传统，是中华民族生生不息，自立于世界民族之林的强大精神动力。以热爱祖国为荣，以危害祖国为耻，做一个忠诚的爱国者，是对当代大学生的基本要求。中华民族是富有爱国主义光荣传统的伟大民族，在五千多年的历史发展中，形成了以爱国主义为核心的团结统一、爱好和平、勤劳勇敢、自强不息的伟大民族精神。培育大学生的爱国主义精神，就是要让大学生了解祖国悠久的历史文化和优良传统，了解中国的基本国情，认清祖国的美好未来和自己的社会责任，培养爱国主义情感。爱国主义是一个历史范畴，有着鲜明的时代特点，在社会发展的不同时期、不同阶段有不同的具体内涵，随着时代的发展而不断注入新的内容。通过让大学生了解历史，懂得只有社会主义才能救中国，才能发展中国的真理，积极为社会主义现代化建设做好准备。

第三，要以基本道德规范为基础，进行公民道德教育。大学时期是人生道德意识形成、发展和成熟的一个重要阶段，在这个时期形成的思想道德观念对大学生一生影响很大。大学生要继承和弘扬中华民族优良道德传统，全面把握社会主义道德建设的核心、原则，自觉恪守公民基本道德规范，努力养成良好的道德品质。教育大学生了解道德及其历史发展，坚持以为人民服务为核心、以集体主义为原则，树立社会主义荣辱观，学习社会公德、职业道德和家庭美德，自觉遵守基本道德规范，努力提高思想道德素质。

第四，要以大学生全面发展为目标，深入进行素质教育。以大学生全面发展为目标，深入进行素质教育，就是以素质教育为依托，拓展大学生思想政治教育的内容，促进大学生思想道德素质、科学文化素质和身心素质的协调发展。促进大学生全面发展要十分重视大学生的心理健康教育。现代社会的竞争与发展，使大学生的心理问题日益突出，要根据大学生心理特点，针对性地开展心理辅导，提高大学生的心理调适能力。

大学生思想政治教育内容包括政治教育、思想教育、道德教育、法制教育和心理教育等内容，是一个相互联系、互相渗透的统一体。同时，大学生思想政治教育任务的实现，需要坚持科学性、时代性和规范性的原则。

思想政治教育的科学性是指思想政治教育的开展要符合思想政治教育的规律，它是实现思想政治教育实效性的理论基础。根据思想政治教育的规律开展思想政治教育实践，是其科学性的基本要求，也是解决其低效问题的根本办法。以科学性为基础，充分发挥规范性与合情性教育优势，是增强思想政治教育实效性的重要途径。

思想政治教育的时代性是指思想政治教育内容要把握时代主题，不断拓宽教育领域，从符合时代要求的思想和观念中提炼鲜活的教育资源，不断赋予大学生思想政治教育以鲜明的时代特征、时代内容和时代风格。思想政治教育的时代性要求教育内容紧密联系当今时代重大现实问题和大学生的实际，使教育富有生机和活力。

思想政治教育的规范性是指思想政治教育在传统的理论教学和思想教育的同时，还应该以高职大学生全面发展为目标，注重加强民主法制教育，增强遵纪守法观念。规范性是实现实效性的有效保障，也是思想政治教育目标在思想政治教育对象法制意识和行为规范上的具体体现。

二、高职大学生思想政治教育的基本特征

高职大学生思想政治教育的目的就是要使大学生树立正确的世界观、人生观和价值观，成为有理想、有道德、有文化、有纪律的一代新人。大学生思想政治教育具有时代性、民族性和综合性的特征。

（一）大学生思想政治教育的时代性特征

大学生思想政治教育要紧跟社会发展要求，赋予鲜明的时代性特点。这一特点主要体现在大学生思想政治教育的内容上。教育内容中包括当前党的路线、方针、政策等这些现实的教育内容，以及这些内容的理论来源和现实依据，这些构成一个具有内在联系的系统。因此，我国的思想政治理论教育内容必然包括学习马列主义、毛泽东思想、邓小平理论、"三个代表"重要思想、科学发展观和习近平新时代中国特色社会主义思想等内容。这些内容的学习紧密联系

当今理论发展，对大学生理解理想信念教育、爱国主义教育、人生观教育、道德理论教育等具有现实意义。思想政治教育也只有融入现时代的理论内容，理论教育才具有的生命力，才更容易被大学生掌握。时代性特征体现在思想政治教育内容中，就是要使理论联系实际。这就要求思想政治教育者有高度驾驭理论与解决实际问题的能力。才能处理好实践中的热点与难点，使思想政治教育更具有说服力。

（二）大学生思想政治教育的综合性特征

大学生思想政治教育内容是一个综合性的教育内容。综合运用马克思主义理论，对大学生进行理论教育。马克思主义是对社会发展和人的发展进行综合性研究的理论成果，其研究领域覆盖政治、经济、文化、社会和人的思维等多个层面。思想政治教育是做人的工作，要运用包括哲学、政治学、教育学、社会学、历史学和伦理学等多学科的教育内容，开展丰富多样的教育。同时，还要综合协调各方面的力量和综合利用各种教育途径和方法，实施思想政治教育。以上都体现出了思想政治教育的综合性。

思想政治教育教育大学生用科学理论武装头脑，自觉抵制各种错误思潮和腐朽思想侵蚀，帮助青年学生适应社会生活。大学生思想政治教育的作用表现在引导、激励和调节三方面。

1. 引导作用

思想政治教育明确体现出社会发展和人的发展的价值导向性。大学生思想政治教育的内容，启迪大学生的思想觉悟，提高他们的认识能力，引导他们认清社会发展的方向，确立行为选择的正确方针和目标。使大学生确立正确的政治方向，树立正确的世界观、人生观和价值观，按照历史发展的必然要求和时代的需要改造和发展自身。

2. 激励作用

思想政治教育就是要激励广大学生朝着坚定正确的政治方向不断进取。通过系统完善的教育内容和灵活多样的教育方式，激发广大学生饱满的政治热情、坚强的学习意志、积极地进行工作，为社会主义现代化建设而提高自己，发展自己，完善自己。

3.调节作用

思想政治教育通过多种教育方式，告诉大学生什么是正确的、合法的、应该倡导的，什么是错误的、不合法的、应抵制的，提高大家识别真假、曲直、是非的能力，抵制腐朽思想的侵蚀，防止不正当行为的发生。通过表彰先进、树立榜样、调节大学生的思想与行为。

第二节　党对高职院校学生思想政治教育工作的重视

思想政治教育是我国高等教育的重要组成部分。加强大学生思想政治教育，促进大学生全面和谐发展，对培养社会主义合格接班人和大学生健康成长具有重要意义。

一、高职大学生思想政治教育的重要性

（一）高职大学生思想政治教育是不可或缺的

1.党和国家领导人对思想政治教育工作的重视

中国共产党是在科学的马克思列宁主义的指导下建立起来的。作为人类先进的、科学的社会主义意识是不能自发产生的，必须通过系统地学习教育才能把握。无产阶级政党应该有计划地向人们传授社会主义意识，以革命的、科学的意识占领思想阵地，武装人们头脑，使之树立正确的世界观。坚持以马克思主义为指导思想，加强思想政治教育工作，使马克思主义能深入人心、代代相传。

思想政治教育工作对于中国这样一个社会主义大国十分必需，正因为中国共产党重视这一工作，才保证了中国革命和社会主义建设的各项工作顺利进行。要在保持社会政治稳定的前提下深化改革，加快发展，就一刻也不能离开做人的工作，而且必须将党的思想政治工作同经济工作和其他业务工作紧密结合起来，积极主动地为中心和大局服务。只有抓住思想政治工作这条生命线，各项工作才能显出勃勃生机。

2.党和国家领导人对大学生思想政治教育的重视

我们党的领导人都非常重视思想政治教育，一个有远见的民族，总是把关

注的目光投向青年；一个有远见的政党，总是把青年看作推动历史发展和社会前进的重要力量。大学生是我国教育制度培养的高层次人才，将责无旁贷地承担起建设中国特色社会主义的历史重任。要使大学生成长为中国特色社会主义事业的合格建设者和可靠接班人，不仅要大力提高他们的科学文化素质，更要大力提高他们的思想政治素质。只有真正把思想政治教育工作做好了，才能确保党和人民的事业代代相传、国家长治久安。

（二）高职大学生思想政治教育是必然的

社会主义现代化的进程在很大程度上取决于国民素质的提高和人才资源的开发。加强和改进高职院校思想政治教育工作是实现社会主义现代化建设的必然要求。

1. 人才是建设中国特色社会主义事业的保障

当今时代，知识经济方兴未艾，科技竞争日趋激烈，人才在社会发展中的作用越来越重要。人才成为我国经济社会发展的第一资源。在知识经济时代，知识将成为占主导地位的重要资源和生产要素，知识对经济的发展比以往任何时候都具有更大的推动作用。掌握知识的人才必然成为一种重要资源。人才作为先进生产力和先进文化的重要创造者，是生产力中最活跃的因素。只有重视人才资源这个经济社会发展的第一资源，才能更好地推动经济社会发展。当今世界，国家之间的竞争从根本上说是人才的竞争。立足我国的基本国情，要实现跨越式发展，必须走人才强国之路。坚持发展依靠人才，可以缓解自然资源过度消耗的压力，发挥我国人力资源丰富的优势，为中国特色社会主义事业提供强有力的人才保证。青年人才是人才资源中的重要组成部分，代表未来人才发展的方向。青年人才是我国人才发展的后续力量，要大力培育和开发青年人才，不断充实到我国人才队伍中，为建设中国特色社会主义事业提供人才保障。

改革开放以来，我们党在高度关注经济建设的同时，更高度关注人的发展，关注人的思想道德素质和科学文化素质、心理素质的全面提升。我国正处在改革发展的关键阶段，实现中华民族伟大复兴，需要大批高素质人才。实现中华民族伟大复兴，必须大力提高国民素质，在继续发挥我国人力资源优势的同时，加快形成我国人才竞争比较优势，逐步实现由人力资源大国向人才强国的转变。

人才是实现社会发展的重要动力，是提升我国核心竞争力和综合国力的关键力量。人才问题是关系党和国家事业发展的关键问题，高素质人才在党和国家工作全局中具有重要的地位。

2.高职院校是培育高素质人才的重要基地

高等学校是培养高等人才和高素质劳动者的地方，是科技创新的源泉。青年人才队伍的发展壮大为中国特色社会主义事业提供源源不断的人才动力。大学生是我国青年人才队伍的重要组成部分，是高素质人才的重要力量。中国社会主义建设的合格人才是有理想、有道德、有文化、有纪律，面向世界、面向未来、面向现代化的，因而除了给学生以知识教育外，还必须对学生进行思想政治教育。在大学生的成长过程中，思想政治教育对大学生健康成长成才起着主导性作用。思想政治教育是启迪人的思想、塑造人的灵魂的工作，是保证人才良好思想道德素质的有效途径。要让大学生认识并深刻理解自己所肩负的实现中华民族伟大复兴的历史使命。这对于实现现代化的宏伟目标和中华民族的伟大复兴，具有重大而深远的战略意义。

思想政治教育能促使大学生精神需求的满足和精神生活质量的不断提升，思想道德素质和科学文化素质的不断提高，实现大学生的全面发展。大学生思想政治教育工作就是用建设中国特色社会主义理论武装学生头脑，用爱国主义、集体主义、社会主义的精神培养大学生，使之具有民族自豪感和时代使命感。只有切实加强和改进大学生思想政治教育工作，才能培养造就千千万万具有高尚思想品质和良好道德修养、掌握现代化建设需要的丰富知识和扎实本领的优秀人才，使大学生能够认识到自己所肩负的历史使命，并能够把它内化为自己的内心信念，成为为祖国的现代化事业奋斗的不断动力。

（三）大学生思想政治教育是大学生的内在需要

1.大学生思想政治教育是大学生健康成长的内在需要

改革开放以来，中国社会主义现代化建设取得了举世瞩目的巨大成就，但也面临着不少发展问题，并不同程度上影响着大学生的思想状况。社会主义市场经济是同社会主义基本制度结合在一起的，是同社会主义精神文明结合在一起的，它要体现社会主义基本制度的要求，充分发挥社会主义的优越性。实践证明，发展社会主义市场经济有利于解放和发展社会主义社会的生产力，增强社会主义国家的综合国力，提高人民的生活水平，也有利于增强人们的自立意识、竞争意识、效率意识、民主法制意识和开拓创新意识，调动人们的积极性和创造性，推动社会的道德进步。但也要看到，市场自身的弱点和消极方面，如趋利性、自发性等也会反映到道德生活中来，反映到人与人的关系上，容易消极现象，这些因素都会干扰社会主义的道德建设，阻碍社会主义市场经济的健康发展。

国家大力发展高等教育，全国普通高校大学生招收数量成倍增长，这种量的快速增长带来了不少问题。当前，大学生的就业问题比较突出，学生把专业课学习以及将来的就业看作重要的目标，弱化了对思想政治教育的重视。学生数量的快速增加和专业设置以及教学改革不能很好地随着时代的要求而变化，直接影响了在校学生的思想情绪。同时，高职院校学生数量的增多加大了高职院校思想政治教育的工作任务，负责思想政治教育工作的人员相对较少，以致难以将工作做细。高职院校思想政治教育工作的主要任务，是要通过思想政治教育工作，改变大学生对就业期望值过高的思想，使学生踏踏实实地安心学习，积极参与各种活动来提高自身的理论素质和专业知识。

2. 大学生思想政治教育是高职大学生成才的内在需要

高职大学生处在获取知识、发展智力的最佳时期，也是他们思想觉悟、道德情感发展最积极的时期。在大学生成长成才的关键时期，必须有健康的思想、高尚的精神、良好的情操和在此基础上形成的克服种种困难的毅力等。这一切有赖于有效的大学生思想政治教育。思想政治教育帮助大学生形成正确的世界观、人生观和价值观。思想政治教育可以使大学生正确处理德与才的关系，自觉坚持加强思想道德素质修养与学习科学文化知识的统一，把思想道德素质修养与学习科学文化知识结合起来，进而促使综合素质的全面提高。

思想政治教育能促进大学生早日确立成才目标。个人发展应该与社会进步相一致，正确的成才目标应该符合所处时代的条件、尊重社会发展规律、顺应时代潮流。思想政治教育引导大学生思考上大学与人生理想的关系，帮助大学生正确认识自身肩负的责任和使命，促使大学生立志成才。大学生有了方向和要求，就有了对自己的明确要求，就能集中时间和精力学习、提高和发展自己。选择正确的成才目标对大学生成才具有举足轻重的作用。因此大学生成才目标的选择一定要坚持服务社会、奉献祖国和人民的正确方向。识别人才要坚持德才兼备原则，而品德、知识、能力和业绩则是衡量人才的主要标准。所以，正确的成才目标应该定位在符合德才兼备的要求之上。思想政治教育能帮助大学生用科学理论武装头脑，引导大学生树立正确的世界观、人生观、价值观、道德观及成才观，培养大学生的爱国情怀和优良道德品质。思想政治教育帮助人们树立正确的目标，把个人的选择建立在社会需求的基础上，把个人的才智兴趣充分的发挥在崇高的远大的目标上，从而实现自己价值，为国家民族创造出更多的价值。他们的思想道德素质、科学文化素养和身心素质如何，直接关系到人才强国战略的落实，关系到党和国家现代化事业。

当今时代给高职学生提供了广阔的成才空间，在通往成才的道路上，必须有目标始终如一、不畏艰苦、勇于拼搏的实践行动。崇高的目标可鼓舞和引导大学生不断追求新知识、最大限度地开发内在潜力。思想政治教育帮助大学生学习掌握马克思主义的科学理论，并懂得把自身的学习同国家、民族的前途和命运紧密相连，始终以国家富强、民族振兴、人民幸福为己任，为大学生在成才之路上不懈奋斗提供正确指导和精神动力。

二、高职大学生思想政治教育的基本原则

中共中央、国务院颁发的《关于进一步加强和改进大学生思想政治教育的意见》，明确提出了加强和改进大学生思想政治教育的基本原则，即：坚持教书与育人相结合；坚持教育与自我教育相结合；坚持政治理论教育与社会实践相结合；坚持解决思想问题与解决实际问题相结合；坚持教育与管理相结合；坚持继承优良传统与改进创新相结合。深刻理解和把握以上原则，对于进行大学生思想政治教育具有重要意义。

（一）坚持教书与育人相结合

学校教育要坚持育人为本、德育为先，把人才培养作为根本任务，把思想政治教育摆在首要位置。充分发挥课堂教学在大学生思想政治教育中的主导作

用。高等学校思想政治理论课是大学生思想政治教育的主渠道，是帮助大学生树立正确的世界观、人生观、价值观的重要途径，体现了社会主义大学的本质要求。形势政策教育是思想政治教育的重要内容和途径。高等学校哲学社会科学课程负有思想政治教育的重要职责。高等学校各门课程都具有育人功能，要把思想政治教育融入大学生专业学习的各个环节。

教师要以高度负责的态度，率先垂范、言传身教，以良好的思想、道德、品质和人格给大学生以潜移默化的影响。在教的过程中，教师是主体，只有教师这个主体把义不容辞的责任担当起来，充分发挥其主动性、积极性、创造性，才能把教育工作做好。德育要坚持正面灌输，教师和其他教育工作者必须是社会上的先进力量，要充分依靠他们对学生进行共产主义理想和道德观念的灌输。如果孤立地、片面地强调学生的主体性而忽视教师的主体性，就会削弱教育者的使命感和责任感，对德育的有效进行是不利的。如果只传授知识而忽视培养的方向，这样的教育是失败的。要充分发挥教师的主体作用，就要求教师用自己的远大理想去激发学生的理想，用自己高尚的道德情操去陶冶学生的情操，用自己鞠躬尽瘁的工作态度去激励学生的献身精神，用自己严谨的富于创造性的治学态度去培养学生的科学精神和创新精神。这种潜移默化的育人方式是教师主体性自然而然的发挥，可以起到"润物细无声"的作用。学校把人才培养作为根本任务，就要把思想政治教育摆在首要位置，贯穿于教育教学的全过程，所有教师都负有育人职责。要深入发掘各类课程的思想政治教育资源，在传授专业知识过程中加强思想政治教育，使学生在学习科学文化知识过程中，自觉加强思想道德修养，提高政治觉悟。

（二）坚持教育与自我教育相结合

在大学生思想政治教育过程中，既要充分发挥学校教师、党团组织的教育引导作用，又要充分调动大学生的积极性和主动性，引导他们自我教育、自我管理、自我服务。教育是一种社会实践过程。它是由两个相互交织的并行过程所组成的：一个是教师（包括各种教育工作者）的教书育人（传道、授业、解惑）过程；另一个是学生的学习、成才过程。在教的过程中要充分发挥教师教的主观能动性，而在学的过程中则要充分发挥学生学的主观能动性，二者缺一不可。

因此，教育不是一个单一的社会实践过程，而是由上述两个子过程交织而成的复合过程。

1. 充分发挥学生的自我完善作用

思想政治教育过程，实质上就是在教育者的教育影响作用下，教育对象思想政治品德形成发展过程，这一过程成效的最终标志是教育对象思想觉悟和认识能力的提高。学生是学习过程的主体，要达成德育的目标，归根结底还得靠受教育者发挥自己的主观能动性。教育者只能作为一种外部驱动力，所起的作用只能是外因的作用，只是变化的条件，教育对象才是内因，才是变化的根据。教育对象在接受教育影响的过程中，总是要根据自己已有的内在标准和思想基础对教育者传授的思想意识进行筛选、消化、改造，然后才能形成个体的思想意识，并逐渐转化为现实的行为。在教学过程中，要充分发挥学生的主体作用。任何一个教育过程，都必须发挥两个方面的积极性，即教师的主导性和学生的自觉性，教育者要善于发掘和引导受教育者的内在需求，帮助他们形成以自我发展、自我完善的动机系统，产生自我教育的需要与动机，才会有自我教育的行为。教育者要善于在多种实践活动中，积极主动地为受教育者的自我教育创造条件，使其在实践活动中更好地进行自我教育，提高自我教育的能力。思想政治教育活动要想取得实效，必须充分发挥教育客体的内因作用，也就是说，必须充分发挥教育客体的主体性。在接受教育影响的过程中，只有充分发挥教育对象的主体功能，体现其主体性，才能真正内化、外化教育内容，形成良好道德品质，实现思想政治教育目标。

2. 重视高职大学生的自我教育

高职大学生要具备自我教育的能力，要求教育者在教育实践中要通过多种途径主动帮助和激发大学生主体能力的构建。自我教育法是指受教育者按照思想政治教育的目标和要求，通过自我学习、自我修养、自我反思等方式，主动接受科学理论、先进思想观念、社会生活规范，提高自身思想认识和道德水平的方法。要培养和充分发挥受教育者自我教育的主体作用，提高学生自我教育的意识。社会道德意识转化为个体的道德信念，必须建立在个体的自我体验基础上。思想政治教育活动和环境影响只有通过受教育者积极主动的内化活动，才能起作用。只有能够激发学生去进行自我教育，才是真正的教育。要培养学生自我教育的意识，以自己已有的文化知识、心理结构、道德水准积极主动地、有选择地接受和处理个体和外部世界的关系。要帮助学生认识和发掘自身，提高学生自我发展和自我完善的能力，最终将社会的优秀品质内化为自己的品质，成为一个有道德、有修养的人才。

高职大学生要实现自我教育，充分发挥主体的能力，主要在以下三个方面着手：第一，要打好坚实的理论基础。理论的学习是高职大学生思想政治教育中不可缺少的一环。理论教育法是思想政治教育最主要、最基本的方法，也是大学生打好理论基础最直接的方法。高职学生只有具备坚实的理论基础，才能以正确的理论指引自己的行为，也才能在现实中明辨是非，为自己找准努力的方向。在当代复杂多变的社会生活面前，人们比以往任何时候更加需要科学的思想和理论来指导自己进行正确的选择和决策，以便更加有效地认识环境。第二，树立成功的榜样是大学生自我教育的一个有效途径。榜样示范法是指通过具有典型、榜样意义的人或事的示范引导作用，教育人们提高思想认识、规范自身行为的方法。榜样教育具有形象、生动的特点，它是理论与实际的有机结合。大学生用榜样的力量激励自己，在心中树立成功的典范，为自己指明努力的方向，会产生更强的感染力和说服力，在自我教育中收到很好的效果。通过典型事迹可以使大学生看到榜样的成功之处，明确努力方向，从而努力奋斗，在改造客观世界的过程中全面提升自己的思想道德素质。必须实事求是地选择对自己有影响力的典型，否则难以真正从思想到行动上得到认同，也起不到典型引导的作用。第三，坚持教育与自我教育相结合的方法，这是发挥教师主导性与发挥学生主体性原则在高职大学生思想政治教育中的贯彻落实。高职学生还应借鉴历史上思想家们所提出的各种积极有效的道德修养方法，如学思并重的方法、省察克治的方法、慎独自律的方法、积善成德的方法、知行统一的方法等。自我教育是衡量思想政治教育是否有效的一个标志，也是大学生思想政治教育最终的归宿。

（三）坚持政治理论教育与社会实践相结合

高职思想政治教育既要重视课堂教育，又要注重引导大学生深入社会、了解社会、服务社会。这条原则是要求理论与实际相结合，既注重马克思主义理论教育，又重视理论联系实际，在社会实践中提高大学生思想政治素质，促进知行统一。

高职院校思想政治教育坚持政治理论教育与社会实践相结合，应注意以下几点。首先，要重视政治理论教育。政治理论教育是大学生思想政治教育的基础。要坚持不懈地用马列主义、毛泽东思想、邓小平理论、"三个代表"重要思想、科学发展观和习近平新时代中国特色社会主义思想等理论武装学生，以理想信念教育为核心，以爱国主义教育为重点，以思想道德建设为基础，以全面发展为目标，把大学生培养成为德智体美全面发展的社会主义合格建设者和可靠接班人。其次，高职院校应开展形式多样的社会实践活动。社会实践是大学生思想政治教育的重要环节，对于促进大学生了解社会、了解国情，增长才干、奉献社会，锻炼毅力、培养品格，增强社会责任感具有不可替代的作用。高职院校要重视大学生社会实践，积极探索和建立社会实践与专业学习相结合、与服务社会相结合、与勤工助学相结合、与择业就业相结合、与创新创业相结合的管理体制。利用好寒暑假，积极组织大学生参加社会调查、生产劳动、志愿服务、公益活动、科技发明和勤工助学等社会实践活动。要重视社会实践基地建设，大学生在实践中能学到书本上认识不到的知识，实践中会遇到许多新情况、新问题，能进一步引导大学生思考，激发大学生研究的兴趣。社会实践基地的建立为大学生的成长提供了一个接触社会的窗口，使大学生在社会实践活动中受教育、长才干、作贡献，增强社会责任感。最后，要真正做到政治理论教育与社会实践的有机结合。理论与实践结合是中国共产党的思想政治教育的优良传统，大学生思想政治教育也要做到二者的有机结合。这就要求大学生思想政治教育要引导大学生掌握科学的理论，正确地认识世界，认识社会，同时，又要从实际出发，针对大学生的思想实际，结合时代背景和现买国情，开展思想政治教育。

（四）坚持解决思想问题与解决实际问题相结合

解决思想问题与解决实际问题相结合就是要求既讲道理又办实事，既以理服人又以情感人，增强思想政治育的实际效果。大学生思想政治教育只有关心大学生的实际生活，从解决大学生面临的实际问题入手，才能收到思想政治教育的实际效果。同时，教育工作者要带着情感进行交流。真挚的情感是开启学生心智的钥匙。教育工作者有了这种情感，就会自然而然的在工作中体现出来，这样才能更好地打动学生，赢得学生的尊重和信赖。

（五）坚持教育与管理相结合

教育与管理相结合指把思想政治教育融于学校管理之中，建立长效工作机制，使自律与他律、激励与约束有机地结合起来，有效地引导大学生的思想和行为。教育与管理是大学生思想政治教育的两个重要方面，二者是相通的，是相互促进的，从某种意义上说，管理是一种有形的教育，教育是一种无形的管理。

坚持教育与管理相结合，要做好以下两点。第一，重视大学生思想政治教育人员的素质。大学生思想政治教育工作队伍主体是学校党政干部和共青团干部，思想政治理论课和哲学社会科学课教师，辅导员和班主任。学校党政干部和共青团干部负责学生思想政治教育的组织、协调、实施。思想政治理论和哲学社会科学课教师结合课程的内容、特点，侧重对大学生进行思想政治教育。辅导员和班主任按照党委的部署有针对性地开展思想政治教育活动，班主任负有在思想、学习和生活等方面指导学生的职责。辅导员、班主任与大学生朝夕相处，工作在教育的第一线，对大学生成长影响很大，作用不可替代。大学生思想政治教育工作者要率先垂范，为人师表，树立"身教重于言教"的理念，发挥榜样作用，提高自身素质。学生的成长是覆盖全校园的，广大教职员工都负有对大学生进行思想政治教育的重要责任。第二，建立科学的规章制度，实现教育与管理相结合。高职院校学生管理是指对大学生从入学到毕业这一期间学生学习、生活、行为规范的管理过程。学生的思想教育离不开具体的学习、工作、生活的管理，要做好学生思想教育工作，就必须制定相关的规章制度。同时，管理工作只有与思想教育紧密结合，才能取得最佳效果。在对学生实施管理的过程中，一方面要加强管理，另一方面要加强教育，才能不断提高管理水平。

（六）坚持继承优良传统与改进创新相结合

在继承党的思想政治工作优良传统的基础上，积极探索新形势下大学生思想政治教育的新途径、新办法，努力体现时代性，把握规律性，富于创造性，增强实效性。我们党在长期的思想政治教育工作中形成了一整套工作机制，积累了丰富的宝贵经验，比如理论联系实际，密切联系群众，批评与自我批评、先进性和广泛性相结合等方法和原则。这些内容反映了思想政治教育规律，在新时期新阶段仍然具有现实的意义。我国处在中国特色社会主义现代化建设的新时期，社会主义市场经济的深入发展，我国社会经济成分、组织形式、就业方式、利益关系和分配方式日益多样化，给大学生的思想观念、价值观念也带来一些影响。因此，我们要在继承和发扬党的思想政治教育优良传统和宝贵经验的基础上，认真研究当代大学生的思想行为特点，积极探索新形势下大学生思想政治教育的新途径和新方法，探索充实思想政治教育的新内容。

第三节 高职院校学生思想行为特点分析

高校是培养人才的重要基地，必须把培养中国特色的社会主义事业的建设者和接班人作为根本任务。办好高校，首先要解决好培养什么人、如何培养人这个问题。一个时代的青年有一个时代的鲜明特征，不同时代的大学生需要不同的教育方式。当代大学生在思想观念、价值取向、人生态度上显现出来的新变化，成为我们进行大学生思想政治教育工作的依据。

一、当代高职大学生的思想行为特点

我国高职院校的学生的年龄一般在18～23岁，正处于生理发育的成熟期和心理发展的过渡期。从生理上讲，大学生已经进入生长稳定期，骨骼系统发育逐渐完成，身体形态日趋定型，各器官各系统的机能日益完善。大脑皮层细胞活动增强，大脑发育逐渐成熟。高职大学生在生理状态上正接近人生的顶峰时期，观察敏锐，记忆力和逻辑思维能力增强。从心理上讲，高职大学生正处于迅速走向成熟而又未真正成熟的过渡阶段。高职大学生处于特定的心理期，这是我们研究高职大学生特点的生理基础。

（一）价值观比较务实

当代大学生思想行为特点的形成与当前社会现实的情况相关。大学生面对

理想与现实，就业与择业等现实问题，他们深感压力重重，大学生需要建立自己的评判标准。改革开放以来，中西文化的碰撞，在价值观念领域中呈现出传统的和现代的、本土的和外来的观念同时并存的复杂局面。这种多元性的价值观使得社会生活异彩纷呈，但也可能引起大学生思想的混乱。很多当代大学生在对道德观念、思想意识、人生追求等价值取舍时，往往表现出现实主义倾向。大学生正处在世界观、人生观、价值观形成的关键时期，他们思维活跃，求知欲强，容易接受新事物、新思想，但由于缺乏政治和生活经验，尚未具备系统的、科学的理论思维和理论素养，面对纷繁复杂的社会思潮，他们辨别是非的能力不强，容易受一些不良信息或错误思潮的影响。

高职学生价值观呈现多元化和务实化特点。在当代社会条件下，价值取向的多样性与人的个性化发展，使得一些学生不再用同一个价值目标来规划自己的人生发展，也不再用同一个价值尺度来评判自己和他人的是非得失。他们习惯于根据自己的需要来设定自己的价值目标，运用多样的价值尺度来看待他人和社会，体现了价值取向上的务实性，也表现出对社会与他人更多的宽容和理解，既有利于学生自身个性化发展，也有利于求同存异与和谐社会的建设。社会多样化是在人们价值取向多样化的推动下发展的，学生价值取向的现实，也使他们不再简单地以天真想法来对照社会现实和批判社会现实，而是更倾向于承认社会现实，更注重追求现实生活条件的实际改善。

（二）耐挫折能力较差

高校生活是人生生活的一个崭新阶段，对于远离父母，到异乡求学的大学生们是一次身心的挑战。大学生的学习环境、生活环境与以往的中学生活有较大差别。高校与中学相比，学习目的、学习内容、学习方式等方面都产生了较为明显的变化。高校是人才荟萃的地方，不少大学生由于失去了自己原有的学习优势，从而产生了一种强烈的挫折心理。进入大学，大学生将独自面对和处理各种人际关系。如何处理好室友关系、同学关系、异性关系，以及重新确立自己良好的人际关系，这对于一些性格偏内向，不善与人交往的大学生来说，容易产生交友困难的挫折感，从而导致自我封闭。还有如家庭经济困难带来的生活压力，求职就业的压力等外部原因都会造成大学生的心理问题。

（三）具有较强的竞争意识

社会主义市场经济体制的形成与发展，特别是人才市场的出现与扩大，使大学生的竞争意识不断增强。大学生也日益形成了把全面提高自身的整体素质，尤其是把能力发展作为自我发展核心内容的思想观念。处于市场经济和自主择业社会环境中的大学生，强烈地感受到毕业后要面向市场接受挑战，要到人才市场去竞争，面对社会的竞争要求，在学习、评优、考研、择业等方面，都表现出强烈的竞争意识。大学生对外界事物有着强烈的好奇心。同时，接受新生事物的能力也强。思维的求异性在大学生的学习活动中表现得比较明显，由于大学生视野开阔，思维开放，扩散性思维与想象力得到发展，不少学生在学习、生活、研究等问题上注重探索与求新。

为提高综合素质和基本技能，他们对各类拓宽知识面的课程的学习和各类上岗考证表现出极大的热情。为锻炼自己的各种能力，他们对担任各级学生干部和各类社团的组织者有强烈的愿望。学习与就业的压力使许多同学转向务实而忽视理想的憧憬和精神的追求。竞争，作为一种激励方式，促进学生积极学习、参与各种活动，提高自身素质以增强大学生的竞争实力。但也要看到，这容易使学生更重视能直接比较的有形因素与可量化因素，而忽视思想、政治、道德等难以量化的因素，以追求眼前、具体利益为目的，忽视长远目标的确立与追求。这些倾向是在大学生思想政治教育中需要注重加以引导的。

（四）独立性明显增强

高职大学生在思想行为方面具有独立意识强、自主性强的特点。青年时期是个体发展的黄金时期，大学生不仅积极探索自己的内心世界，而且也将眼光投向社会。他们在自我意识的发展过程中，能根据自己的知识与经历对人生和社会问题进行思考，独立性和自主性表现得越来越明显。大学生有较强的独立意识，不轻易趋同，不喜欢别人过多的干涉和打扰，喜欢用与众不同的方式去获得外界的关注。这主要表现在思想上，自我意识与自信心较强，勇于阐明自己的观点，不拘泥于某种特定的方式，对于他们感兴趣的事有很高的参与度。大学生用自己的观点认识与评价事物，他们不喜欢家长、老师对他们进行过多的干涉，在心理上逐渐摆脱对成人的依赖感。但有些大学生在自主发展过程中，可能存在发展偏向，如容易产生偏激情绪，缺乏慎重的态度和全局性的判断。

二、高职大学生思想政治状况的发展变化

高职大学生的思想政治状况在改革开放、高等教育改革发展等因素的相互影响、相互作用下，发生了巨大变化。研究大学生思想政治状况的发展变化，对于总结大学生思想政治教育经验，培养中国特色社会主义合格建设者和可靠接班人具有重要意义。

（一）大学生思想政治状况发展变化的现状

大学生的思想道德素质、科学文化素质和健康素质如何，直接关系到党和国家的前途命运，关系到中华民族伟大复兴目标的实现，切实加强和改进大学生思想政治教育，是培养社会主义合格建设者和可靠接班人的必然要求。

改革开放以来，在党中央、国务院的正确领导下，各地和各高校加强大学生思想政治教育，当代大学生思想政治教育取得了显著成绩，为我国现代化事业的改革、发展和稳定作出了巨大的贡献。当代大学生思想政治状况积极、健康、向上，主流是好的。他们胸怀远大理想，勇于自立自强，乐于接受新生事物。他们热爱党，热爱祖国，热爱社会主义，坚决拥护党的路线方针政策，对坚持走中国特色社会主义道路的宏伟目标充满信心。高等教育规模的不断扩大和改革的不断深化，要求准确把握当前学生思想、生活、学习的特点，有针对性地加强大学生思想政治教育。大学生由于正处于不成熟向成熟的过渡时期，思想观念由简单转变为复杂，由封闭转变为开放，呈现出多元化、超前性、波动性等特征。在大学里出现了成长背景和生活经历不同、年龄不同、层次不同的大学生群体在生活和学习空间上的交织，价值多元化倾向突出，加大了高职院校思想政治教育工作的难度。随着社会主义市场经济体制改革的不断深化，大学生思想活动的独立性、选择性、差异性明显增强，要弘扬主旋律，广泛深入地进行爱国主义、集体主义和社会主义教育，引导大学生坚定中国特色社会主义信念。

总体而言，自改革开放以来，大学生眼界逐渐开阔，道德判断能力、道德行为等道德综合素质不断提高。大学生的思想道德状况和精神面貌始终保持积

极、健康、向上的良好态势。大学生思想政治教育面临新课题，加强和改进大学生思想政治教育是一项极为紧迫的重要任务。

（二）高职大学生思想政治状况发展变化的原因分析

高职大学生的思想政治状况受制于社会存在，是对社会存在的一种反映。大学生的思想政治观念总是在一定的社会环境中形成的，学校是大学生系统学习和获得知识的重要场所，是影响大学生思想政治观念发展变化的关键因素。改革开放以来，高等教育改革取得了长足的进步。高等教育在办学体制、管理体制、就业制度和学校内部管理体制等方面实施了重要改革，这些改革不仅促进了高等教育的健康顺利发展，也给大学生的学习、生活和就业带来新的变化和压力。就业制度的改革为大学生的发展创造了广阔的空间，自强意识、成才意识、创业意识不断增强，但就业竞争和压力增大，少数大学生在遭遇就业的挫折后缺乏理性思辨和分析能力，易将一些社会消极现象当成社会本质。

高职大学生的思想政治状况发展变化的原因主要有以下几方面的因素。首先，大学生自身特点是主观因素。高职学生正处于生长期，往往由于身体发育的超前和心理发展的滞后，导致感性的认识多，理性思考较少，因而易出现价值认同上的被动性、易变性，人生价值的选择和判断比较容易受外界环境的影响。

其次，外在环境条件是客观因素。我国正以前所未有的广度和深度与世界进行交流与合作，很多方面正在迅速和国际社会接轨，使得我国传统文化在世界范围内与西方文化发生碰撞。在这种背景下，各种文化的交流就需要大家甄别。市场经济的确立使人们的思想观念得到了更新，也拓宽了大学生的思路，为他们提供了观察世界的新的参照系。

（三）大学生思想政治状况发展变化对大学生思想政治教育的深刻启示

1. 准确把握高职大学生思想政治状况

国际国内形势的深刻变化、社会主义市场经济的深入发展、高校改革的持续推进，使大学生群体发生着众多的新变化。大学生面临着大量西方文化思潮和价值观念的冲击。面对新形势、新情况，大学生思想政治教育工作还存在不少薄弱环节。只有更加深入了解学生，知晓大学生关注的热点问题，准确把握大学生思想政治状况，才能使大学生思想政治教育工作进一步贴近学生的思想、贴近学生的实际，进一步增强思想政治工作的针对性、实效性。

2. 坚持以改革创新精神推进高职大学生思想政治教育

我国高职院校思想政治教育要围绕"培养什么人"、"如何培养人"这一重大课题展开，把大学生培养成中国特色社会主义事业的合格建设者和可靠接班人，这就要求高职院校思想政治教育适应形势发展变化需要，在继承优良传统的基础上不断创新和探索教育途径和方式。坚持不懈地用马克思主义中国化最新成果武装大学生，用中国特色社会主义共同理想凝聚大学生，用以爱国主义为核心的民族精神和以改革创新为核心的时代精神鼓舞大学生，用社会主义荣辱观教育大学生。要以科学发展观为指导，改革创新大学生思想政治教育，用社会主义核心价值体系引领大学生，实现大学生思想政治素质、科学文化素质、身心健康素质的全面发展，为社会主义事业贡献力量。

3. 努力优化大学生思想政治教育环境

人的思想、立场、观点和行为的形成过程，实际上是环境作用于人的过程。从大学生思想政治状况的发展变化中，可以看到社会环境和校园环境变迁对大学生思想观念的巨大影响。因此，我们要在社会主义精神文明建设不断前进的推动下，优化大学生思想政治教育环境。整合整个社会的思想政治教育力量，营造出大学生思想政治教育的良好社会环境。要在高校改革和发展的进程中，创新思想政治教育形式，构建活泼、健康向上的校园文化环境，让所有教职工都担负起对大学生的思想政治教育责任，实现全员、全过程和全方位育人。

4. 深入开展大学生思想政治教育理论研究

中国社会主义现代化建设对培养合格的建设者和可靠的接班人不断提出的新要求使大学生思想政治教育成为一个永恒的课题。改革开放以来，大学生思想政治教育的理论和实践取得了长足发展，为社会主义现代化建设提供了有力的支撑。但是，由于新问题、新情况的不断出现以及大学生思想政治教育理论研究仍然存在一些薄弱领域，大学生思想政治教育工作的实效性还不能完全令人满意气为此，必须开展大学生思想政治教育理论的研究，通过调查研究、经验总结、理论探讨等方式来把握社会主义现代化建设对大学生思想政治素质的要求，把握大学生在社会生活影响下所形成的思想政治素质的特点及演变规律和发展趋势，为加强和改进大学生思想政治教育提供理论支持和决策依据。

第二章 高职院校学生学风培养创新

第一节 高职院校学风建设概述

一、高职院校的学风建设的内涵及目的

学风建设是反映一个学校工作的重要指标，学风建设是加强素质教育的重要措施与手段，更是反映一个学校校风、教风以及学生工作的重要内容，是素质教育在高职院校学生工作中的具体要求和迫切需要。学风建设是高职教育中的一个永恒的话题，也是我们学生工作者一个永远的话题。要想搞好学风建设，首先必须明确什么是学风、学风建设的作用与地位。

（一）学风的含义

学风是一个学校或学者的治学精神、治学态度和治学方法的外在表现状态，是一种求知的氛围，一种育人的环境，一种熏陶的力量。学风有群体学风、个体学风之分。在大学里，一个学院，一个班级的学风，都是群体学风，它是群体在学习活动中表现出来的态度和行为倾向，或者说是群体中的典型和多数个体在学习中表现出来的代表群体主流的态度和行为倾向。

学风是一种氛围，是一种群体行为，对于世界观正在形成过程中的青年学生有着潜移默化的影响力。优良的学风是一种积极的氛围，使处于其中的学生感到一种压力，产生紧迫感；同时它也是一种动力，使学生能积极进取、努力向上，制约不良风气的滋生和蔓延；它还是一种凝聚力，有利于培养学生的集体主义精神。

（二）学风建设的含义

学风建设是通过学校有关部门、有关工作人员的努力，促使良好学风形成

而建立的机制，由各种与学风有关的规章制度、措施、组织、人员（教师及学生）、环境等组成，实际上是对学风建设的情况进行控制与反馈，不断完善与调整的过程。

（三）学风建设的地位和作用

学风建设是学校一项重要的基本建设。就培养人才而言，它应渗透于德、智、体全面发展的教育之中，其实质是教育、培养和引导学生树立理论联系实际和实事求是的作风，帮助学生形成正确的世界观、人生观、价值观，树立远大的理想，端正学习的目的与动机，养成科学的思维方式，成长为德、智、体全面发展的社会主义事业的建设者与接班人等方面。

（四）学风建设的主体

学风是教与学过程中学生学习态度与行为的具体表现。学风，归根到底是学生的主观治学态度问题。因此，学风建设的主体应是学生。

广大学生是学风建设的主体。因此，在学风建设中要突出学生的主体地位，发挥学生主体的决定作用，要充分调动学生的内在积极性。只有这样，学风建设才能坚持长久，才能真正收到实效。目前，各高职院校都较过去更加重视学风建设，制定和出台了一些学风建设措施与办法，但是收效不大或效果不太突出。究其原因，主要是忽略了学生的主体地位，更多的是在"管"与"抓"上做了大量工作，突出了学生的行为管理，却忽略了"输"与"导"的作用。许多制度及措施的制定与出台全部来自教师与学校的单方面要求，没有充分征求学生意见，或过少考虑学生这一主体与工作对象的特点与要求。只注重了外因的影响作用，忽略了内因的决定作用。

学风建设应在引导与激发学生内在动力方面下功夫，即在学风建设中突出"输"与"导"的作用。通过各种措施与载体，努力调动广大学生积极学习的潜在动力，进行目标引导、动机强化，使学生的主要精力与热情被"输出""输送"和"引导"到学习中去，提高学生学习行为的强度，注重学风建设的实效性，即突出学生的主体作用。在具体学风建设中，应加大学生自我参与、自我评价、自我教育、自我建设的比重，弱化行政管理、数量考核的比重，在学生中形成自我教育、自我约束、自我管理的机制，由"制度管理"向制度约束下的"自我管理"转变，这是学风建设应着力解决的核心问题。

（五）教风与学风的关系

学风是衡量一个学校的办学水平、反映学校教学质量、体现培养人才素质的重要标志，学风和教风是校风的重要组成部分，学风直接受教风的影响，是教风的直接反映，教风直接影响到学风的水平。学风建设中，教风建设的影响作用不容忽视。

1. 教风对学风的影响

在社会发展中，教师是人类文化科学知识的继承者和传播者，对学生来说，又是学生智力开发和个性发展的培育者和塑造者。人们常把教师比作"园丁""人类灵魂的工程师"，倡导教师"诲人不倦"的精神，强调教师的躬行身教。可见在抓好学风建设的同时，抓教风建设尤为重要，加强教风建设是保持良好学风的基础。

第一，教师教书育人的态度对学生学习态度的影响。教师的工作态度、师德风范，对良好学风的形成具有直接的、经常的、无所不在的影响，特别是任课教师在教学过程表现出来的岗位意识、敬业精神对学生对待学习、生活、工作的态度有着十分重要的影响；

教师在与学生的交流中所表现出来的人生观、世界观、价值观，对学生具有潜移默化的影响。因此，要加强教师的师德建设，提倡教师做到"教书育人，为人师表"，要有敬业精神，发挥教师对学生正面影响的效应，这是加强学风建设的重要基础。

第二，教师的学术水平与课堂教学方法，是影响学生课堂学习行为的主要因素。课堂教学是影响学生学习积极性的主要因素之一，教师的教学内容与教学方法、讲授能力与教学技巧，影响学生在课堂上的学习行为，将在学生今后的学习行为中产生正强化与负强化两种效果。因此，要注重教师课堂行为对学风建设的影响，在加强学风建设的同时，加强教风建设。

2. 学风对教风的反作用

教风与学风的作用是互动的，教风对学风建设起主导作用，学风建设又对教风建设起促动作用。在学风建设提高到一定水平时，要突破一个"瓶颈"，这个"瓶颈"就是教风建设的整体水平。即学生的学习自觉性与学习能力有了较大提高之后，势必对教师的学术水平即教学与科研能力提出新的要求，这势必会反过来促进教风建设的不断提高。

所以，教风建设与学风建设要同步进行，二者不可偏废。在加强学风建设的同时，不能忽略教风的影响，学生工作与教学工作不能脱节，要紧密配合，共同拟定发展目标、工作计划、管理措施。

只有发挥教风与学风建设的协同与互动作用，二者才能健康发展、共同提高。

二、高职院校的学风建设面临问题分析

学风建设，无论在普通高校还是高职院校都是永恒的主题。培育优良学风是实现育人兴国的必要条件，是衡量一所大学教学质量的重要特征，也是培养人才的核心措施之一。

（一）高职院校的学风出现的不良状况

状况之一：上课迟到现象屡禁不止，几乎每天都有人迟到，天气不好时更加严重；

状况之二：上课不认真听讲。如上课讲话、看其它书籍、玩手机、打瞌睡等现象不在少数；

状况之三：课余看书学习的学生较少。图书馆的图书使用率较低；

状况之四：学生在教室和图书馆上晚自习的情况差；

状况之五：有相当部分学生考前临时"抱佛脚"，突击几天就可以考试及格等等。

以上状况可以说明，高职院校学风出现了一些令人忧虑的问题，并且不是个别学生的现象，它具有一定的普遍性，这不得不引起我们深思。

（二）促成高职院校学风不佳现状的原因

促成高职院校学风不佳现状的原因是多方面的。学校管理上的问题，教师的教风，社会大环境，学生自身（如学习动机、态度、纪律……），校园文化氛围等等，以上都是学校架构上的情况。而表现在学生身上的具体情况又怎样？浮躁不踏实，考试突击，创新性不强，轻实践能力，满于现状，进取心不强，

抄袭作业,时有考试作弊现象等等,下面我们从教和学两方面存在的问题来分析:

1. 教学方面

随着高职教育办学规模的不断扩大,已迫切要求其教学计划、教学内容、教学方法及其教学过程各环节管理必须突出高职教育的特点,目前仍沿袭的普教模式以及在安排教师、教室、实验室等方面的困难也是急待解决,具体来讲存在以下三个方面问题:

第一,部分教师精力投入不足,一部分教师未能摆正教学位置,功利思想比较严重,有的教师备课不够认真,教学内容多年不变,在学生中造成负面影响,所以显示出学校教风不是很好。

第二,教师对转变教育思想,更新教育观念的紧迫性认识不足。许多人对以教学为中心的意识不强,广大教师自觉参加教学改革的面不广,学校各专业的课程设置不尽合理,教学内容陈旧,教学方法过于死板,人文素质薄弱,培养模式单一等问题还相当严重,所以不少的同学在上课时经常分心。

第三,培养目标不是十分明确或者说定位不是很准确,基本上仍然是传统教育思想的产物,脱离社会需要,忽视个性发展,培养出的毕业生社会适应性和创新发展能力较差,许多的同学认为上课有时听不进去是因为老师的问题和课程对自己没用。

2. 学生方面

(1)学生第一课堂的学习情况

学校大多数学生的学习态度还是比较好的,也有少部分同学认为自己有厌学情绪不能自觉投入学习。但许多同学对自己周围的学习环境不是十分满意,因为学生学习态度的形成,与周围人物和环境的影响密切相关,许多同学反映周围的同学对学习不是很感兴趣会影响自己的学习态度。课堂纪律的好坏也影响到教学的质量和学生学习成绩的提高,了解了同学旷课的原因,许多同学认为是对该课程不感兴趣,有的同学认为是老师讲得不好,另一些同学做其他事情。

(2)学生利用课余时间的情况

大学的课程安排比较轻松,学生自己支配的时间也就多了,在平时检查学生寝室还有和学生接触的过程中，我们发现许多的同学把课余时间用来上网、逛街、闲聊，只有很少的学生能自觉的学习。随着电脑的普及和互联网的发展，上网成了大学生生活中不可缺少的部分，那么学生上网主要是干什么呢？很多学生是用来打游戏，聊天，只有少部分是用来学习。所以，该如何引导学生上网，如何让学生充分利用网络资源来学习也是一个很值得深思的问题。还有一个问题就是学生参加过各类有益讲座的人次非常有限。学校该如何开展这些活动，如何去吸引学生的目光，如何做好宣传工作，都是该从长计议的问题。

（三）培育优良学风的机制需要健全

进一步完善学生工作的激励与约束机制，充分调动学生学习的主动性。改变过去那种管理措施不完善，奖惩制度不到位，实施起来随意性大，学生工作干部充当"消防救火队"等状况。进一步完善学生教育管理规范，充分认识执行规章制度是学风建设的保障，一方面大力宣传和倡导学先进、赶先进，大张旗鼓的树立好榜样，同时加大奖励力度和奖励面，将物质和精神奖励相结合，分不同层次不同项目的奖励，鼓励那些努力学习的学生，肯定他们的进步，把"要我学"变成"我要学"的目标。另一方面对违反校纪校规的少数学生，就应该给予严肃的处罚，以便警示教育其他学生。学风离不开学生工作队伍的引导、教育和管理，是对课内教育的补充和延伸。

学风问题是一个系统工程，是全体师生教学行为和学习行为的综合，是学生所处客观条件与主观努力的综合，是校园物质环境和文化环境的综合。马克思认为，现象与本质是统一的，没有离开现象的本质，也没有离开本质的现象。通过现象可以发现和认识事物的本质，针对出现的突出学风问题，及时有效的给予教育和处罚，同时要充分调动学生学习的积极性、主动性和创造性，只有标本兼治，才能从根本上推动学风建设水平的不断提高。

教风是影响学风的重要因素。因此，端正学风必须首先端正教风。作为教师，应该努力提高教学水平，保持严谨的治学态度，严格把关。同时，在学术问题上，教师不仅要能够严格自律，以自己的一言一行感染学生。

第二节 高职院校学风建设的途径

一、高职院校学风建设的途径分析

学风建设是加强德育建设与素质教育的必然要求，是培养人才的重要手段与措施，是高职院校工作的重点，分析与探讨学风建设存在的问题，研究与实践学风建设的措施与方法是高职院校党政工作与学生工作的首要任务。由于学生主体的特点是不断变化的，不同时期、不同阶段、不同年龄有着不同的特点与要求，就应根据学生主体的变化与特点开展有针对性的工作，才能事半功倍，收到实效。

首先，应认识学风建设主体的需要，研究工作对象的群体特点与个体特性，寻找工作的突破口。分析当代学生需求的特点与高校学生的热点，是做好学风建设的前提。目前高校学生中普遍存在考研热、上网热、出国热、考托福热、考 GRE 热、恋爱热、打工热、活动热等现象，这些热点对学生的学习有着正面和负面的双重影响。如考 GRE 热，一方面反映学生提高英语水平的愿望，想出国深造，对学风建设存在着有利的方面，但其中也有一些学生放松了对其它课程的学习，造成对学风建设不利的影响。而学生热点中的上网热、恋爱热、打工热、活动热，有时又与学生的专业学习发生冲突，有与学风建设相违背的地方，某种程度上也影响了学生的学习，这些是值得我们思考与研究的地方。如何把学生主要精力引导到学习上来，教育学生处理好学习与能力提高、个性培养的关系，这应该成为学风建设的着眼点与突破口。

其次，应加强对学生的思想教育，在"三观"教育上寻找突破。学生的学习态度、学习目的、学习动机受其人生观、世界观、价值观影响，而学生的"三观"正处在塑造与成型阶段，要通过有效的途径加以引导，帮助学生树立远大的理想，坚定理想与信念，在目标上强化学生学习的动机，是学风建设的思想保证。具体说，首先，通过"两课"教育，使学生明确学习目的，增强爱国主义、集体主义观念，树立以专业知识服务社会、服务人民的人生观与价值观；其次，教育管理工作者应深入学生生活，认真细致地做好思想引导工作，了解学生的思想动态，对存在的不正之风、不良学风等，一定要究其根源，谆谆教导，激发学生的求学热情；第三，学生的主要任务是学习，许多同学在遇到学习上的困难时，心理压力太大，可能会产生消极的甚至是偏激的行为。这时候，老师应该帮助他们认真寻找挫折原因，引导他们改进学习方法，鼓起他们克服困难、追求上进的勇气，重新扬起奋斗的风帆。

第三，以教学管理为保障，严肃学风纪律。无规矩不成方圆，建设优良学风，必须要有完善的管理制度作保障，要"有章可循、违章必究"。与此同时，教师也必须与学生保持平等的关系，因为教师并不是真理的化身，而是学生探索真理的领路人。教师严谨的治学态度、崇高的治学精神以及显著的学术成就对于学生优良学风的形成有着良好的示范作用和带动作用。教师要严肃教学纪律和考试纪律，对学生高标准、严要求，教学管理部门要严肃学籍管理，不断完善学分制，实施"宽进严出"，把好最后一道关。

第四，学风建设应建立约束机制与激励机制，形成良性的运行机制。约束机制能引导群体的行为，保证目标、措施的实现；激励机制能调动学生主体的主动性，提高协作意愿；也是学风建设的重要内容。二者相辅相成，缺一不可。只有约束与激励机制共同发挥作用，学风建设才能坚持长久，不断深入。

第五，以丰富多彩的校园文化活动为载体，营造浓郁的学习氛围。学风建设是一个潜移默化、受多因素影响、不断积累强化的过程，而丰富多彩的校园文化活动则是学风建设不可或缺的重要组成部分。首先，要充分利用党校、团校以及"两课"阵地抓好学生的思想教育，引导他们积极向上，树立崇高的理想和成才目标；其次，有目的、有针对性地通过心理咨询和体育活动，为学生的成人成才准备好良好的心理素质和强健的体魄；再就是，结合学生的需要和专业特点，充分利用社团活动、学术讲座、知识竞赛、技能训练、优秀人才先进事迹报告会等形式，拓宽学生的知识视野，提高学生的文化素养，激发起他们求知、成才的欲望。学风建设不是一件孤立的工作，学校的各项工作都要配合学风建设，为学生更好地学习创造条件，一切工作以"为提高学生素质、加强学风建设服务"为出发点，才能取得良好的效果。

第六，教学改革是学风建设的重要保证，应加强学分制、选课制、考试制度的改革，创造良好的学习环境与空间。通过让学生自主选择学习的内容、方法与时间，可以提高学生学习的兴趣，激发学生学习的主人翁意识，增强内在学习动力，变"要我学"为"我要学"。设立各种创新学分、科研等级评价体系等，调动学生学习的积极性与主动性。同时，学校应加强硬件条件建设，在图书、计算机、科技实践设施上加大力度，为学生的学习创造良好的外部环境。

综上所述，学风建设是高校学生工作的主旋律，是实施素质教育的重要手段与措施，也是学校培养人才这一根本任务的必然要求。因此，加强学风建设要调动全校广大教师的积极性，形成全员意识，对学生的学习进行全过程参与和全方位服务，才能促进学生的全面发展。例如可以评比学风建设先进班级、学风建设进步班，通过各种渠道宣传学习标兵，在校园形成深厚的学习氛围，影响学生的学习行为。同时，学校的各项工作要配合学风建设，为学生更好地学习创造条件，一切工作以"为提高学生素质、加强学风建设服务"为出发点。

二、处理好学风建设与教风建设的关系是关键途径

学风建设与教风建设相辅相成，加强大学生思想政治教育工作，树立良好的教风与学风，既互为因果，又相互促进，其共同目的都是为了切实提高人才培养质量。

（一）师德建设工作是教风学风建设的基础

良好的学风与学习环境有关，与学生素质有关，换句话说，好的学风可以改善学生学习环境，可以提高学生综合素质。教风主要指教师在教书育人中的态度，在学风建设中起着引领指导的作用，良好的教风学风的形成有赖于加强和改进师德建设工作。

由于职业的特殊性，教师师德是以热爱学生、教书育人为核心，以"学为人师，行为示范"为准则，以提高教师思想政治素质、职业理想和职业道德水平为重点，弘扬高尚情操，志存高远，爱岗敬业，忠于职守，勤于奉献。教师要怀有博大和无私的爱心，不应讥讽、歧视、侮辱学生，不应向学生推销教辅资料及其他商品，索要或接受学生、家长财务等以教谋私的行为，不应在考试工作中有违

纪违法行为，严厉惩处败坏教师声誉的失德行为。教师应当时刻铭记自己的职责不只是"传道、授业、解惑"，一名合格的教师还担负着"教书育人"的职责。教师自身的行为会对学生产生重要的影响，有人形容学校就向企业一样在生产产品，但是这种"产品"与一般意义上的产品有着天壤之别，因为，从学校中走出的"产品"是有思想、有意识，具备行为自发性和主动性的"人"。

中华民族向来有尊师重教的传统美德，人民赋予教师以"人类灵魂的工程师"的美誉。教师是大学生成长的榜样，教师的思想政治素质和职业道德水平直接关系到大学生的成长，关系到国家前途和民族未来。在市场经济条件和改革开放环境下，高校教育和师德建设工作面临着许多新情况、新问题和新的挑战。高校扩招，社会对优质教育日益增长的需求，对教师素质提出了新的更高要求。

高素质的教师队伍是高质量教育的基本条件之一，教师在日常课堂教学中的组织作用，在行为规范方面的表率作用，在思想道德品质上的潜移默化作用都会影响学生的世界观、价值观、人生观，因此，教师的教书行为不仅仅是向学生传授某种专业知识的过程，也是向学生传递一种观念、传承一种道德、宣扬一种精神、划定一种规范、弘扬一种治学态度的"育人"途径。学生在这种教书育人、言传身教的过程中受益、解惑、成长。

（二）端正教风是学风建设的突破口

高职院校要高度重视教风、学风和校风建设。教风是高等学校培养学生、提高教书育人质量的一个重要因素，所体现的是教师履行职责的职业道德、思想风尚的高低、教师教学水平高低和治学态度的严谨与否。教风与学风是相互影响、相互制约的。优良学风是优良教风的必然要求与最终结果，没有好的教风就没有好的学风，学风建设也就会成为一句空话，教学质量也没有保证。因此，广大教师要以德育人、爱岗敬业、为人师表、教书育人，以自己的道德追求、道德情感、道德形象去引导教育学生。要通过开展评选和表彰师德优秀群体和师德标兵、学习和弘扬优良办学传统等活动，形成有利于良好教风、学风和校风建设的氛围。大力提倡严谨治学、从严治教的作风，把教书和育人结合起来，把培养能力和开发智力结合起来。好的教风、学风和校风能为人们所切身感受和体验，对青年学生的思想成长和行为养成产生深刻影响。学校的教风、学风和校风如何，直接影响社会、学生及家长对学校的评价和选择。从长远看也关系到学校的前途和命运。

在校风建设中，学校必须针对学风建设的实际情况，采取有力措施改善教风。一要加强教师的思想教育工作；二要注重师德建设；三要严格管理，实施质量监控和考核制度；四要加强教师的岗位培训；五要切实解决教师在职称、住房、工资待遇等方面的实际问题。以此全面提高教师队伍的思想素质、政治素质、道德素质和业务素质，调动广大教师教书育人的积极性，提高教师的教学水平，从而推动学风建设和提高教学质量。

（三）教学制度建设和严格教学管理是学风建设的侧重点

学校的规章制度体现了治校的指导思想，对学生具有一定的控制力和约束力，有助于培养学生良好的行为习惯，促进学风建设。学校要针对目前一些学生学习自觉性差、自制能力弱的情况，建立科学合理的规章制度，规范学生的行为，加强对学生的管理。完善辅导员制度，开展深入细致的思想工作，让每个学生都了解学校的规章制度，清楚学校提倡什么，反对什么。在管理上要严格，是非分明，奖优惩劣，提高学生的自制力，以形成良好的学习氛围，特别要加强考试纪律的管理。考风是衡量学校办学水平、管理水平、教学质量和学生综合素质的重要标志之一，是学生学风的具体体现，对此要严肃对待。

（四）深化教学改革，建立起充分调动学生自主学习的机制和环

知识经济对人才培养提出了更高的要求，它要求高等教育培养出大批具有创新精神和创新能力的高级专门人才。通过深化教育改革，建立起充分调动学生自主学习的机制和环境，是建设优良学风的根本措施。特别是在全面推行素质教育的今天，充分发挥学生的个性特长，培养学生的创新精神和创新意识，是高等教育改革的重大课题。深化教育改革，要着眼于培养学生创造思维、学习能力、自学习惯。在教学改革上，要建立及时更新教学内容和教材的机制，将先进的科技成果和科学知识传授给学生；要加强课程的综合性和实践性，积极探索产学研结合的途径，使学生积极参加科研、创新和社会实践活动。在教学管理制度上，改变过去整齐划一的培养模式，实行更加灵活的学分制，增大学生学习的自由度，给学生对专业、课程、教师、学习时间的更大的选择权。

并通过大量开设选修课程、开放实验室，加强以文学、艺术和科技创新为主要内容的第二课堂，为学生自主学习创造环境和条件，激发学生的求知欲，调动其自主学习的积极性。

第三节 高职院校学生学习能力培养

一、高职学生的学习能力

（一）学习能力概念和结构

学习能力是学生运用科学的学习策略独立获取信息、加工和利用信息、分析和解决实际问题的一种个性心理特征。也就是说，学习能力既与学习活动必需的基本心理能力（观察能力、记忆能力、思维能力等）有关，又与分析和解决实际问题的综合能力（自我调节能力、学习动机、学习的方法策略等）有关，它是二者的综合体现。学习能力既是学生学习活动的结果，又是学生进行学习活动所依赖的基础。

21世纪的社会是一个学习型的社会，终身学习将成为人们处身立世的需要。高职教育的重要目的是为学生的终身学习打下良好的基础，今天的"教"是为了明天不需要"教"；高职生的重要学习能力是学会学习，随着知识更新周期的缩短和人们岗位变化的加快，"会学"比"学会"更重要。学习理论的研究者认为一个会学习的学习者应具备如下能力：能够确立自己的学习目标；能够意识到不同的学习方法会产生不同的学习结果；能够意识到自己当前所用的学习方法，因此能监视自己的心理活动；能够从自己采用的学习方法所产生的结果中获得反馈信息，进一步评价自己的学习方法，因而能够依据是否有助于达成学习目标来调节自己所采用的学习和行为方式，以便更好地达到学习目标；学习主体有预见性，能预料事物的发展进程和结果，所以既能事先拟定学习计划，也能在执行计划的过程中依据反馈信息适当调整自己的学习计划。总之，元学习理论相信人是积极主动的机体，人能够监视现在、计划未来，有效控制自己的学习过程。最近，国内一项研究用因素分析方法，把元认知的学习能力划分为。三个方面、八个维度即：（1）学习活动前的自我监控：①计划性；②准备性；（2）

学习活动中的自我监控：③意识性；④方法性；⑤执行性；（3）学习活动后的自我监控：⑥反馈性；⑦补救性；⑧总结性。

（二）高职学生学习能力发展的特点

高职学生学习能力发展的特性主要表现为：

其一，在高职学生的学习能力发展中强调学生发展职业情境学习迁移力，强调了学习情境对于知识应用范围的决定作用，认为学习情境与使用情境的要素相似，学习的迁移就容易发生。在高等职业教育的学习中，理论学习本身就有一个如何把学习与应用相结合的问题，而更重要的另一方面是如何将理论化和抽象的内容嵌入到具有职业情境的学习过程中去。只有理论与实践充分有效结合的学习，形成的学习迁移才是充满职业创造力的。

其二，在高职学生的学习能力发展中更加强调社会实践活动的创新力。当前，知识作为产品在贸易和投资中的地位日益显著，市场化的知识生产呼唤要充分运用市场机制尽快加强我国的科技实力，"加强科技创新，最根本的是推动技术创新的有效机制"。以社会、企业的知识应用为目标的高职生的学习也应建立在这样的创新机制之上，要形成以市场机制为导向，以知识的生产、经营为核心的有效学习。

其三，社会信息化的快速推进，使得一线高素质劳动者获得信息的机会更趋公平，这种公平突出了高职生学习把信息转化为有效知识这种才智的重要性。然而，不同的个体面对同样的信息，结果是不一样的。高职生作为一线高素质劳动者，如要形成这种才智，如何查找、评价和整合利用信息的素养是非常重要的，这种素养不是一般意义的信息技术素质，而是蕴涵在素质中的一种意识和组织结构，它对信息转化为有效知识起到了选择和积极推动作用。

其四，培养学习元认知能力是实现高职学生学习能力发展的基础。把职业成长与社会、与生活结合起来的终身教育，将成为未来社会人们的一种生存方式和生活方式，也是 21 世纪的生存概念。而元认知由于对学习活动的整体起监控作用，能使学习者不断评估学习中的问题，并且改变学习策略以提高学习效果。因此，高职生的元认知能力的形成极其重要，它会为将来的职业生涯奠定良好的基础，产生积极、有效的作用，从而增加自我成长的可能性。

（三）培养高职学生学习能力的意义

重视和发展学生的学习能力是市场经济和劳动力市场变化的要求。随着我国社会主义市场经济的发展，经济增长方式由粗放型向集约型转化，经济结构向工业化阶段转变，产业结构从劳动密集型向技术密集型转化，而且全球经济一体化趋势和高新技术的日新月异，使企业经营方式也由单一生产型经营模式转向产品经营、资产经营、资本经营等多种形式并行或互为融合模式。从市场经济和社会发展给劳动力市场带来的变化看，瞬息万变是现代这一时代劳动力市场的特征。21世纪人们的岗位变化将更加频繁，许多想象不到的新行业、新工作将不断出现，这就要求职业教育培养的学生具有远期的适应能力和应变能力，而学习能力是个体在多变的工作环境中能够生存和发展的先决条件。因此，作为沟通教育与就业桥梁的职业教育，为使受教育者能充分获取未来的就业机会，并培养他们在各种职业中尽可能多的流动能力，应该而且必须重视和发展学生的学习能力。

重视和发展学生的学习能力是知识经济的要求。知识经济取代工业经济无疑是人类历史的重大变革，知识经济是主要依靠知识创新、知识创新性应用、知识广泛传播和发展的经济。知识经济时代国家和地区的创新体系和创新能力已成为社会和经济发展的重要基础和竞争力提升的关键因素。知识经济时代，需要的是一种知识型、创新型人才。这对传统的以培养实用型技术型人才为目标的职业教育无疑是大冲击，为使受教育者适应变化的环境并得以发展，职业教育应以技术培训加科技应用为主，努力培养技术型加创新型人才。学习能力是拥有创新能力的前提，因此，职业教育应重视和发展学生的学习能力。

重视和发展学生的学习能力是终身教育和个人可持续性发展的要求。传统的职业教育，大多是终极性教育，学生可在学校获得一套终身有用的技术，但这时代已经过去。现代社会科学技术日新月异，知识更新速度越来越快，职业中新知识与新技术的增加是常态，这意味着终身学习化社会已经到来，学校教育已不再是教育的终极。终身教育的观念近年已经深入人心，成为许多国家和个人所追求的目标。

二、培养高职学生学习能力的策略

（一）培养高职学生学习能力的具体策略

第一，建立以爱心为基础新型的师生关系，创造和谐的学习环境，转变学生学习态度。因为"亲其师才能信其道"，尤其是对那些高中学习成绩差而受到冷落的学生，必须实施"温暖工程"。

第二，加强心理健康教育，增强学生的责任感，树立自信心。学校开设学习指导课、社会行为指导课、职业生涯发展指导课等，使他们确定人生发展的目标，自觉地对自己负责，对社会负责，由此而激发学习的动力。

第三，实行激励教育，为高职学生创造成功的感受和走向成功的机会，在教育教学工作中要有意识地把学生成功的心理体验，作为"应试教育"的失败者最缺少的体验。每位教师都要善于发现学生的教育点、发展点，从各个方面去挖掘学生的优点，及时地指出并鼓励。教师在教学过程中对学生要多肯定、多鼓励、多表扬，少否定、少冷落、少批评。结合专业特点，举办各种竞赛活动，为学生成功创造展示的舞台；同时，还可以组织学生参加全国、省、市各类专业大赛，为当地各级政府机关、企事业单位提供专业技能服务。这样既使学生提高了适应社会、适应市场的能力，同时也激发了学生的学习兴趣，培养了学生善于思考、刻苦学习的自觉性。

第四，学院在教育教学各个方面要为高职学生创造良好的自主学习环境。作为教师必须树立以学生为本的教育理念，坚持"一切为了学生，为了一切学生，为了学生一切"。在教学中要求注重学生学习兴趣的培养和内驱力的激发，要紧密结合职业技术学院的特点，改革教学方法，使高职学生逐步寻找到自我发展的道路。

第五，注重学习方法和策略的指导。当一部分学生有了学习的愿望，学习方法就成了主要矛盾。这要求教师除在教学过程中对学生进行有针对性的学习方法和策略指导外，还要请优秀的毕业生介绍学习方法和学习心得，使在校生能够认识到学习差的原因，树立正确的学习观，还要明确学习方法和策略的重要性，从而在学习中自觉地掌握学习的方法和策略。

第六，培养良好学习习惯的养成是关键：一是强化教育。新生入学就进行养成学习习惯的教育，使学生认识到：勤奋好学的习惯是一笔财富，良好的学习习惯是现代人必须具备的生存能力，培养良好的学习习惯是人的成功之本。通过教育使学生认识到养成良好学习习惯、搞好学习是为了更好的生活，是为了获取生存和发展的能力。二是明确要求。使学生明确应当养成哪些学习习惯，学校对养成良好习惯的要求和学生怎样才能养成良好的学习习惯。三是强化训练，逐步养成。良好学习习惯的养成，一方面要循规蹈矩，按学院要求去做；另一方面要克服不良的学习习惯。学院要制定《学生学习规范》《学生考试规则》，对学生学习的每个环节都有严格的要求和具体的规范。

（二）两项典型的培养学习能力的研究

1. 整体性教学研究

基于整体性学习的职业教育，其目标分类是多维、多向度的。

学习目标分为四大领域。即内容——专业的、方法——问题的、社会——交流的、情感——伦理的学习目标。第一，专业的学习目标是指向与专业相关的功能性知识，构成学生的专业能力，其内容要通过专业实践。即在学生独立制定计划、独立实施计划和独立检查计划的背景下进行教学。第二，问题的学习目标指向学生能够独立地获取知识与理解能力的学习过程。这样一种和过程与方法相关的目标，在整体性学习中包括解决问题的方法、实验、独立的学习与工作——即掌握学习与工作的技术。第三，交流的学习目标指向基本的合作与交流技术。例如掌握谈话的规律，开发团队与小组工作，实施冲突管理，具备演讲和演示技术、讨论与辩论技术、自由即兴发言技术。第四，伦理的学习目标指向自我定位与自我发展的能力。强调在日常生活情境中评价与决策能力的开发。涵盖社会认可的价值观与行动准则，例如，政治、社会和经济的价值，道德、审美的价值。由于学习是个体的行动过程，是学生通过学习过程中现实事件的经历而自我启动的过程。为使这一过程能持续地引导学生，职业教育课程教学的逻辑起点必须是学生主观上有强烈求知欲并以积极行动投入学习。职业教育课程教学的基本思路是：使学生借助自我行动将所获得的知识和经验内化以构建于自身，进而实现个体的可持续发展。

2. 情境性教学研究

传统高职人才培养模式的缺点是在培养过程主要根据理论知识的系统性和学科体系来组织教学，实践性教学环节主要是为理论教学服务，实践教学的"从属"地位无法保证职业技能训练的适应性、系统性和科学性，许多实践教学流于形式化和简单化。为提高应用型高技能人才培养的针对性和有效性，我国高职人才培养模式必须重新审视实践教学在教学体系中的地位与作用，建立"以实践教学为主体，专业理论教学为基础，以实践教学为主线组织教学活动"的人才培养方案，在"真实"的企业场景中进行"情境化教学"和"情境化学习"，为学生职业能力和职业素养的提高提供舞台。第一，高职院校通过整合自身已有实践教学资源并不断改善实践教学条件，面向企业发展，以职业标准为导向，参照现代企业生产条件、生产流程、质量标准和环境要求，在校内建立起模拟性的"情境"：它不仅是训练学生实践技能、陶冶职业素养的舞台，也是进行专业理论教学、促进专业理论学习与职业实践更紧密结合的重要场所。第二，高职院校结合自身办学条件和人才培养需要，拓展技术与技能培养的教育资源，与相关企业开展互动性"产学合作"，学校、企业共同实施高等职业教育，使企业的真实"情境"成为学生学习专业理论、训练专业技能和提高职业素养的最好"场景"。

高职院校学生的学习符合学习的一般特性，但有其自身的特点。从国际经合组织（OECD）对知识的基本分类来看，高职生职业技能学习的核心属于技术方法型知识的学习。这里的技术指为实现生产过程和非生产性需求的经验和科学的方法与手段的总和，可分为生产技术和非生产技术（包括市政、科研、文化、教育、医学等）。在内容上体现了对动作和智能的要求，特别是包含具有智力技能特点的认知策略内容，主要表现为处理工作对象的方法与手段技能、对内调控的反省认知技能的掌握。在职业的涵盖上，技术也不仅仅只局限于生产领域。不容忽视的是，提高高职生职业技能智能化学习水平的另一层重要的含义，就是存在于实践活动之中的默会知识的学习。无数的实践证明，实践的技能很难诉诸于文字；科学的创新根源于默会的力量。默会知识深深地镶嵌于人类的实践活动之中，只有通过行动中的体会、琢磨、体验才能学会。默会知识的学习对于如何提高适应一线需要的智能水平是十分重要的。

　　高职学生学习能力的发展有其自身的特性：其一，高职学生的学习强调学生发展职业情境学习迁移力，强调学习情境对于知识应用范围的决定作用，认为学习情境与使用情境的要素相似，学习的迁移就容易发生。其二，高职学生的学习强调创新力。以社会、企业的知识应用为目标的高职生的学习应建立在这样的创新机制之上，要形成以市场机制为导向，以知识的生产、经营为核心的有效学习。其三，社会信息化的快速推进，使得一线高素质劳动者获得信息的机会更趋公平，这种公平突出了高职生在学习中要有把信息转化为有效知识这种才智的重要性。

第三章 高职院校学生心理环境与思想政治教育

第一节 高职院校学生的认知心理环境

价值观教育是大学生思想政治教育的重要内容。价值观是关于价值的一定信念、倾向、主张和态度的系统，属于价值的规范意识系统。价值观的形成是以人们对客观事物、对人自身以及客观事物与人的关系的认知为前提的，有什么样的认知，就会形成什么样的价值观。因此，要使高职院校学生的价值观教育更富有成效，就应把认知规律与价值观教育问题联系起来，把握价值观形成的规律，提高价值观教育的科学性。

一、心理环境概述

（一）认知与认知心理环境

认知是人们对周围事物的理解以及周围事物对自己的意义与作用的想法和观点。认知心理环境则是认知发生发展的心理过程。现代认知心理环境学认为，认知是通过个体内在的心理活动，对外界信息进行获取、贮存、转化、加工而形成的。在某些情况下，人们也将"认知"这一词语本身用作动词的含义，即将"认知"等同于"认知活动"，而认知活动本身就是一个心理过程。因此，认知和认知心理环境是不可分割的。

认知既包括对物理世界的认知也包括对社会世界的认知，两者共同构成认知的全部内容。从这个意义上说，认知和社会认知并不是同一层次上的并列关系。社会认知是认知的一个属概念，它所对应的应是非社会认知或称物理认知；但我们平常讲的"认知"，在一定程度上可说是"非社会认知"或"物理认知"。

由于传统的认知发展理论主要建立在个体对物理世界的认知发展研究之上，这些理论已相对成熟并自成一个体系，国外发展心理学著作大多在认知发展之外另设社会认知发展以示其为一独立领域。

（二）认知过程

心理学认为，人的认知活动是一个复杂的过程，它主要由感觉、知觉、注意、记忆、想象、思维等方面组成。也就是说，人们对客观事物的认知过程（包括对人的心理活动的认知过程），是通过感觉、知觉、注意、记忆、想象和思维等方面实现的，人的认识是这几个方面活动的综合结果。感觉是人们认知过程的开始，人们通过感觉获得对象个别属性的知识，它往往是片面的、直觉的。知觉是人们对对象的各种属性、各个部分及其相互关系的整体反映。但人们在同一个时间里不会感知周围的一切事物。注意就是人们对外界事物的选择性感知的反映。当外界环境中强的、新异的、具有重要意义的刺激物作用于人的时候，就会产生注意即人们对于这些事物的指向和集中。人们对客观事物的感知不会即刻丢失，而是通过记忆保存一段时间。记忆就是人们对感知内容的再现和再认。想象是人脑对原有的认知形象进行加工并形成新的形象的

心理过程。思维则是一种最复杂的认知活动。它是人脑对客观事物的分析、综合、比较、抽象和概括的过程。思维是认知发展的高级阶段。

现代认知心理环境学则以刺激—反应模式来概括认知过程。其基本思想可以用公式 S-C-R 来表示，其中 S 代表刺激（Stimulus），指整个外部世界可以引起刺激作用的部分，包括外界事件、情境、他人、人际关系以及自己的行为表现等。C（Consciousness）指意识、经验因素，就是对现实世界的认知。R 代表反应（Response），它认为刺激与反应之间不是简单的对应关系，而是要通过意识经验作为中介。可见，刺激与反应之间存在一个复杂的过程：首先是刺激通过滤觉器官而成为感觉材料，经过以记忆方式储存过去经验和人格结构的折射，再由思维过程（通常是自动化了的）为感觉材料赋予意义，这构成一个知觉过程。通过这一知觉过程，个体可以对过去事件做出评价、解释和预期，进一步激活了情绪系统和运动系统，产生各种情绪和行为。同时，这种被激活起来的情绪—行为系统也不能当作纯粹的情绪与行为来理解，因为按照认知论

的看法，一种特定的情绪，其性质（喜、怒、哀、乐等）是由认知因素决定的；而一个特定的有目的的行为，其动机，也就是行为的目的，也是由认知过程来把握的。因此从刺激到反应这一整个系统中，认知过程是无所不包的。

（三）现代认知心理环境学的基本理论

认知心理环境是人们认知过程的心理机制，是现代认知心理环境学研究的主要内容。现代认知心理环境学是 20 世纪 50 年代中期在西方兴起的一种心理学思潮，20 世纪 70 年代成为西方心理学的一个主要研究方向。在西方现代认知心理环境学内部，存在多种理论流派的争论，其中最大的两大流派是建构主义的认知理论和信息加工的认知理论。

1. 建构主义的认知理论

建构主义主要观点是将认知看成是主体主动建构其认知结构的过程，它主要以皮亚杰的认知发生理论为代表。

皮亚杰[①]（Jean Piaget）理论体系中的一个核心概念是图式（schema，在他后期著作中用 scheme 一词）。图式是指个体对世界的知觉、理解和思考的方式。我们可以把图式看作是心理活动的框架或组织结构。在皮亚杰看来，图式可以说是认知结构的起点和核心，或者说是人类认识事物的基础。因此，图式的形成和变化是认知发展的实质。皮亚杰认为，认知发展是受三个基本过程影响的：同化、顺应和平衡。

（1）同化

同化原本是一个生物学的概念，它是指有机体把外部要素整合进自己结构中去的过程。在认知发展理论中，同化是指个体对刺激输入的过滤或改变的过程。也就是说，个体在感受到刺激时，把它们纳入头脑中原有的图式之内，使其成为自身的一部分，就像消化系统将营养物吸收一样。所以，在皮亚杰看来，心理同生理一样，也有吸收外界刺激并使之成为自身的一部分的过程。所不同的只是涉及的变化不是生理性的，而是机能性的。

（2）顺应

顺应是指有机体调节自己内部结构以适应特定刺激情境的过程。顺应是与

---

① 魏建培，梅迎春. 皮亚杰与建构主义 [J]. 济宁学院学报，2009，（第 4 期）.

同化伴随而行的。当个体遇到不能用原有图式来同化新的刺激时，便要对原有图式加以修改或重建，以适应环境，这就是顺应的过程。可见就本质而言，同化主要是指个体对环境的作用；顺应主要是指环境对个体的作用。

显然，从整体而言，如果只有同化而没有顺应，那就谈不上发展。尽管同化作用在保证图式的连续性和把新的要素整合到这些图式中去是十分必要的，但是，同化如果没有它的对立面—顺应的存在，它本身也不能单独存在。换言之，不存在纯粹的同化。当然，如果没有与顺应相对应的同化，也就没有顺应可言。皮亚杰用同化和顺应过程来说明认识，旨在表明这样的观点：一切认识都离不开认知图式的同化与顺应。认识既是认知图式顺应于外物，又是外物同化于认知图式这两个对立统一过程的产物。同化与顺应的相互配合才能为生存创造一个更为理想的环境。

（3）平衡

平衡是指个体通过自我调节机制使认知发展从一个平衡状态向另一种较高平衡状态过滤的过程。平衡过程是皮亚杰认知发展结构理论的核心之一。皮亚杰认为，个体的认知图式是

通过同化和顺应而不断发展，以适应新的环境的。就一般而言，个体每当遇到新的刺激时，总是试图用原有图式去同化，若获得成功，便得到暂时的平衡。如果用原有图式无法同化环境刺激，个体便会做出顺应，即调节原有图式或重建新图式，直至达到认识上的新的平衡。同化与顺应之间的平衡过程，也就是认识上的适应，其正是人类智慧的实质所在。所以，皮亚杰认为"智慧行为依赖于同化与顺应这两种机能从最初不稳定的平衡过渡到逐渐稳定的平衡"。

需要重申的是，平衡状态不是绝对静止的，一种较低水平的平衡状态，通过个体与环境相互作用，就会过渡到一种较高水平的平衡状态。平衡的这种连续不断地发展，就是整个认知发展的过程。

2. 信息加工的认知理论

信息加工的认知理论是现代认知心理环境学的主流，以至现代认知心理环境学在狭义上就是指信息加工心理学。它将人看作是一个信息加工的系统，认为认知就是信息加工，包括感觉输入的变换、简约、加工、存储和使用的全过程。

按照这一观点，认知可以分解为一系列阶段，每个阶段是一个对输入的信息进行某些特定操作的单元，而反应则是这一系列阶段和操作的产物。信息加工系统的各个组成部分之间都以某种方式相互联系着。

认知心理环境学家关心的是作为人类行为基础的心理机制，其核心是输入和输出之间发生的内部心理过程。但是人们不能直接观察内部心理过程，只能通过观察输入和输出的东西来加以推测。所以，认知心理环境学家所用的方法就是从可观察到的现象来推测观察不到的心理过程。有人把这种方法称为汇聚性证明法，即把不同性质的数据汇聚到一起而得出结论。

认知心理环境学家往往把信息加工过程分解为一些阶段，这就使他们注意到信息在人体内流动有个过程。他们常用计时研究法，即首先测量出一个过程所需要的时间，并以此来确定这个过程的性质。信息加工认知理论所采用的另一种也是最重要的方法，其计算机模拟法。即将人的认知加工过程分为类似于计算机的符号输入、输出、储存、复制和整合五个步骤，并规定凡具备上述功能的系统必须表现出智能行为，同样，凡现出智能行为的系统必须具有这些功能。这样，以符号操作为基础的信息加工系统就具有对环境的适应能力，表现出行为的目的性。

心理学家用信息加工的观点对人们的加工过程做了大量的研究，提出了一些假设和模型，如模板说、记忆短时储存模型和长时记忆言语层次网络模型等。模板说认为，当一个刺激作用于人的感官时，刺激信息得到编码并与已储存的各式各样的过去在生活中形成的外部模式的袖珍复本进行比较，然后做出决定，看哪一个模板与刺激有最佳的匹配，就把这个刺激确认为与模板相同。　这样，模式就得到了识别。例如，当我们看一个字母 A，视网膜接受的信息首先传到大脑皮层，然后在刺激大脑皮层中得到相应的编码，并与记忆中已储存的各式各样的模板进行比较，通过分析和比较，判断它是否与模板 A 有最佳的匹配，于是字母 A 就得到了识别。由此可见，模板说强调了人的信息加工过程是一个连续的过程。短时记忆储存模型指出，短时储存是感觉记忆和长时记忆之间的缓冲器，是信息进入长时记忆的加工器。前者指从感觉来的信息在未进入长时记忆以前，可在短时储存中暂时保存。后者指人对短时储存中信息的提取、控制、利用及再加工。这个模型是把人的短时记忆看作一个一般的信息加工流程图。长时记忆的言语层次网络模型的原本是针对言语理解的计算机模拟提出来的。该模型的核心是把语义记忆的基本单位作为概念，每个概念有其特征。这些特征实际上也是概念，其作用是说明另一些概念的。于是，有关概念按逻辑的上下级关系组织起来，构成一个有层次的网络系统。该模型的作用在于分级的储存、理解、判断、提取语义信息。

二、高职院校学生认知心理环境的特点

步入高校的门槛，可谓是青年学生人生的一个转折点，是他们从专职的"社会学习者"向"社会学习和参与者"角色的一个转换，是青年大学生走向社会、参与社会互动的一个起点。在与社会、学校、家庭的多元互动中，大学生在原有的知识架构的基础上有了新的突破，他们在时代的变更中，在纷繁复杂的信息中建构自己的认知，从而来指导自己的实践。在建构自己的认知系统的过程中，大学生的认知心理环境有以下特征：

（1）在认知方式上，高职大学生中场独立性方式多于场依存性方式，并表现出一定的群体差异性。认知风格是指个体在信息加工过程中自己表现在认知组织和认知功能方面持久一贯的风格。换言之，认知风格是个体对信息和经验进行组织和加工时所表现出来的个别差异，是个体在感知、记忆和思维过程中经常采取的、习惯化的态度和方式。心理学家威特金把那些过于依赖环境而作出判断的人称为"场依存者"，把以自身为参照而作出判断的人称为"场独立者"。

在认知能力发展上，高职大学生的理论思维和抽象思维逐渐占据了主导地位，认知活动的能动性明显提高，达到较为成熟的水平。具体来说，大学生认知能力的发展体现在大学生的感觉、知觉、注意、记忆、思维、想象等方面：

①高职大学生的感觉更具有目的性和精确性。随着经验的积累和思维水平的提高，大学生的感知更富于目的性和系统性，逐渐克服了中学时期感觉不够稳定、容易偏差的弱点。他们喜欢主动地感知事物，能够周密地、深入地观察事物的细节，从而比较精确地把握事物及其相互关系。

②高职大学生的有意注意充分发展，注意品质提高。较之于中学时代，大学生的有意注意得到了较大的发展，他们能够有意识地选择注意的对象，并且

根据要求调整自己的注意对象。此外，大学生的注意品质也不断提高，表现在注意范围的扩大、注意稳定性的提高以及注意的分配和转移能力趋于成熟等。

③高职大学生有意记忆、意义记忆的地位更加巩固，抽象逻辑记忆发展。与中学阶段相比，大学生记忆的目的性更强，自觉性更高，他们往往更加有意地寻找记忆材料的内在联系，或者赋予无关的材料以某种联系，以使记忆的效果更好，这标志着大学生有意记忆、意义记忆的增加和记忆水平的提高。此外，根据琼斯和康拉兹的研究，人的抽象逻辑记忆在 20～25 岁时发展到顶点，以后逐渐呈下降趋势。因此，大学生尤其是高年级的大学生抽象逻辑记忆是有自己独特的优势的。

④高职大学生的辩证逻辑思维迅速发展。辩证逻辑思维是和形式逻辑思维相对应的一个概念，指的是以对立统一观点反映事物内在本质及其联系的思维。在辩证逻辑思维中，事物的个性与共性、同一性与斗争性都受到应有的重视，因而能够更加准确地反映事物的内在本质与发展规律，克服形式逻辑思维的缺陷。研究表明，大学生的辩证逻辑思维发展迅速，并进一步完善。

（2）在认知发生上，大学生的认知心理环境存在一定的冲动性。大学生虽然辩证逻辑思维能力已经得到较大程度的发展，但由于社会阅历的缺乏和自我意识的不成熟，在形成认知时容易产生一时冲动。他们常常会对一个事件较快地形成自己的判断，但又常常会很容易改变最初的观点。他们总是急于得到问题的答案，不习惯对解决问题的各种可能性进行全面考虑。当遇到困难或挫折时，他们往往容易紧张困惑，忧虑抑郁，缺乏自信心，甚至自暴自弃；而当取得成绩和进步时，又容易过度兴奋，对自己评价过高。

第二节　高职院校学生价值观的形成和发展

价值观是人的思想意识的重要内容，是在对客观世界及其与主体自身的关系的认知的基础上形成的思想观念。大学生的价值观历来是关于大学生思想意识研究的重要内容，随着社会转型的加剧，大学生的价值观也处于不断的演变发展过程之中。因此，研究高职大学生价值观形成和发展的内外影响因素及高职大学生价值观发展的特点，对于提高价值观教育的针对性，达到高职院校大学生思想政治教育的目的具有非常重要的意义。

一、价值观

（一）价值与价值观

价值和价值观是两个不可分割的概念。我国价值哲学开创人李连科对价值与价值观的定义是：价值是客体属性与主体需要的一种客观关系；价值观念是价值在头脑中的反映；价值观是属于世界观、人生观层次的比较稳定的价值观点。根据马克思的观点，价值是从人们对满足他们需要的事物的关系中产生的，它是人们对满足他们需要的事物进行估价从而赋予事物以价值或使其具有价值属性。可见，价值不是反映某种独立存在的实体的范畴，而是反映人与外物的关系范畴。在价值论中，通常把外物称为价值客体，把人称为价值主体。价值就是在主体与客体发生关系时，因客体满足了主体的某种需要而产生的。价值观是世界观的一个方面，是关于一般价值与价值关系的根本观点，而一般习惯上价值观是指价值观念，即关于某一事物价值的稳定的观念模式。价值观决定价值观念，人们研究更多的是价值观念。价值观念是一种建立在价值评价的基础上，通过价值经验和价值评价形成的价值信念。价值观念有明确的价值追求、价值取向，有鲜明的指向性，使主体相对稳定地指向一定的价值目标。

20世纪随着现代心理学的发展，价值观成为心理学家感兴趣的课题。价值观是一种非常复杂的心理现象，它与人的需要、兴趣、认知、态度、信仰等密切关联，但又是比它们更深层次、更概括化的心理现象。

价值观在人们的头脑中是一组系统的观念，它不回答客观对象的本来面目，也不具体揭示客观对象的本质规律或预测客体对象的未来趋势，而是反映客体对主体的意义和价值，用于评判所有的认知对象的好坏、善恶、益损、美丑、是非等。人们运用价值观来证明自己是正确的，以尽力维护自己的自尊。

（二）价值观的特征与分类

1. 价值观的特征

一般认为，价值观具有以下特征：

（1）主观性：价值观是个人对一般事物的价值进行评价时所持有的内部标

准和主观观念；

（2）选择性：价值观是经过选择获得的；

（3）稳定性：价值观是个体所具有的一种相对持久的信念，个体用这个信念可以判断某种行为方式或结果状态的好与坏、适当与不适当、对与错等等，这种稳定的信念可使个体的行为一致地朝向某一目标或带有一定的倾向性；

（4）社会历史性：个人价值观是习得的，是长期社会化和内部化的结果，不同的社会环境和文化背景使人们形成了截然不同的价值观；

（5）发展性：价值观的重要性程度是发展变化的、相对的；

（6）对行为的导向性：价值观是人们行为的最基本的内部指针；

（7）系统性：价值观不是孤立地、单个地存在着的，而是按照一定的逻辑和意义连接在一起，按一定的结构层次或系统而存在的。

2. 价值观的分类

尽管对价值观有了一定的共识，但是如同对性格、智力的认识一样，对于价值观的内容构成始终没有定论。人们对所有的认知对象都会进行价值评价，包括自然世界、人类社会的全部，也包括对自身和人生意义的评判。20世纪30年代初，美国心理学家奥尔波特（G. Wallport）和阜农（P. E. Vemon）直接按照德国哲学家、心理学家斯普兰格（E. Spranger）对生活方式的六种分类，从个体的兴趣、偏好等方面制定了"价值观研究量表"，提出六种类型的价值观念取向：经济价值取向、理论价值取向、审美价值取向、权力价值取向、社会价值取向、宗教价值取向。

此外，我国学者也提出了自己的分类，即价值观可分为人生价值观、道德价值观、政治价值观、审美价值观、职业价值观、恋爱价值观、幸福价值观等，其中人生价值观是价值观体系中的核心。

二、价值观形成发展的心理机制

价值观的形成和发展是一个复杂的过程，它受到多种因素的影响，可以是有意的，也可以是无意的；可以是正式的，也可以是非正式的；可以是间接的，也可以是直接的。概括起来，个体价值观的形成发展是社会机制和心理机制共同作用的结果。一方面是个体受大众传媒、各类教育等社会机制制约、影响、导向和强化的过程；另一方面是个体通过价值理解、价值认同、价值选择、价值整合的心理机制，将价值意识提升为价值观念，进而提升为价值观的过程。一般认为，社会因素是价值观形成发展的最重要的因素，对价值观的形成发展起决定性作用。但社会因素离不开心理机制的作用，必须通过个体内在的心理机制才能内化为个体内在的观念，形成个体的价值观。

事实上，价值观的形成和发展过程也是一定的外界信息作用于一定的个体，经过个体的加工，内化为自身观念的过程。因此，价值观的形成发展的内在心理机制，可以运用现代认知心理环境学的基本原理来加以理解。根据现代认知心理环境学的原理，价值观形成发展需要经过以下内在心理机制的作用过程。

（一）通过感觉、知觉的认知心理环境过程形成初步的价值意识

感知是认知发生的第一步，外界信息作用于个体，首先引起的是个体的感知过程。价值意识是在一定的外界刺激的作用下，个体对刺激物与自身价值关系形成感性反映形式的过程，它是从人的内在需要直接引发出的心理活动，因而比起自觉的理性思维来，更直接、更迅速地反映着人们的价值关系。如在人们的现实生活中，有的人要吃甜食，有的人要吃辣椒；有的人穿花的衣服，有的人穿黑色的衣服；有的人喜欢悲剧，有的人喜欢喜剧等等，这是一种关于"什么好或什么不好""我要什么而不要什么"的直觉感觉，是朦胧的或不稳定的，它往往有着更强烈的情绪好恶色彩，肤浅而易变。价值意识的偏颇会在一定程度上影响人们对价值关系的正确认识和价值评价的公正态度。

（二）通过同化、顺应的认知发生心理过程，形成价值认知

通过感觉、知觉的心理过程形成的价值意识是感性的、朦胧的、不稳定的。个体会在这种不稳定的价值意识的基础上，进一步结合自己已有的知识结构，形成对事物的相对稳定的价值认知。价值认知个体在价值意识多次反复和各种知识参与的条件下，经过长期积淀形成了关于客体价值、价值关系的稳定的观念模式。价值认知不仅涉及"我要什么"而且包括"我为什么要"等更深层次的问题，上升到了抽象的、理性的思维活动的层次。譬如，爱吃豆类制品，饮食讲求营养健康；爱好穿休闲服饰，衣着追求实用大方；喜欢听音乐、演唱会，看电影、戏剧，追求艺术欣赏等。这些都是个体基于对自己与某物间的价值关

系的认识形成的具体价值观念，具有自觉性，反映了人们对价值的自觉追求，但往往比较零散而不系统。

价值认知的形成是同化和顺应的结果。认知心理环境学认为，认知的形成依赖于两种不同形式的信息—环境的信息和知觉者自身的信息，分别被称为材料驱动方式和概念驱动方式。在认知过程中，个体或者通过同化的过程将环境的信息纳入自身已有的认知结构之中，通过已有的知识经验和观念对刺激物做出价值判断，形成对该刺激物的价值认知；或者，在外界刺激物发出的信息与其已有的认知结构发生冲突时，调整自己的认知结构，通过顺应过程建构新的价值认知。可见，价值认知是个体自己的思想结构与外来的价值信息相互作用的过程，个体在这一过程中主动建构自己的价值认知，形成一定的价值观念。

（三）通过认知过程，进行价值选择，整合，形成稳定系统的价值观

价值观是在价值认知的基础上提升出的比具体价值观念更为抽象、更为系统的观念系统。因此，价值观的形成还需要在价值认知的基础上，运用个体的理性思维进行价值选择和价值整合。选择是在两个或两个以上的对象中间，经过反复的、多方面的权衡做出筛选决定的行为。价值选择是个体在对社会价值规范理解、认知的基础上，按照一定的目的，根据自己的内在尺度，自觉地对客体的属性、功能及其对主体可能产生的效应，进行多方面的分析、比较、权衡、取舍的行为过程，以求用最小的代价取得对主体最大的价值。具体地说，当人们做出某种价值选择，也就意味着他发现了有的对象价值较大，有的价值较小，有的并无价值，有的还可能是负价值，最终排除了其他选择，确定了一种对自己具有最大或较大价值的对象或规范。

整合指事物的各个组成部分之间进行协调有序、系统综合的加工，使之趋于一致状态的过程。价值整合是个体将纳入个体价值体系的各方面的价值观念，从个体发展的全局出发加以调整、修正、更新、补充和完善的过程，使个体价值体系中的各种价值观念兼容并存，在总体上获得较高的、较全面的价值实现。

这样，个体通过价值意识、价值认知、价值选择不断地将各方面的社会价值纳入个体价值体系中，不断地调整充实个体的价值体系。但是，随着个体所

处的社会生活环境的变化，个体生理心理发展的成熟，个体的价值理解、价值认同、价值选择在不断地进行、不断地变化，前后的价值理解、价值认同、价值选择并非总具有一致的倾向性，甚至会引起个体内心的价值冲突，因而个体价值体系总是处于不断地更新整合过程之中，不断舍弃不一致或格格不入的旧的价值观念，充实符合个体最新发展要求的价值观念。

总之，个体价值观的形成过程，就是在一系列心理过程的作用下，从价值意识产生价值认知进而形成价值观的过程。价值意识是人们对价值关系认识的基础，价值意识总是先提升为价值认知进而提升为价值观。价值观指导和影响个体的价值认知和价值意识。

三、高职大学生价值观发展的特点

大学生价值观是指大学生主体所持有的价值观。随着社会转型的加剧，社会价值多元化的状况也影响到了高职大学生的价值观，使得大学生的价值观多元化和矛盾冲突的情况增加，因此，大学生的价值观问题逐渐得到了社会各部门的重视。

（一）高职大学生价值观的发展过程特点

高职学生在年龄上属于青年后期和成年早期，这一时期是价值观等深层次观念发展的重要时期。从价值观形成发展的心理过程看，高职院校学生价值观的形成和发展具有如下一些特点：

1. 价值意识具有自由性和自主性

通过感觉、知觉的认知心理环境过程形成初步的价值意识是价值观形成发展的心理过程的第一步。高职大学生的价值意识涉及大学生对"什么有价值什么没价值""什么好什么不好"的自觉意识。新一代大学生，成长在改革开放以来相对比较开放的社会环境里，形成了比较喜欢自由自主的习惯。表现在价值意识上，大学生对客观事物与自身及社会的关系的意识也表现出一定程度的自由性和自主性。例如，对服装款式的价值意识过程中，当今的大学生可能比五六十年代的大学生更加自由，他们往往比较容易认同风格多样的款式类型。

2. 价值认知具有深刻性

就认知能力来说，由于记忆能力大致与年龄成反比，理解能力大致与年龄成正比，而理解能力和记忆能力这两条曲线的相交点则恰好落在青年阶段。因此可以说，大学阶段是认知能力发展的黄金阶段。处于这一阶段的大学生，价值认知的能力相对比较强。因而他们对各种价值观念往往不会盲目地认同或反对，而是会经过自己的深刻思考，认真辨别，再形成自己的认知观念。即使是在学校教育过程中，对于教育者灌输的价值观念，大学生也会经过自己的理性思考过程，才能决定接受与否。可见，高职大学生的价值认知具有一定的深刻性。

3. 价值选择和价值整合具有较强的理性

价值选择和价值整合的过程是对价值认知进行调整使之系统化、抽象化的过程。大学生理论思维和抽象思维的发展使得大学生的价值选择和价值整合过程的理性程度大大提高。他们往往会在价值认知的基础上进行权衡、取舍、完善、充实，进而形成自己的价值观。特别是到了大学高年级以后，大学生探索问题的敏捷性、统摄思维活动的能力、转移经验的能力、倾向思维能力、联想能力等的提升，使大学生价值观的发展进入扩展期。这一时期，大学生的政治敏锐性、社会责任感也相应扩展，自我的主动性和创造性增强。扩展期是大学生价值观形成和确立的关键时期，也是价值观教育的关键时期。在扩展期，高职院校学生的价值观在不断的整合与调整的过程中逐渐稳定。

（二）高职院校学生价值观的发展状态特点

在当代中国，随着改革开放的持续深入、市场经济的发展，社会经济、政治、文化结构的变化，社会的价值观也发生了深刻的变化，呈现出多元化的特点。从某种意义上讲，大学生价值观的变化反映了整个社会价值观演变的趋势。具体来说，当前大学生的价值观的发展状态呈现出以下特点：

1. 个体性

社会本位或集体主义的价值取向，是我国传统价值观念的核心内容，在我国五六十年代直至改革开放的今天，都是社会和国家所大力倡导的。然而，进入 20 世纪 90 年代以来，随着社会主义市场经济的深入发展，个人的独立性、自主性地位逐渐得以确立。在市场经济条件下，从事经济活动的人们必然从自身的利益需求出发选择自己的行为，人们根据社会的、市场的需求，动态地进行自我设计、自我发展。越来越多的大学生开始正式并积极追求其个人的价值、尊严和利益需求，其自我意识、进取精神、成就欲望和自我责任感明显增长，而对代表集体主义的、社会主义的主导观念"集体至上""大公无私""无私奉献"等持否定态度的大学生已占很大的比例。这说明了社会本位价值观念与个体本位价值观念并存的事实，只是从趋向上看，出现了社会本位向个体本位的转移。

2. 实用性

当前大学生的人生价值观表现出人生理想趋向实际、价值标准注重实用、个人幸福追求实在、择业观念偏重实惠的倾向。当代大学生推崇务实的精神，赞同和接受实事求是，一切从实际出发的思想路线，他们思想中理想化成分减少，更多的人转向现实，讲究实际，轻视空洞的理论说教；在专业学习、人际交往上讲究实用；追求幸福是个人的权利和人生的目标，在个人幸福上，当代大学生越来越带有物质的和感性的色彩；在选择职业上，越来越多的学生首选实惠的职业，讲求实际和效益的价值观念已为越来越多的大学生所认同，大学生的价值观的实用性倾向渐趋明显。

3. 多元性

价值观的多元性是指一定时期社会上不只存在一种价值观，而是多种价值观同时并存，其中既有积极的也有消极的，既有传统的也有现代的等等。我国传统价值观体系是以社会本位价值取向为核心的单一价值观体系，片面强调集体利益至上。当今中国的社会变革对这种单一价值取向提出了强烈挑战。首先，社会主义市场经济的发育和发展必然出现利益主体的多元化，进而产生社会阶层构成的新变化。不同的社会阶层势必具有不同的价值观。其次，随着我国加入 WTO 和世界经济一体化，不同的思潮与价值观的不断涌入与传统的价值观念产生强烈的碰撞，为当今大学生价值观的选择与追求提供了众多方向。面对如此纷繁复杂、扑朔迷离的多元的经济体制、多元的价值观念、多元的信息、多元的社会导向，大学生的价值观也呈现出以多元化和多样性价值观为基础的兼容性价值体系。如：在人生价值目标上，他们既追求索取，也注重奉献；在职业选择上，他们既希望适合个人发展又用经济眼光评价和选择职业；在爱情婚姻观上，他们既注重潜能和精神因素，也要求经济上的充裕。

4. 矛盾性

由于市场经济条件下社会群体利益分配的差别和价值观念的多元化，大学生对价值观念的困惑和矛盾明显增多。价值观的困惑和矛盾主要表现为两点：一是价值理想与价值实践的脱离，即"言行不一"，高职大学生既崇尚真善美的精神境界和高尚人格，又注重现实、讲求实惠和实际，注重物质利益和生活目标；二是价值选择中的矛盾性，校园内外道德教育的脱离，使得高职大学生一方面在学校接受许多正确观点教育，另一方面又会看到某些消极现象而感到无所适从。这些矛盾冲突使得大学生在求新与守旧、优越与自卑、求异与从众、贡献与索取、个人与集体等价值上存在有关心与冷漠相容、希望与困惑并存、进取与彷徨相伴、认同与失落交错的心态。

第三节　高职院校学生心理环境的指导与培养

一、注意力的培养

（一）指导学生养成严肃认真的学习态度和良好的注意习惯

严肃认真的学习态度可以提高学生学习时的积极性和自觉性，促进学生有意识地培养自己在学习中进行有意注意，自觉地锻炼有意注意的稳定性。良好的注意习惯既包括学习时专心致志、不做与学习任务无关的事情，也包括迅速地根据学习任务的需要进行注意的转移和注意的分配。有些学生上课或做作业时习惯性地玩玩具、文具等，上课前不做好准备工作，上课后不能迅速安静下来，不能把精力从课间的游戏或上节课的内容中转移和集中到当前的学习中来，这些不良的注意习惯给学习造成极坏的影响，反过来又影响学习的积极性和注意的稳定性。因此教师要善于发现学生的学习态度和注意习惯中存在的问题，及时给予提醒和纠正。

（二）培养广泛而稳定的兴趣

青少年的注意容易受兴趣的影响，他们对感兴趣的活动和任务能有较好的注意。教师可以利用这个特点，鼓励学生参与有益的课外活动，扩大学生的知识和活动领域，培养学生多方面的兴趣，同时也指导他们形成相对稳定的中心兴趣，以便在多种活动中自觉培养和锻炼自己的注意品质。

（三）加强意志锻炼，培养抗干扰的能力

意志力与注意的品质关系密切。意志坚强的学生能够自己激励自己将注意力集中到学习任务和活动中来，即使对自己不太感兴趣的科目或活动，或者遇到比较困难的问题时，也能够坚持克服自己的惰性和畏难情绪，积极思考，努力寻找有效策略，将学习进行到底。而意志力薄弱的学生即便是学习自己感兴趣的科目，只要遇到小小的挫折，或者有更好玩的事物从旁干扰，就会放弃学习，容易分心。因此教师除了在学生遇到困难时多鼓励学生之外，还要在平常的生活和学习中随时要求学生锻炼自己的意志力，提醒和督促学生坚持有规律的作息时间或某种活动，如跑步、晨读等等都是培养学生意志力的简便易行的办法。

（四）指导学生防止疲劳

由于疲劳而导致分心的现象在学生的学习中也是十分常见的。有些学生不懂得劳逸结合、合理安排学习时间和学习任务，长时间地连续学习某一科目，造成注意力分散，学习效率下降。因此，教师也要注意教育学生合理地休息、娱乐，交替安排自己进行不同科目的学习，以防止疲劳。

二、观察力的培养

（一）明确观察的目的和任务，激发现察的兴趣

青少年学生好奇心强，求知欲旺盛，知觉的不随意性和情绪性比较明显，因此教师有必要在观察之前向他们明确提出观察的任务、目的和要求，以便学生对照教师的要求和任务来自行检查和调控随后的观察过程。同时，教师应该引导学生对观察对象发生兴趣，如果学生总是被动地依赖教师的指示和要求来观察，而没有自觉观察的积极性，观察的效果是不会很好的，观察的自觉性也难以养成。

（二）提出具体的观察方法，制订观察计划

学生掌握一定的观察方法、学会观察对培养观察力是十分重要的。学生不能总是在老师的带领下进行观察，而必须具备独立自主地观察的能力，因此教会他们一些常用的观察程序和方法是必要的。比如：观察前应该做好哪些相应的知识、资料、器材等方面的准备；如何制订观察计划，在对可能出现的现象和过程进行预测的基础之上，确定重点观察什么，按什么样的顺序进行观察，以便有系统、有针对性地进行实际的观察；在观察的过程应该主要思考哪些问题，如果观察的结果不符合自己的预测，会是哪些原因造成的等等，都是常用的观察方法。

（三）引导学生记录和整理观察的过程和结果

记录和整理观察的过程和结果，对观察的过程和方法作一个总结和回顾，一方面有利于加深对所观察的现象和结果的认识、理解和记忆，另一方面也帮助我们总结经验教训，修正和提高观察的技术和方法，增进观察的能力和技巧。总结可以是写书面报告，也可以是口头陈述；可以是文字记录，也可以绘成图表。观察的整理和总结最好是养成及时进行的好习惯，因为时隔太久，记忆会发生模糊，从而失去准确性。

（四）加强观察训练，养成良好的观察习惯

观察是一项实践性很强的活动，在平常的教学中要注意创造观察的机会，如郊游、观察自然景色、观察周围人物和事件等，借此机会加强对学生观察的训练。也可以借助要求学生写观察日记的机会，促进学生养成在日常生活中勤于观察的好习惯。

三、想象力的培养

（一）引导学生学会观察，获得丰富的表象

表象是想象的材料来源，学生主要通过在日常生活和学习中注意观察身边的人及发生在身边的事、活动、现象而积累表象。因此，教师要引导学生学会观察，养成勤于观察的好习惯，其是培养想象力的前提。

（二）丰富学生的生活，提供想象的任务和活动

青少年的想象活动以有意想象为主，因此，要发展他们的想象能力就要给他们提供想象的空间和任务。一方面，各门学科的学习中都离不开再造想象的参与，教师要善于在自己的教学过程中，结合具体的教学任务和教学情境，鼓励和引导学生积极地进行再造想象，力求准确地理解学科知识。比如在几何学、地理学等学科中培养学生的空间想象力；在文学、艺术、历史学科中培养学生对景观、图案、色彩、音韵、事件等的想象能力。另一方面，也要鼓励学生走出课堂，参加丰富多彩的各种课外活动，如兴趣小组、模拟活动、创意比赛，各种健康有益的社会实践都是锻炼学生创造想象力的舞台。

（三）鼓励学生大胆幻想

青少年时期是充满幻想的时期，尽管有些幻想具有很多空想的成分，但允许学生大胆幻想是培养其想象力的第一步。是否有一个宽松的想象的心理氛围往往决定了学生的想象力有没有发展的可能。当然，允许和鼓励学生大胆幻想并不是说让学生沉湎于幻想，而是要在鼓励学生幻想的同时，鼓励他们将幻想与现实结合起来，努力地去实现自己的理想。

四、记忆力的培养

（一）明确记忆的目的、任务和要求，增强记忆的自觉性

青少年的记忆活动以有意记忆为主，因此，对记忆的目的、任务和要求越明确，越能促进学生有意记忆的积极性、自觉性。目标明确的记忆效果往往比无意记忆好，有利于树立学生记忆的信心，并可以让学生体验到将记忆的知识运用于其他知识的学习和问题的解决中带来的乐趣，加强学生成功的体验，促进学生在日常生活和课外活动中主动自觉地锻炼自己的记忆力。

（二）指导学生学会正确的识记方法

许多学生在学习中只求理解教师和教材讲到的知识和原理，而不愿意完成记忆任务，认为记忆活动机械乏味，又不能增长新的知识。其实这种想法是对记忆的误解。记忆除了让我们巩固所学的知识，积累经验，促进和加深对知识的综合贯通之外，记忆的过程本身实际上也是有章可循的。

教师要多指导学生对知识进行意义识记，少用机械识记；在识记过程中多联想、多想象，将抽象的知识转化为形象的材料来记忆；将视、听、读、写和操作有机地结合起来，以便为记忆的内容提供多角度多感官的记忆痕迹和提取线索。必要的时候还可以运用一些记忆术来帮助记忆。

（三）合理地组织复习

教师指导学生对所学习的知识进行科学的复习，合理地安排课堂练习、随堂复习、单元复习、期中期末总复习、各科综合复习等复习活动，对于培养学生记忆力是很有益的。一方面，这些及时的、经常的、有指导的复习能够加深学生对知识的理解和记忆。另一方面教师也能在这些复习活动中教给学生科学、合理地组织复习的策略，如及时复习、经常复习，合理分配复习时间和内容等。复习还应做到方法多样化，如分散识记和集中识记相结合、反复阅读与尝试回忆相结合，实验、技能训练与操作训练相结合，等等。

（四）注意记忆时的用脑卫生

在采取科学的记忆方法的同时，也涉及一个科学用脑的问题。大脑的工作负荷有一个极限，长时间地进行一种学习活动或集中完成大量的知识记忆是大脑所不能承受的负担。有些学生记忆任务和活动安排得不太合理，比如平时不主动复习，把所有的复习任务都积压在考试前几天；把记忆力最好的时段拿来进行别的学习活动或游戏，而把记忆力不好的时段用来完成记忆任务，连续几小时地记忆某一科目的知识等等，都是不善于合理地、科学地用脑的做法。这样做既降低了记忆的效率，又增加了大脑的负担和疲劳感。对这些学得辛苦却事倍功半的学生，教师要加强用脑卫生方面的指导。

五、思维能力的培养

（一）加强辩证思维方法的训练

加强辩证思维方法的训练能使学生做到全面地而不是片面地思考问题；把握事物的本质特征而不是表象特征；以发展的、动态的眼光对待问题而不是以静止的、固定的眼光对待问题；客观地、冷静地分析问题而不是主观地、偏激地分析问题；理论联系实际地看待问题而不是教条地看待问题。这些都是良好思维品质的最基本最一般的特征。

（二）善用启发式教学

思维是从问题开始的。教师必须创设问题情境，激发学生自己提问，进行独立思考，带着问题学习。启发式教学一方面能够给学生提供更多的独立思考、积极探索的机会，有目的有意识地培养学生独立思考、灵活主动、善于发现、勇于质疑的思维品质；另一方面，启发式教学易于调动学生的思考积极性、求知欲望和成就动机，增加学生思维的乐趣。

（三）加强言语表达能力的训练

学生的思维能力的发展总是与言语发展分不开的。言语混乱的人，思维不可能清晰。学生正确掌握大量词汇和系统的语法规则，并能清晰、准确、灵活地使用口头和书面语言表达思想感情，陈述自己解决问题的思路、策略和困难，则可促使思维活动明确、系统，且符合逻辑。

（四）多做解决问题的练习，多参加解决问题的实践活动

思维能力的培养也离不开大量的练习和实践。思维能力既受知识、经验的影响，更受我们运用知识的智慧技能和认知策略的影响，后者的学习总是在大量的练习和实践中才达到掌握和精熟的。同时，思维的结果是否明确，能否解决具体的问题，是否还需改进，也必须经过习题和实践的检验才能得知。充分地练习和灵活地解决实际问题是训练思维能力的必经之路。

第四节 心理环境与高职院校学生价值观教育

高职院校学生价值观发展的现状为高职院校学生的价值观教育提出了迫切的要求。如前所述，在大学生价值观形成和发展的过程中，认知是一个重要的因素。那么，在高职大学生价值观教育中，应该如何运用认知心理环境的有关理论，提高价值观教育的效率呢？这将是本节要重点讨论的内容。

一、价值观教育是高职院校学生思想政治教育的重要内容和任务

价值观是人们意识中的核心观念，它影响着人们的生活，左右着人们的行为取向，对人们的社会实践有重要的能动作用，引导个体整个的人生历程。所谓价值观教育就是根据一定的价值目的，通过一定的途径和运用一定的手段，形成人们正确价值观的活动。大学生是青年中的特殊群体，他们的价值观的变化反映着主体意识的扬弃和重塑的基本趋向，也反映着社会变革的痕迹。但是因为他们的心理、思想的不成熟和社会实践的局限性，其价值观易于被外界因素所左右，常处于不稳定状态，有很强的可塑性。如不及时加强教育引导，势必走偏方向，酿成严重后果。

高职大学生思想政治教育是以大学生的全面发展为目的，对其思想意识施加的教育。高职大学生的全面发展是自由个性、劳动能力和人的社会关系的全面发展。由于价值观对人的生活具有重要的影响，它不仅影响人们的行为取向，而且对人的实践活动具有重要的能动作用，因此，大学生价值观的健康发展是其全面发展的重要环节，以促进人的全面发展为目的的大学生思想政治教育也就必然包含大学生的价值观教育。就是说，思想政治教育要加强大学生的价值观教育，帮助他们形成正确的政治价值观、道德价值观及职业价值观等，这既是大学生全面发展的需要，也有利于推动整个社会的精神文明建设，保证物质文明的发展的和社会的进步。

二、心理环境与高职大学生价值观教育

（一）认知心理环境与价值观的形成和发展

人们认知活动的心理规律和人们关于客观世界与自身价值关系的观念系统的形成和发展是相互联系、相互制约的。

1. 认知心理环境的规律影响和制约个体价值观的形成和发展

通过关于价值观形成发展的心理机制的探讨，我们已经知道，价值观的形成发展过程实质上就是个体在外界刺激的作用下，通过自己的心理系统对之进行加工，进而形成自己的观念系统的过程。在这个过程中，始终贯穿着个体的

认知心理环境过程，正是通过个体的感觉、知觉、记忆、思维等认知活动，通过个体已有的观念结构、知识系统与外界刺激之间的同化、顺应、平衡等认知心理环境过程，个体才形成对外部世界的价值意识、价值认知，进而形成自己的价值观。可见，价值观的形成和发展与个体的认知心理环境活动是不可分割的，甚至可以认定，价值观的形成发展过程，就是外界刺激输入个体的认知系统，通过个体内在的认知加工的过程和输出价值观的过程。因此，个体价值观的形成和发展必然对个体的认知心理环境规律产生影响和制约。

2. 价值观的指导和影响个体的认知心理环境活动

价值观一旦形成，就会对个体的认知心理环境活动产生影响。现代认知心理环境学认为，知觉的信息依赖于两种不同形式的信息——环境的信息和知觉者自身的信息。在认知过程中，为了确定某一刺激的含义或价值，人们要把所输入的刺激与已有的知识经验相结合，方可对外界做出本质和价值上的判断。这种知识经验的核心就是价值观，正是它的存在，调控人们选择那些对自己有价值的信息，使个体的认知具有明确的目的性、指向性和选择性。从哲学上说，人的认识活动要排除盲目性，能动地认识世界，就必须通过价值观的指导，在无限的客体中设定对象，再按照特定的"参照系"，确定用什么方法和从什么角度来把握对象。这就是主客体具体的历史的统一过程。可见，价值观对个体的认知心理环境活动过程具有指导和影响的作用。

（二）价值观教育要尊重学生的认知心理环境并且促进大学生认知的发展

认知心理环境与高职大学生价值观形成和发展的相互影响、相互制约的关系启迪我们，大学生的价值观教育要尊重大学生的认知心理环境，同时也要以促进大学生认知的发展为目标。首先，要尊重高职院校学生认知心理环境的规律。高职大学生的认知心理环境是按照一定的规律发生、发展和变化的，因此，与认知心理环境密切相关的大学生价值观教育就必须尊重高职大学生认知心理环境的有关规律，即认知过程中的认知发生、认知协调、认知风格等的规律。其次，要尊重大学生认知心理环境的个别差异。不同的大学生其认知心理环境的特点是有差异的。因此，作为思想政治教育工作者，在价值观教育的过程中，要重视把握大学生认知心理环境的这种差异，并有针对性地采取不同的教育策略，以提高教育效果。

三、高职大学生价值观教育中的认知理论

认知理论是关于认知心理环境基本规律的理论。随着现代认知心理环境学的兴起，认知心理环境学家就认知的不同方面提出了许多认知理论。这些理论对于大学生价值观教育不无启发意义。

（一）认知反应理论与大学生价值意识教育

认知反应是指刺激物作用于个体时所引起的个体认知方面的反应。认知反应理论是关于认知反应的规律的理论。在价值观的形成过程中，价值意识是人们对于客观事物与自身关系直接的、迅速的、感性的反应，这种反应受个体直接的认知反应的影响。因此，认知反应理论在大学生价值观教育中具有重要的应用价值。

1. 认知反应的首因效应与大学生价值意识教育

首因效应也就是第一印象，指的是第一次被认知的对象往往会在我们的记忆中留下非常深刻的印象，对以后的认知产生重要的影响。在大学生价值观的形成中，对于某个初次接触的教育内容，包括某种观点、看法，某个教育材料等，总会在其思想中留下较深刻的印象，形成一定的价值意识，而且在此以后，对同一问题一般不太容易改变原先接受的观点，表现出排斥性的心理倾向。因此，在进行大学生的价值观教育的过程中，必须注意教育的及时性，将教育工作做在前面，让大学生形成正确的第一印象，以抵制不健康价值观念的侵蚀；此外也要注意教育内容和倾向的准确性、及时性，不要等到教育对象有了第一个不正确的印象之后再作纠正，以免事倍功半。

2. 认知反应的刻板效应与大学生价值意识教育

刻板效应又称认知定势效应，是指社会上对某一类人或某一个地域的人有一种比较固定的看法，这种固定的看法会影响人们对这一类人或这一地域的人的认知。社会刻板效应会使人的认知好像戴上了一副有色眼镜，对某一类人或某一类事的认知都带上了某种色彩，许多的认知偏差都和这一效应有关。当一

定的社会刻板印象在人的头脑中形成以后，人们就会形成一定的意识定势，并且在这种定势的影响下看待那些以一定的印象联系着的、对自己具有一定意义的物体和现象。毫不相关的、对刻板印象毫无意义的物体和现象则不为人所注意。就大学生而言，社会刻板印象也是大学生价值意识偏差的一个重要因素。故此，大学生的价值观教育要帮助大学生克服社会刻板效应的影响，克服定势意识的作用，正确认知事物的价值。这就需要思想政治教育者关注决定刻板印象产生、固定和更替的各种因素及其相互作用的规律，了解大学生的刻板印象，改变某些消极的刻板印象，从而强化某些积极的刻板印象。

3. 认知反应的晕轮效应与大学生价值观意识教育

所谓晕轮效应，是指在人际知觉中对个体的整体知觉印象影响着对其具体特征的认知与评价的一种心理现象。社会心理学认为，人们的知觉常常带有一定的偏见。如果某个人或某事物被赋予了一个肯定的或是社会上喜欢的特征，那么，他就很可能被人为地赋予许多其他类似的特征。通常所说的"爱屋及乌""一俊遮百丑"等，正是晕轮效应的表现。因此通俗地说，晕轮效应就是对认知对象某方面的印象不加分析地扩展到其他各方面的印象。大学生价值观教育的过程中，要帮助大学生克服某些晕轮效应的影响，学会理性地全面地认知事物的本来面貌，形成正确的价值意识，进而形成正确的价值认知和价值观念。

（二）认知发生理论与大学生的价值认知教育

皮亚杰的认知发生理论表明了这样的观点：一切认识都离不开认知图式的同化与顺应。[①]认识既是认知图式顺应于外物，又是外物同化于认知图式这两个对立统一过程的产物。

皮亚杰的认知发生理论，对于大学生思想政治教育者把握大学生的认知形成过程，针对其进行价值观教育是具有一定意义的。在大学生价值观教育的过程中，大学生个体接受某种价值认知，内化为自己的价值观的过程，也离不开同化、顺应和平衡三种过程。因此，作为思想政治教育者，在价值观教育中，要善于运用认知发生理论的有关原理，提高教育效果。

---

① 刘茂哉．皮亚杰认知结构发生发展理论的认识论意义 [J]. 广东社会科学，1991，（第6期）：15-18，8.

1. 通过同化过程增强大学生的价值认知

皮亚杰认知发展理论的重要环节之一是同化，主体的任何活动都会产生同化的格式。所谓的同化是指个体应对环境刺激改变的过程。即个体在感受到环境刺激时，把环境刺激纳入头脑已有的图式之中，使它们成为个体的一部分。可见，已有图式在认知同化过程中的重要作用，原有的认知图式是学生主体认知的出发点。因此，价值观教育首先要了解大学生已有的价值认知和价值观念。信息时代互联网提供巨大的信息，多种意识形态缤纷呈现并影响学生的价值观念。新时期价值观教育的目的是引导大学生在原有的价值认知基础上，培养其形成科学的、正确的人生观和价值观。在当代大学生接受多年正规的思想政治教育特别是价值观教育，已经具备一定程度的积极的价值认知体系基础上，参考皮亚杰关于认知过程同化阶段的理论，我们对高职院校学生价值观教育要：①注重人文精神环境建设，促进价值认知。人文素质教育不仅传递人文知识，传承人类文明，促进个体可持续发展，而且重视人性的完善，努力提升人的认知、情感和行为。人文素质有利于形成正确的价值观、人生观、世界观，有利于提高人的综合素质；有利于提高学生对"真与假""善与恶""美与丑"的鉴赏和辨别能力；有利于丰富学生原有的认知图式，使同化顺利完成并不断加强和深化。譬如通过组织深受学生欢迎的小说评论、电影评论、文艺演出、辩论赛等形式的社团活动；邀请在学生心目中地位高、影响大的校内外专家学者讲演等各式各样的校园文化活动；创造有利于学生成长的校园文化环境；努力构建家庭教育、学校教育、社会教育纵横联系的思想政治教育网络，创造和谐的社区人文精神环境和优美的自然环境，尤其注意加强人文精神环境的建设，强化学生的价值认知图式。②依据学生原有的认知水平开展价值观教育工作。价值观教育工作者通过个别交流、座谈会、学生干部及大学生论坛等多种渠道及时准确地了解当代大学生的思想动态，掌握他们的心理倾向、思想状况，正确认识大学生已有的价值认知结构，准确把握、准确定位问题的主次、轻重、缓急，提高价值观教育工作的针对性和有效性。

2. 通过顺应过程调整大学生的价值认知结构

个体对每一环境刺激同化的一面与他对情境刺激顺应的另一面是两两伴随

而行的。所谓顺应，是指当个体遇到不能用已有的图式去同化新的环境刺激时，便改变主体已有的图式以适应客观环境的变化。不可排除，当前有些大学生的价值观念具有一定的消极性和矛盾性，大量的新思想、新观念的涌入，影响了大学生的生活。大学生正处于步入社会的准备期，处在价值观形成的关键期，整个思想体系还不成熟，缺乏牢不可破的信仰，具有很强的可塑性，这些新观念、新思想与大学生原来接受思想政治教育形成的认知图式不同，他们不能将其直接同化为自身的价值观念，由此，就产生了矛盾。这时，思想政治工作者要善于引导学生调整自己已有的认知结构，以适应外部价值观念的转变，接受价值观教育的内容，提高教育效果。

3. 通过平衡过程调整认知冲突，发展大学生的价值认知

皮亚杰认为，整个认知发展的过程，就是平衡连续地螺旋上升从而不断发展、逐渐完善的。[①] 平衡是指个体通过自我调节机制使认知从一个平衡状态向另一种较高平衡状态过渡的过程。平衡过程的实质性部分，即大学生需要经历某些认知冲突。社会的快速发展，信息的大量涌现，对政治、经济、思想、文化等多个领域产生广泛而深刻的影响，从而对青年学生的价值观产生了前所未有的冲击，致使他们在价值观形成发展过程中产生了各种冲突。因此，在高职大学生价值观教育中，要善于运用认知发生过程的平衡理论，因势利导地解决矛盾。

首先，思想政治教育要向社会开放、向世界开放，在冲突的过程中解决矛盾。思想政治教育要结合信息全球化时代的现实，积极发挥计算机网络等现代化信息技术和大众传媒的作用，敞开思维的大门，利用网络上存在各种对立、冲突的思想观念和意识形态，为学生呈现多方面的教育材料，让学生在不同制度的社会以及历史、现实与未来不同阶段所构建的时空里，接受丰富的信息，产生信息与信息之间的矛盾、信息与原有认知图式的矛盾、信息与现实的矛盾，在矛盾中激发学生对社会、对事物价值的认知冲突，激起求知的欲望，进而促进大学生价值认知在理性的思考中不断提升。

其次，思想政治教育要以正确的理论引导学生解决价值认知冲突。教会学生用辩证唯物主义的方法认识问题、分析问题，形成正确的价值认知，解决生

---

① 刘茹月，杨李娜. 论皮亚杰认知发展理论中的"时"[J]. 集美大学学报（教育科学版），2020，（第3期）：56-59.

活中的实际冲突。当价值认知发生冲突的时候，正确的理论引导是非常重要的，在正确的理论和思维方法的引导下，容易使大学生尽快尽好地解决冲突；反之，如果缺乏正确的理论和思维方法的引导，则易使大学生误入歧途，走错方向。

总之，思想政治教育者要充分认识到价值认知教育的重要性，要遵循大学生心理发展的规律，从皮亚杰认知发展论对个体认知发展过程出发，注重大学生的能动性，以及认知发展过程中同化、顺应和平衡三个基本过程，不断发展他们的价值认知水平，利用各种有利因素创造良好的环境，最大限度地控制某些消极的价值认知，利用认知冲突解决各种思想矛盾，开展行之有效的价值认知教育。

（三）认知不协调理论与大学生价值观的整合

认知不协调理论是美国社会心理学家费斯汀格（Leon Festinger）提出的，受到很多心理学家的支持。认知不协调理论认为，如果有 x 和 y 两个认知要素，由 x 能推断出与之对立的 y 或由 y 能推断出与之对立的 x，这就是认知不协调。[①]认知不协调的产生是因为信仰间的不一致，或者因为信仰和行为间的不一致，也或者是因为行为与行为之间的不一致。人们为了自己内心平静与和谐，常于认识中去寻求一致性，但是认知不协调作为认知关系中的一种，必然导致心理上的不和谐。而心理上的不和谐对于个人构造自己内心世界是有影响效力的，所以其常常推动人们去重新建构自己的认知，去根除一切搅扰。

费斯汀格认为，不协调在程度上是有区别的。两种不协调认知之间矛盾越大，不协调程度就越强烈。[②]具体地说，不协调程度主要取决于两个方面：①不协调的程度同某一认知元素对个人生活的重要性成正比，比如丢掉一元钱与丢掉一份满意的工作造成的不协调程度是不同的；②不协调认知的数目与协调认知数目的相对比例，一般来说，认知不协调的程度越大，个人要求认知平衡的力量就越大。

在解决认知不协调的问题上，费斯汀格提出了三种途径：①改变某种认知要素。②引进某种新的认知元素。③强调某种认知要素。

认知不协调理论在一定程度上解释了人们思想斗争形成的规律。在大学生

---

① 王亚洁. 费斯汀格法则 [J]. 农村青少年科学探究，2016，（第 C2 期）：93.
② 李士一. 费斯汀格及其认知失调理论的提出 [J]. 速读（中旬），2017，（第 4 期）.

价值观教育的过程中，运用这一理论的一些原理和方法，对于转化大学生的价值认知，调解价值观教育中大学生的认知矛盾，整合大学生的价值认知系统，从而增强价值观教育的效果具有较大的意义。在大学生的价值观教育中，新的价值观念和大学生原有的价值观念产生矛盾是十分常见的现象。这时，思想政治教育者就要设法帮助大学生减弱进而消除这种矛盾，使高职大学生的价值认知在高一级的层次上趋于平衡。例如，某大学生一贯认为人的一生主要是命运的安排，个人主观努力的作用是微乎其微的。但通过周围一些同学的对比又隐约发现，个人的主观努力也很重要，于是他产生了认知上的不协调。这实质上是一种人生价值观的矛盾。思想政治教育者要帮助他克服这种矛盾，就要帮他分析矛盾产生的原因，鼓励他改变人生由命运安排的观点，强调个人的主观努力是人生成败的关键，进而达到对人生认知的积极协调。可见，在大学生价值观教育中运用认知不协调理论，就是当大学生的价值认知、价值观念发生矛盾时，思想政治教育者要善于分析造成认知不协调的各种因素，然后施加各种教育影响，包括予以必要的帮助，提供尽可能的条件，促使教育对象的认知趋于新的、肯定的平衡，通过不断的整合逐步形成系统合理的价值观。

（四）认知方式理论与高职大学生价值观教育的方法

所谓认知方式，指的是个体在信息加工过程中表现出的认知组织和认知功能方面持久一贯的特有风格。美国心理学家威特金（Witkin）将人的认知方式分为"场依存性"和"场独立性"。[①]"场依存者"对客观事物的知觉倾向于以外在参照物作为信息加工的根据，其态度和意向较受他人，尤其是权威人士的影响和干扰，在决定或实施某些想法前，常常关注他人的做法与想法；而"场独立者"在认识活动中更多的是利用自己内在的参照物进行理解和判断，较少受外部环境因素的影响和干扰，倾向于在抽象、分析的水平上对信息进行加工并独立采取行动。

在高职院校学生的价值观教育中，持有不同认知方式的大学生，其价值认知和价值接受的方式和特点也是有所区别的。因此，研究和把握高职院校学生的认知方式，针对不同的认知方式有区别地进行价值观教育，对于提高教育的效果是很有意义的。一般来说，对于偏场独立性风格的大学生，应该较少一些

① 郑雪. 评威特金的心理分化理论 [J]. 华南师范大学学报（社会科学版），1994，（第1期）：87-91.

说服性的教育，较多地提供一些一般性的价值原则而少提供一些具体的材料。要留给这些大学生以独立的思考空间，让其在独立的思考中辨别接受各种价值观念。对于偏场依存性风格的大学生，则适合用一些具体的例子和教育者较多的说理引导来帮助其形成正确的价值观。我国学者的研究表明，我国大学生的认知方式以偏场独立性的人居多，这说明大多数大学生具有独立思维的习惯。因此在大学生的价值观教育中，总体上应该以原则性的指导为主，而尽量少一些枯燥的说教，让学生更多地通过自己的理性思考来形成自己的价值认知和价值观念体系。

（五）态度形成和转变理论与大学生价值观转变教育

态度，是个体对任何人、观念或事物比较稳定的心理倾向，它包括认知、情感和意向三种成分。从这一定义可以看出，态度是一种复杂的心理现象，它由三种成分构成：认知成分、情感成分和行为成分。其中态度的认知成分是指个体对态度对象所具有的带有评价意义的观念和信念。态度的认知成分是态度系统的基础，在态度系统中具有非常重要的作用。

人的态度并非天生，而是后天通过学习而形成的，它一旦形成，就成为个体人格的一部分，而影响其整个行为方式，所以要改变一个人的态度并不太容易，但也并非不可改变。人的态度改变有两种情况：其一，一致性的改变即同一方向的强度变化，如：从有点反对到强烈反对；其二，不一致性的改变即方向上的改变，已有的态度被新的态度所代替，如"奖金"问题，原持否定态度，认为是"物质刺激"，现持肯定态度，认为这是一种最主要的激励方式。

个体态度的形成和转变是一个服从—同化—内化的过程。服从是新态度形成、旧态度转变的第一个阶段，它是指个体按照社会要求、群体规范或上级的规定而表现出的行为倾向。行为倾向在这一阶段并非自觉自愿的，而是在外界压力下，被迫接受外界的观点，如法律、纪律、道德等。而法律、纪律、道德等，这是人类在自己的发展过程中，为加强交流、协调关系、促进发展而产生的人类文明的结晶，离开它，自然人就不能成长为社会人，人的聪明才智就不能充分发挥，人的群体就不能协调、配合，社会就不能有序运行，社会发展就会停止，人们正常的经济、文化生活就不能正常进行，人的发展、青年成长和成才就无法实现。当个体服从社会要求并产生相应的服从性行为时，新态度形成与旧态度转变就开始了。人的新态度形成与旧态度转变的第二阶段是同化。同化是个体自愿接受社会要求、群体规范或上级规定的过程。在这一过程中，使自己的态度与组织的目标、要求、规范或社会的理想、信念相一致。个体能够接受的直接原因在于喜欢某团体、某事、某人或某种观点，从而把其作为行为楷模和指南。内化是个体新态度形成与旧态度转变的最后阶段，它是个体真正从内心深处相信并接受社会要求、群体规范或上级规定的过程。这一过程彻底形成了自己的新态度、转变了旧态度，并将社会的、群体的要求、规范、规定和信念、观点等纳入自己的态度体系。

作为对人、观念或事物的心理倾向系统，态度是和价值观密切相关的一个概念。一方面，人们对某事物的态度会影响其对该事物的价值认知，进而影响价值观的形成；另一方面，人们的价值观也会直接影响其对事物的态度。可以说，态度和价值观是相互影响、相互依存的关系。态度的形成改变也是转变个体原有的价值观念，形成新的价值观念的一个重要方面。因此，态度形成和改变的过程和价值观形成和改变的过程有着某种程度的相似。在大学生的价值观教育中，一项重要的任务就是要转变大学生原有的某些不合理的价值观念，使其接受新的合理的价值观念。因此，运用态度的形成和转变的有关理论，对于掌握大学生价值观形成和转变的规律，提高价值观教育的效率具有非常重要的意义。具体来说，价值观教育要注意以下几个方面：

1. 认真启发大学生服从社会价值观的自觉性

对于大学生来说，服从社会的某些要求，并按照这些要求，接受相应的价值观念，是社会的需要，同时也是大学生自身健康发展的要求。然而，必须看到，这种新态度的形成与旧态度的转变不是自觉的，要成为自觉的行为，思想教育工作者必须开展灵活多样的、细致深入的思想教育，启发、引导、帮助个体提高认识的自觉性。自觉性的启发一定要深入基层、深入群众，开展调查研究，掌握第一手材料，并充分分析大学生的心理、思想和行为等特点、问题和矛盾，要从人和社会行为的动力源一需要开始，区分需要的性质、需要的层次和需要的内容，针对不同情况，采取不同方式，来调动每个大学生合理需要的热情、激发合理需要的动机。因为，每个人都有需要，合理的精神、物质、心理需要得到满足，人的积极性就高涨。比如说，采取以理说服人、以情感化人、以意激励人等办法来启发自觉认识；利用贴近生活、贴近实际、贴近心理的语言、办法、行为和措施来诱导自觉认识，如此，教育者就与被教育者缩短了心理距离，信息容易沟通，情感容易交流，隔阂容易消除，思想能够共鸣，服从行为就由被动状态变为自觉状态。从而克服了思想政治教育那种你说我做、你导我行、你做我仿的旧有模式，不仅提高了思想政治教育的效率，而且使教育对象为同化做好了思想准备。

2. 采取典型引导，促进大学生价值观的同化

态度在同化阶段已比服从阶段进了一步，已从被迫转入自觉接受、自愿进行。价值观教育在这一阶段的重点是树立典型、正面引导，因为典型的形象、事迹、观念、心理以及行为模式等会促进其同化。当然典型的选择和推荐要有针对性，不同的群体、不同的个体要有区别，有的是用于解决集体共性问题的，有的是用于解决个体问题的。典型要做到远近结合、大小结合、动静结合，尽量多样化、形象化。如组织英雄模范人物报告会、座谈会、看录像，组织教育对象到有关单位、企业参观；组织身边的典型报告、座谈、讨论；开展个别谈心、家访，写信、打电话交流等。同时要对教育对象所闪现的进步思想火花及时给予正向激励，对他们所取得的成绩给予表扬、奖励等，必要的负向激励如批评等，要注意时间、地点、场合，尊重教育对象，这样会使教育对象在内心深处感到，你说的在理，有人情味，由此而敞开心扉，抛弃逆反心理，以正确观念、理论思想、价值取向为指导，以反映时代精神的某人、某事或某团体为偶像，逐步形成正确行为的内趋力。

3. 在主动实践中促进大学生价值观的内化

主动实践是价值观内化的有效方法。因此，价值观教育要强调主动实践，以促进大学生价值观的内化。教育者要指出实践方向、实践途径、实践方法和实践内容。一方面，教育者要有计划、有重点、有层次、有针对性地组织开展多样性的实践活动。因为大学生虽有要求参加实践的积极性和主动性，但由于他们的社会阅历少，组织管理能力缺乏，这就需要教育者帮助、引导他们。另

一方面，大学生可以按照教育者的要求结合群体或个体的实际，主动地选择，开展创新性的实践。其意义，一是在活动中强化对社会要求、群体规范和上级规定的理解和运用，从而形成稳定的态度。只有到此，一个人才完成了新态度的形成与旧态度的转变。大学生对社会的要求、对价值观的深刻内涵，才具有了明确的认识和积极稳定的态度，才会形成明确的认识和积极稳定的态度。二是在实践中会遇到新事物、新情况和出现新问题，从而能在更高层次上巩固已确立的态度和价值观，并在此基础上开动脑筋，研究新情况和新问题，产生对新事物的态度和价值观念，与此同时开始了旧态度和价值观的转变，这样一个人在对待客观事物的态度上达到了新的境界，从而在新的正确态度引导下，产生新的、正确的行为，创造新的、更大的物质和精神成果。

价值观的形成与转变，就是这样一个从服从—同化—内化的循序渐进的过程。思想政治教育者在运用这一规律时有两点要引起注意：一是要认清形成正确牢固的价值观，是一个十分艰巨的、不间断的过程，因此，需要教育者的耐心和细心，既要抓紧时间工作，又不要急于求成；二是假若希望转变某人的价值观，最好在服从和同化阶段进行，一旦进入内化阶段，再要改变，就困难了。因此，抓住时机，因人、因事、因地加以引导、说服、沟通，使人的价值观朝着社会要求、群体规范的要求方向发展，最终形成积极、稳定的正确的价值观，这是思想政治教育的目的。

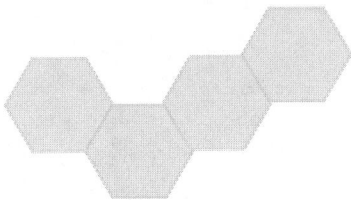

第四章 网络思想政治教育教学模式的构建

第一节 网络思想政治教育

加强和改进网络环境下的大学生思想政治教育,应遵循渗透原则、开放原则、法制原则和正面引导原则。注意利用网络创新大学生思想政治教育手段,加强大学生思想政治教育工作者队伍建设,开展媒介素养教育,增强大学生媒介免疫力。

网络环境下加强和改进大学生思想政治教育的基本原则是思想政治教育者在思想政治教育原理和规律的指导下,为实现思想政治教育目的,开展思想政治教育活动过程中所要遵循的准则。它贯穿于整个教育全过程,是指导网络环境下思想政治教育各种对策的理论依据。为了使大学生思想政治教育在新的环境下取得良好效果,主要应把握以下几方面的原则。

一、思想政治教育与网络的结合

(一)网络与学生思想行为的关联

伴随互联网的普及,电脑和网络已成为大学生基本的学习、生活和休闲工具。网络以它独特的魅力吸引了众多大学生的"眼球",使得大学生上网人数多、频次高、时间长,并与他们的思想行为的关联性越来越强。

1.网络改变着大学生的思想观念,积极与消极影响并存

网络有利于大学生新的价值理念的形成。网络的发展史,就是一部从集中到共享和开放的历史,共享、平等、效率、开放等是网络所蕴涵的价值理念。首先,由于网络的虚实两重性、平等交互性、大众化等特点,都有助于大学生平等意识、共享意识的形成。其次,网络运行的快捷增殖性、同步性和使用的简便性,

有利于培养大学生的效率观念。再者，由于网络的广阔兼容性，时空概念有了巨大的变化，世界上万事万物尽收网中，这对大学生开阔眼界、活跃思想、促进观念更新，增加开放意识、全球意识和多元化意识大有益处。

网络有助于大学生创新性思维方式的形成。传统教育受多种因素的影响，大学生个体创新性思维的发展受到了很大的限制，网络则拓展了大学生更为广阔的思维空间，使他们能接触到世界上先进的思想理论、科学技术等。而且，网络文、图、声并茂的多媒体传播方式，更能揭示事物的本质，这为培养大学生的超前思维、立体思维和创新思维，提供了难得的条件。

然而网络的强权思想易导致大学生理想信念的偏差。大学生好奇心强，若无坚定的信念和相当的辨别能力，很可能因此导致民族观念和爱国主义思想的淡薄。

网络易导致大学生价值取向的偏差。以往大学生日常所接触的内容来自传媒以及教师的灌输，其内容经过层层把关，不良因素已经被"过滤"。而作为"第四媒体"的网络，其内容五花八门、良莠不齐，难以控制。尽管防杀病毒、防火墙、分级过滤等技术不断创新，都无法消除所有的有害成分。一些不良的内容直接呈现于大学生面前，再加上一人一机的分享方式，大学生独立自主地判断对错、是非、真假、美丑、善恶，抵御不良是很困难的。

2. 网络丰富了高职院校学生的精神需要，但削弱了学生的道德责任感

物质需要和精神需要是人的基本需要。大学生的发展也不能没有需要的发展，人的基本需要包括生理需要、安全需要、友爱需要、尊重需要和自我实现的需要。网络在满足大学生的友爱需要、尊重需要和自我实现的需要方面具有独特的作用，这也是大学生乐此不疲的喜爱上网的奥妙所在。在网络空间，大学生可以开展广泛的精神文化交流和互动，满足自身的精神需要。而精神需要的发展，则从本质上升华着大学生的心灵世界。

人的思想品德主要是由知、情、信、意、行等组成。在以往的道德教育活动中，人们面对面直接的思想感情交流、人格力量的直接感染和模范行为的影响是最基本的途径。但网络将人置于"虚拟社会"，人与人之间的情感关系极易被人机之间的冷面"对话"所异化。网络虽然有助于大学生掌握较为丰富的社会伦理道德知识，但在"情""意""行"方面难以达到以往直接交往所达到的熏陶的程度。在网络道德萌生和发展的初期，建立在现实社会基础的道德规范由于不适应网络新环境而约束力下降，多元价值标准并存又使其成为众多道德选择中的一种，这无疑会引发道德评价失范和道德行为的失范。一些大学生道德责任感削弱、自我约束力降低的问题便显露出来。

3. 网络改变了学生的行为和群体存在方式，其正效应大于负效应

如今，网络已渗透到大学生生活的方方面面，不仅改变了大学生的行为方式，而且也改变了大学生群体的存在方式。这种改变的正效应主要体现在以下几个方面：一是网络促进了大学生的人际交往。有些学者认为，因为网络交往的虚拟性，利用网络进行交往会使人在现实社会中走向孤独。而大多数大学生则认为，网络聊天可以使人在很短的时间内结识很多朋友，快速低成本地与他人联系是上网最主要的收获。相关对比调查显示，经常上网的人在网络和现实中的朋友数量及与朋友的交流程度都要多于不经常上网的人。许多大学生将现实中的交流发展到网上，不少人通过网络与家人、朋友、老师联系，提高了交往的效率和频率。不少大学生在网络上结识了不同地域、不同国家、不同民族的朋友，有的还将网络交往发展成通过电话、书信、见面等建立的现实联系。因此，网络对人际交往的促进是值得肯定的；二是网络成为大学生调节情绪的重要手段。在现实生活中，一些大学生因为各种原因不能畅快地表达自己的情绪，造成心理压抑。匿名的网络给人们的精神世界营造了相对平等而自由的空间，使情绪得以表现和宣泄，实际上起到了情绪调节阀的积极作用。三是网络丰富了大学生的业余文化生活。网络拥有强大的娱乐功能和丰富的娱乐资源，且成本较低，因而深受大学生的喜爱。网络文学大行其道，网络改变了大学生的阅读和创作习惯。网络也改变了大学生的语言习惯，使得一些网络流行语成为校园日常流行语。四是网络改变了大学生的群体存在方式。如今，班级、党团组织、学生社团协会大部分在网络中有自己的主页和空间，并通过网络召集、开展有关活动。一些学生通过网络相互结识，并因共同的兴趣爱好，在网上形成有一定稳定性的群体，且大都在现实世界中开展相关活动。五是网络能促进大学生的个性发展。不管一个人的兴趣、爱好多么狭窄，通过网络，都能快捷地找到志同道合者。个人的兴趣、爱好正是人的个性的重要体现。网络空间丰富多样的个性化群体正好为大学生个性的发展提供了可供选择的群体环境。网络对大学生行为和群体存在方式的改变，也带来了某些负效应。一是网络交往带有明显的游戏色彩，缺乏必要的信任感，且大多限于同龄和异性之间的交往。大学生与成人之间的社会互动较少，代际间的学习交流明显不足。二是大学生如不能正确处理网络虚拟社会与现实社会的关系，可能造成一定程度的心理障碍和人格分离，从而引发网络沉溺综合征。三是某些网络群体不在学校的了解和管理之中，成为大学生中的隐形组织。这在某些突发事件发生时，有可能成为维护高校稳定的不利因素。

4. 网络提供了广阔的学习空间，促进了大学生的学习

网络极大地扩充了大学生的学习资源。大学生可以在图书馆、多媒体教室、宿舍检索书目，预借图书，浏览期刊或数据库。以前需要四处搜集而不易得到的学习学术资料，在网上可以轻松地搜到，这为大学生提高学习效率和质量、把握学术动态、开展学术研究创造了极为便利的条件。

网络改变了大学生的学习方式。网络课堂一方面打破了知识传授和学习的时空界限，实现弹性化教学，增强了学习的自主性和自由度；另一方面又加强了师生之间、学生之间的互动交流。教师可以随时在网上发布通知、讲义、布置和修改作业、答疑、讨论等，学生可以上网讲义、完成作业、答题、接受学术指导，教与学的方式变得十分便捷。

网络带来了新的学习观念。"素养"成为大学生的基本素质，这是指大学生必须具有判断何时需要，并且能够对进行检索、评价和有效利用的能力，也就是去伪存真、去粗取精的认知和判断能力。网络还重新配置了教育资源，消解了教师作为主要源的地位，教师由学生学习的控制者变为学生学习的促进者，由传递者变为能力培养者。

此外，网络时代还要求大学生树立终身学习的观念，培养终身学习的能力。网络对大学生学习的自制力也构成了挑战。网络上充斥着大量哗众取宠的东西，可能分散学生学习的注意力。以游戏及视听媒体为代表的强大的娱乐功能可能

使部分学生痴迷而不能自拔。如果上网时间安排不当，就会打乱正常的生活学习秩序。

总之，网络给大学生带来的影响是广泛而深刻的，其积极影响是主要的，消极影响是次要的。消极影响集中体现在少数个体，集中体现在可能诱发某些不良的网上活动，对学生的自制力构成了一定挑战。随着年级的升高和网龄的增长，大学生的网络行为和观念趋向于理性和成熟。

（二）网络与思想政治教育的关联

网络作为当代最具有革命性的科技成果之一，正在推动着思想政治教育的创新。网络已成为高校网络思想政治教育信息的新载体，它以一种全新的信息传播方式加速了思想政治教育的知识、价值传播，网络互动平台更好地满足了思想政治教育者和受教育者之间双向互动的需要，网络的技术特性有利于促进思想政治教育获得最佳效果，网络与思想政治教育的关联日趋紧密。

1. 网络信息承载可成为思想政治教育网络载体

载体是思想政治教育系统不可缺少的重要组成部分。教育目标的实现，教育任务的完成，教育内容的实施，教育方法的运用，教育主体和教育客体之间的互动等，都离不开一定的载体。所谓思想政治教育网络载体，就是通过网络，向人们传播丰富、正确、生动的思想政治教育信息，以帮助人们形成时代发展所需要的思想观念、政治观点、道德规范以及健康的精神状态。

思想政治教育载体是指承载、传导思想政治教育因素，能为思想政治教育主体所运用、且主客体可借此相互作用的一种思想政治教育活动形式。如开会、谈话、理论学习、管理工作、文化建设、大众传媒、精神文明创建等，都可以是思想政治教育的载体。教育者正是借助这些载体对教育对象进行教育并与之双向互动，从而达到一定的教育目的。

在网络中，思想政治教育信息承载具有如下特点：一是多媒体技术使教育内容的形态从平面化走向立体化，由静态变为动态，从现实时空趋向虚拟时空；二是网络的超大信息量，使教育内容变得丰富而全面，并且具有客观性和可选择性；三是极高的文化与科技含量，将教育信息的政治性本质隐含在历史文化知识和现代科技信息之中；四是人们有意识提供的或无意识提供的思想政治教育信息有可能淹没在信息的海洋中而不能有效地传播给受教育者。

通过网络这一载体进行思想政治教育，可以扩大思想政治教育的覆盖面和影响力，使大批大学生网民在网络获得广泛的社会信息的同时，接受思想政治教育信息，受到思想政治教育的影响，从而不断提高思想道德素质。而且，这种思想政治教育并不单单只作用于大学生网民，群体还作用于教职工等广大人群，并对其他载体的思想政治教育影响构成一种补充和相互作用，从而形成全方位的思想政治教育态势，大大增强了思想政治教育的影响力和有效性。

2. 网络信息传播可加速思想政治教育知识价值传播

从传播学角度看，思想政治教育是阶级社会的一种特定的社会信息传播现象和活动，是以思想观念、政治观点、道德规范为核心的思想政治教育信息的传播行为和过程。

思想政治教育网络信息传播，是教育者运用网络有意识、有目的地对受教育者施加影响，通过思想政治教育信息的传递、接受与反馈，以达到彼此共享、互动、共识的社会行为和过程。

在此过程中，教育者向受教育者传递信息，是开展思想政治教育的起点。教育者传递的信息如果能被受教育者所接收并接受，那么他们之间就出现了信息共享，即教育者对信息的独享变成了教育者和受教育者的共享。而且，思想政治教育是教育者有目的地对受教育者施加影响，通过对受教育者传递社会主导价值观念，使受教育者的个人价值观与社会主导价值观相一致的过程。

较之过去的思想政治教育信息传播，网络信息传播具有明显的优势，这对思想政治教育知识、价值传播非常有利。其原因，一是其吸引力更大。网络将多媒体信息集为一体，能够极大地激发大学生的求知欲与想象力，最大限度调动学生获取信息的主动性、参与性。二是其感染力更强。网络提供的色彩鲜艳的图片、悦耳的音响，活泼的立体动画及仿真画面，使人仿佛身临其境，对人的影响力大大增强。三是快捷性更高。网络四通八达，方便快捷，可在任何一个终端，随时高效获取知识和信息。四是开放性更广。网络为大学生提供了更大范围的学习和社会实践环境，促使他们关心世界、关注社会、了解和认识自我，从而在社会化过程中趋于成熟和完善。

但网络也带来了不同文化和价值观念的冲突。对此，我们决不能掉以轻心，等闲视之。

3. 网络互动平台可满足思想政治教育互动需要

在思想政治教育中，教育者和受教育者的行为和活动需要互动。这种互动表现在信息传递、接受和反馈的过程中，即体现在教育者信息的传递和受教育者对此能动的接受，受教育者信息的传递和教育者对此能动的接受上。也就是说，思想政治教育信息传授应当是建立在教育者与受教育者互动基础上的思想观念与情感意识的交流过程。

但以往的思想政治教育采用较多的是单向灌输的方法，硬性地把社会要求的思想观念、道德规范传授给受教育者，忽视受教育者的需求和接受能力，抑制了受教育者接受教育的积极性、主动性和创造性，使受教育者处于从属地位。

网络为人们提供了一个开放的互动平台。丰富的网络信息，使大学生冲出了相对封闭的校园天地，进入一个宽广的五彩缤纷的新世界，使他们知道了许多前所未闻的新事物，使其主体意识迅速觉醒并不断增强。他们不满足于教育者的灌输，而是积极主动地猎取各种思想政治教育的知识和有价值的信息，不断探索人生道路上的心态的困惑，理想的迷惘、感情的失落、精神的求索，与教育者实现着网上网下的良性互动。而且，在网络交往中，无直接利害冲突关系的交往位置，有利于宽松的人际关系的建立。因此，在思想感情传达上，交往者可以直抒胸臆，不必像日常生活中那样吞吞吐吐或胆怯害羞，容易达到交往的较深层次。同时，角色还是可以互换的，在浏览网页、选择和吸收各种思想政治教育信息时，参与者是以受教育者的身份出现的；而在参与网络各种信息的制作、发布等网络实践活动，将自己的思想、观点、看法及信息传播出去时，参与者又成为教育者。因此，在网络互动平台上，思想政治教育者与受教育者关系上更融洽，双方都能较好地发挥其主体性。

正因为如此，从现代传播学角度看，网络思想政治教育信息传播活动的主体不仅有教育者，还有受教育者。因为教育者往往同时又是受教育者，而受教育者往往又是教育者，是他们双方共同的行为和作用，促成了传播的进行。教育者和受教育者的关系是两个主体相互依存、相互制约的互动过程。

4. 网络技术特征可促进思想政治教育取得最佳效果

检验思想政治教育是否有效以及效果的大小，其主要依据就是思想政治教育目的和意图实现程度。一是教育者把社会要求的思想观念、政治观点、道德规范等思想政治教育信息作用于受教育者的知觉和记忆系统，引起其信息量的增加和信息内容构成的变化，这属于认识层面的效果，也就是受教育者对思想政治教育的认知。二是作用于受教育者的观念和价值体系而引起情绪或感情的变化，属于心理和态度层面上的效果，也就是社会主导价值的内化与维护。三是这些变化通过受教育者的言行表现出来，成为行动层面的效果，也就是行为范式或行为习惯的养成。

上述三个层面，前两个层面属"内化"，即受教育者在教育者的帮助下或在其他社会教育因素的作用下，接受社会要求的政治观点、思想体系、道德规范并转化为自己的个体意识，也是个体不仅真正地相信、接受和遵守社会的思想政治、道德要求，还自愿将这些要求作为自己的价值准则与行为依据的过程。三层面属"外化"，即受教育者将个体意识转化为良好行为，并多次重复良好行为使其成为行为习惯，产生良好的行为结果的过程。三个层面体现了效果形成的不同阶段，从认知到态度再到行动是一个效果累积、深化和扩大的过程。

取得思想政治教育的最佳效果，内化是关键。高校促进大学生内化的途径和方法离不开为大学生提供丰富而有价值的教育资料，把教育转化为大学生的自我教育。从网络所显示出来的技术特征来看，网络为思想政治教育的创新和促进大学生内化提供了新的契机。一是网上丰富的共享信息，为开展思想政治教育提供了充足的资源。二是网络传输的快捷性和交往的隐匿性，有助于迅速、准确地了解受教育者的思想情绪和他们关心的热点问题，从而有助于加强思想政治教育的针对性。三是网络主体的平等性和交往的互动性，有助于实现受教育者主动参与的对话交流，有助于把教育转化为受教育者的自我教育，从而提升思想政治教育的实效性。四是网络传输的超时空性，扩大了思想政治教育的覆盖面，促进了思想政治教育的社会化。

此外，网络的开放性和超时空性，有助于多元化观念和全球意识的养成；网络信息传输和更新的快捷性，有助于增强人们的效率观念、竞争意识及创新意识；网络交往的自由性和平等性，有助于增强人们的民主意识和权利意识；网络空间的匿名性活动，在削弱外在约束机制的同时，也有助于人们道德自主意识的提升。这些观念的形成，对于培养大学生的独立性、自主性、创造性等主体性品质，加速平衡和谐的发展，实现思想政治教育的最佳效果方面，具有积极作用。

二、网络思想政治教育的发展趋势

网络思想政治教育发展是一个渐进的过程，它随着网络信息技术的进步而发展，随着网络思想政治教育实践的发展而发展。而网络技术是朝着有利于社会发展的需要和人的全面发展的需要而进步，因此，网络思想政治教育的发展趋势是可以预测的。

（一）预测网络思想政治教育发展趋势的依据

马克思主义认为，任何事物的发展变化都有内因和外因两个方面，内因是发展变化的根据，外因是发展变化的条件。按照马克思主义观点，网络思想政治教育的发展趋势应该从以下两个方面来把握：一是人类社会的发展具有这种内在需要。这种需要就是网络思想政治教育发展的内在动力，正如马克思、恩格斯所指出的那样：一切划时代的体系的真正的内容都是由于产生这些体系的那个时期的需要而形成起来的。二是能够提供为这种需要服务的网络信息技术等相关条件。网络思想政治教育的发展离不开网络信息技术的支撑，但网络信息技术的进步同其他任何技术一样，都是一个渐进的过程，不可能一蹴而就。能否提供这种网络信息技术，也就成了预测网络思想政治教育发展趋势的重要依据。

（二）网络思想政治教育发展的主要趋势

既然网络思想政治教育的发展趋势是可以预测的，那么，网络思想政治教育的发展趋势有哪些呢？根据上述分析，网络思想政治教育的发展趋势是多方位的，但主要是网络思想政治教育个性化、网络思想政治教育社会化、网络思想政治教育制度化和网络思想政治教育生活化四个发展趋势。

1. 网络思想政治教育个性化的发展趋势

网络思想政治教育个性化是指网络思想政治教育应使受教育者的个性得到张扬和发展。这与传统思想政治教育把不同的人用同一个模式来塑造是根本不同的。预测网络思想政治教育个性化的依据在于：

（1）人的个性发展，需要个性化的网络思想政治教育

这是网络思想政治教育个性化的内在动力。人的个性是指一个人的比较固定的特性，是个人的自我意识及由此形成的个人特有的素质、品格、气质、性格、情感等的总和。个性是人的主体性的个体表现，哲学所理解的人的个性也就是个人的主体性。思想政治教育是人的个性发展的重要条件，它影响和决定人的个性发展的方向。从这方面来考察，人的个性发展主要有以下一些需求：一是需要大量可供自主选择的思想政治教育信息；二是需要提供自主参与思想政治教育实践活动特别是创造性活动的广阔舞台；三是需要有足够的自由时间参与思想政治教育活动。只有具备了这些条件，思想政治教育才可能成为自由自觉的活动，即思想政治教育才能促进人的个性发展。

（2）互联网技术的发展为网络思想政治教育个性化提供了条件

互联网传播是一种分布式（发散型）网状传播结构，这种传播结构使互联网具有开放性、交互性、虚拟性、快捷性等特性。互联网的开放性使它的任何一个网结都能够生产、发布信息，所有网结生产、发布的信息都能够以非线型方式流人网络之中。因而人们可以自主地选择或发布思想政治教育信息；互联网的交互性，使数以万计的受众可以同时直接迅速地反馈信息，发表意见，这就从根本上改变了传统思想政治教育交互的局限性；互联网的虚拟性、多媒体性为主体的创造性活动提供了最好的舞台，使之冲破传统的思维束缚，自由地在"虚拟"的世界里翱翔，创造出更多的精神财富，改变共同资源紧缺的状况；互联网的快捷性大大提高了劳动生产率，节约了大量的劳动时间，人们不必把全部时间和精力花费在物质资料的生产上，这就为人们参与思想政治教育活动提供了自由可支配时间。

从以上分析不难得出结论，人的个性发展呼唤网络思想政治教育的个性化，而互联网又为思想政治教育的个性化提供了条件，因而网络思想政治教育的个

性化是必然的发展趋势。

2. 网络思想政治教育社会化的发展趋势

网络思想政治教育社会化是指网络思想政治教育应依靠全社会各方面的力量。预测网络思想政治教育社会化的依据在于：

（1）思想政治教育的发展呼唤网络思想政治教育社会化

开展网络思想政治教育以来，通过探索与实践，取得了许多成功的经验和一批有价值的成果。比如，建立思想政治教育网站；加强对论坛的引导；建立网络德育研究基地，开展系统的网络思想政治教育研究等。但是，网络思想政治教育面临着一系列重大问题，比如，在网络思想政治教育内容上，存在着社会不断涌现的新情况、新问题与相对滞后的教育内容的矛盾。互联网的发展，改变了以往的生产力要素结构和劳动力布局，从而促进了社会生产力的大发展；造就了与网络社会相适应的思维方式，即"网络化思维方式"，促进了人的思维方式的变革，并以其特有的方式推动民主政治进程；促进了新的经济形态的产生，推动了产业结构的重组和调整；促进了经济增长方式的根本转变和生产率的提高；改变了企业的经营理念和营销模式，促进了经济全球化的发展，等等。总之，互联网给社会带来了巨大的变化，给人们的思想观念和生活方式带来了深刻的影响。相比之下，网络思想政治教育的内容显得单调和空洞。如何根据形势发展变化带来的新情况、新问题，及时地调整、充实教育内容，使其与已变化的社会现实相适应，这是网络思想政治教育必须解决的重大问题。再比如，在网络思想政治教育形式上，存在着全方位、多层次的社会影响与思想政治教育途径相对狭窄的矛盾。随着现代信息传播工具的广泛应用，影响人们思想的信息渠道也越来越多，既有积极的，也有消极的。如何及时解决来自全方位、多层次的社会影响，这是网络思想政治教育必须解决的又一重大问题，等等。

思想政治教育从根本上来说，就是做人的思想转化工作，它本身在解决现实问题中得到生存和发展。因此，网络思想政治教育要面向网络社会求发展，要渗透到社会生活的各个领域中去。而要做到这一点，就要改变只依靠网络思想政治教育部门和网络思想政治工作者的状况，必须实现网络思想政治教育的社会化。

（2）互联网技术的发展为网络思想政治教育社会化提供了条件

一是提供了丰富的资源。由于互联网具有开放性等特征，特别是下一代互联网实行了电信网、计算机网、有线电视网的合一，真正能够将全球不同社会、不同种族的文化信息"一网打尽"，实现文化信息的全球一体化。同时，世界上所有的网站，除了关系国家安全的网站设有防火墙以防御非法入侵者外，其他网站可以认为是对每一个网民"门户大开"，其敞开度对谁都一样大，提供的文化产品都一样多。决不会因为你是领导干部，你是专家学者，你是总裁，就有你专用的文化盛餐。网络上每一种文化产品都具备"世界性"与"全民性"，不论贫富贵贱，不分男女老少，都可以尽情享受。特别是，互联网上的文化产品的供应没有配额，不受"数量"的限制，也不受供应时间的限制。

传统思想政治教育之所以很难实现社会化，一个极为重要的原因，就是思想政治教育资源的稀缺，思想政治教育资源成为党务工作干部、思想政治工作干部和有关专家等极少数人的专利。在网络技术的支撑下，人人都能拥有思想政治教育资源。

二是提供了途径方式和方法。随着各种局域网、城域网同国家骨干网络相连通，从而使网络思想政治教育进入社会的各个方面。而且由于网络技术的发展，经济实惠的网上电话、网上寻呼、网上传真、网上会议、网上论坛又为社会各界参与思想政治教育提供了技术支持。初步形成了网络思想政治教育多途径、多形式的立体式格局。随着下一代互联网的广泛应用，现实世界和虚拟世界逐步走向融合，特别是多媒体技术的深度发展，为网络思想政治教育提供了更多的途径和方法。

3. 网络思想政治教育生活化的发展趋势

网络思想政治教育生活化是指应将网络思想政治教育信息融入受教育者的网络生活之中。预测网络思想政治教育生活化的依据在于：

（1）随着人的生存方式的发展，网络思想政治教育需要生活化

生存方式，一般指人类生存和发展的活动方式，包括生产方式和生活方式。生产方式是人们取得物质资料的方式，包括生产力和生产关系两个方面。生产力是人类改造自然、征服自然获得物质资料的能力，包括劳动者、劳动资料和

劳动对象，其中劳动者是决定性因素。生产关系是指在生产过程中形成的人和人的关系，包括生产资料归谁所有，人们在生产过程中的地位和相互关系，产品分配的形式。其中生产资料所有制在生产关系中起决定作用。生活方式范畴有广义和狭义两种解释。广义是包括生产活动在内的人类全部生活活动的现象、方式和特征的总和，包括劳动生活、经济生活、文化生活、艺术生活、精神生活、家庭生活、娱乐生活等。可见，广义的生活方式包括生产方式。狭义则是指除了生产活动之外的人类社会生活活动的方式的总和，也就是指个人及其家庭的日常生活的活动方式，包括衣、食、住、行、用以及闲暇时间的利用等。

互联网的迅速发展，使人们生活在两个世界，一个是现实世界，另一个是虚拟世界。而在虚拟的环境中，网络主体的真实身份被虚拟化了，网络主体的地位是平等的。在这种情况下，受教育者对网络思想政治教育信息的吸收是一种自主选择，传统思想政治教育中的"灌输"方法已经显得苍白无力。因此，只有把网络思想政治教育信息与受教育者的各种生活信息紧密结合，网络思想政治教育才能收到实效，才有旺盛的生命力。

（2）互联网技术的发展为网络思想政治教育生活化提供了条件

互联网自进入商业营运以来，由于需求不断增加，新的技术及其应用不断拓展。现在，电子邮件、远程教育、虚拟现实、电子商务、电子政务、网络社区、网络新闻、网络游戏、博客、播客等技术的日益广泛应用，使人们的生产、学习、生活和休闲方式发生了深刻变化，同时也为网络思想政治教育的生活化提供了技术支持。随着网络信息技术的不断发展，信息终端将无所不在，因此，可以预料，随着人们生活网络化的拓展，网络思想政治教育的生活化将不断得到提升。

4. 网络思想政治教育制度化的发展趋势

网络思想政治教育制度化是指网络思想政治教育应依靠法律、法规、政策、规范等方面的保障。预测网络思想政治教育制度化的依据在于：

（1）网络思想政治教育环境的治理需要制度化

开展网络思想政治教育首先要治理好网络思想政治教育环境，否则，网络思想政治教育的收效甚微，因此，治理网络思想政治教育环境，是开展网络思想政治教育的基础工程。由于网络的开放性，它在给网络主体带来大量有用信息的同时，也带来了许多消极的信息和不良影响。为了改变这种局面，维护好网络秩序，净化网络思想政治教育环境，就需要借助制度的强制性。特别是法律、法规，它以"必须"的形式使人们不敢超越法律、法规的限制。完备的法律、法规是有效管理网络，预防、遏制各种不良行为的关键。虽然目前人们的法律水平还不可能一下子将与网络有关的法律问题考虑周全，相应的网络法律、法规的制定和实施还需要一个相当长的过程，但网络思想政治教育环境的治理必将走上制度化的路子。

（2）网络思想政治教育途径的实现需要制度化

网络思想政治教育的基本途径有两条：一是建立思想政治教育的网站或网页。这条途径无疑很重要，它可以提高网络思想政治教育的系统性、及时性和影响力。但要建好思想政治教育的专门网站或网页，就必须以制度为保障，切实解决好思想政治教育网站的地位、功能、目标、内容、队伍、经费等一系列重大问题。二是将思想政治教育信息渗透到各项业务信息中去。我们知道，由于网络主体是以符号形式出场的，真实个人的"缺场"使其缺乏责任感和约束力。网络主体身份的隐蔽性就导致对信息的自由选择性。在这种情况下，受教育者要自觉寻找、吸收思想政治教育信息的可能性不大。因此，网络思想政治教育仍然需要坚持"灌输"的方针，即把思想政治教育信息与各项业务工作信息有机地结合起来，让受教育者在不知不觉中获取、吸收思想政治教育信息。而要做到这一点，就离不开制度的约束，使思想政治教育信息与业务工作信息结合成为可能。

（3）互联网技术的发展为网络思想政治教育制度化提供了条件或可能

互联网的虚拟性，使得网络主体可以将自己的真实身份隐蔽起来，从而不易受物理空间的制约，似乎一切现实物理空间的法律、法规对他们都不起作用，但这种隐蔽只是相对的。运用现有技术，可以对网络用户的 IP 地址进行解读，由此可以"顺藤摸瓜"，确定网络用户的真实身份。因此，网络用户的隐蔽性也只是相对而言。下一代互联网就有较严格的管理规范，配备唯一确定的 IP 地址协议。从长远角度看，这种技术上的硬性控制会随着科技的发展得以实现，使得自由和控制成为一种"身影"关系。这样，就为网络思想政治教育的制度化提供了保障。

从上述四个方面来看，既有这种内在的需要，又能提供这种现实或可能的条件，所以说，个性化、社会化、生活化和制度化是网络思想政治教育的发展趋势。

第二节　网络思想政治教育教学模式构建的基础

就网络时代高职院校德育工作而言，以习近平新时代中国特色社会主义思想为指导，推进高校网络思想政治教育的制度化建设，贯彻落实以人为本，以学生、教师、高校的和谐发展为主要目标，尊重学生的主体地位，注重教师在德育工作中的重要作用，积极引导学生共同构建和维护健康向上的网络环境，逐步形成高校德育工作的新平台，不断提高师生综合素质，使高职院校网络思想政治教育成为精神文明建设的必要推动力。

一、网络思想政治教育的目的论及其指导价值

网络思想政治教育的根本目的就是要促进人的全面发展，这就决定了马克思主义关于人的全面发展理论在网络思想政治教育理论中的基础地位。

（一）马克思主义关于人的全面发展理论

在马克思那里，人的全面发展包括三个相互关联的层面，即人的主体性的发展、人的实践的发展、人的社会关系的发展。[①]主体性、实践和社会关系是马克思关于人的本质含义的三个方面。主体性是人作为社会活动主体的规定性，是主体在与客体相互作用中得到发展的人的自觉、自主、能动和创造的特性。马克思关于主体性的思想，集中体现在《关于费尔巴哈的提纲》中，他指出："从前的一切唯物主义（包括费尔巴哈的唯物主义）的主要缺点是：对对象、现实、感性，只是从客体的或者直观的形式去理解，而不是把它们当作感性的人活动，当作实践去理解，不是从主体方面去理解"。[②]马克思通过对主体性的历史和现实考察，认为人的主体性主要表现为：一是人作为主体的自由自觉的能动性。马克思在《1844 年经济学哲学手稿》中，从人作为人而存在的必然性、本质和根本方式上，指出人首先是一种追求自由自觉活动的存在物，是"能动的自然

---

① 瞿晶晶. 论马克思主义关于人的全面发展思想 [J]. 现代商贸工业，2021，（第 30 期）：87-89.
② 杨晗菲.《关于费尔巴哈的提纲》部分问题的解读 [J]. 时代人物，2021，（第 2 期）：33-34.

存在物"。^①二是人作为主体的创造性。马克思认为，主体的"劳动是积极的、创造性的活动"。三是人作为活动主体的自主性。马克思、恩格斯在《德意志意识形态》中就把主体的活动称为"自主活动"，并认为"这种自主活动就是对生产力总和的占有以及由此而来的才能总和的发挥"；社会关系是人的社会本质的体现，社会关系实际上决定着一个人能够发展到什么程度。马克思认为人生来就是以关系的形式存在着的，并十分注重关系的全面性，他指出：人的本质不是单个人所固有的抽象物，在其现实性上，它是一切社会关系的总和。^②

马克思还认为，人与社会的关系、人与自然的关系、人与自我的关系这三个方面彼此之间不是孤立的，而是同一个过程的三个不同层面。人对自身的任何关系，只有通过人对其他人的关系才得到实现和表现，社会是人同自然界地完成了的本质的统一，而主体人和自然的关系则在社会关系中才能存在和完成；实践是人的生存方式。按照马克思、恩格斯劳动创造人的观点，人的发展的一切条件中最重要的是人自身的活动，其他条件最终都要通过人的活动发生作用。实践是"使人从动物界上升到人类并构成人的其他一切活动的物质基础的历史活动"。人的发展在人的本质的三个方面，实践本质居核心地位，它是人的主体性本质和社会关系本质的统一。人的实践方式的全面发展也在人的全面发展中居核心地位，也就是说，实践的发展，最终决定了人的全面发展。

首先，人的主体性的实现，或者说人的自由自觉活动的实现，本身就表现为一种劳动实践活动的解放。其次，人的社会关系的全面发展也依赖于实践的发展，或者说依赖于生产力的发展。人的全面发展的动力根源于人类实践方式的发展，即根源于生产力的发展以及由生产力所推动的人的社会关系包括物质关系和思想关系的发展；因此，实现每个人的自由而全面的发展，依赖于生产力的高度发达，以及在此基础上的物质文明、政治文明和精神文明的实现。

（二）马克思主义关于人的全面发展内涵在网络文化条件下得到延伸

马克思关于人的全面发展的内涵在网络文化条件下得到了极大的延伸。因为现实世界中的人，既生活在现实社会中，又生活在网络虚拟社会中。人的全

---

① 陈秀丽，高春花. 马克思《1844年经济学哲学手稿》中的自由观探析 [J]. 大庆社会科学，2022，（第2期）：65-70.
② 唐艳艳. 马克思的人本质思想 [J]. 赤子，2020，（第6期）：267-268.

面发展的内涵延伸具体体现为实践内涵的延伸、主体性内涵的延伸和社会关系内涵的延伸。

1. 网络文化条件下人的实践方式的延伸——虚拟实践

对"虚拟"如何界定，目前学术界还没有一个统一的认识，其中主流观点认为，虚拟是指人借助符号化或数字化中介系统而超越现实性的思维方式和实践方式。"虚拟"并不等于"虚幻"和"虚假"，更不等于"虚无"。虚拟的实质是一种物质存在和信息活动的新方式或新形式。它虽然不具有直观可感的有形物质的特征，但它的的确确是一种客观存在，只不过这种存在的表现形式，更多地是由无形的、但能直接看到的数字信息符号和电子信号构成的。所谓虚拟实践，即实践的虚拟化，是指虚拟主体在虚拟空间使用数字化手段，对虚拟客体进行的有目的的感性活动。

虚拟实践是人类实践发展的一个新阶段，是一种相对独立的新型实践形态，它不是简单地从属于传统意义的现实实践，也不是现实实践的翻版，而是现实实践的延伸和升华。它使人的实践对象第一次突破了纯粹形式的外部物质世界的界限，它将数字化符号上升为实践的中介手段，把人类社会活动的信息经由计算机系统进行数字化处理和合成转换，使主体置身于一个新的关系实在的虚拟实境中。实践手段的"数字化"，是虚拟实践突破以往实践的局限，并崛起为一种新型实践形态的基石和标志。虚拟实践为人类打开了探索事物存在和发展的多种可能性的空间，它可以超越现实时空和物质条件的局限，较自由地将事物的多种可能性外化为对象性存在，甚至使以往在现实中无法展现的一些可能性，变成可在虚拟空间中展现的可能性。

虚拟实践为人的个性发展提供了广阔的空间，它进一步培育了人们的自主意识、平等意识、权利意识、开放意识和自由民主精神，全方位地提升了人的自主能动性和潜能，从而极大地促进了健全人格、独立个性的形成和社会的进步。但是，虚拟实践也伴随着代价的付出。数字化犯罪、计算机病毒侵害、信息垄断、信息污染、信息欺诈等，使虚拟实践又对人类的生存、发展产生重要负面影响。在这里，值得进一步指出的是，尽管虚拟实践也带来了各种各样合理的或不合理的代价，但总的来说，它是人类超越活动的重要成果，并为人类追求自由解放开辟了广阔的道路。可以预料，随着数字化虚拟实践的应用日益广泛，人类对客观世界的超越和自我超越将会出现新的飞跃。

2. 网络文化条件下人的主体性的延伸——虚拟主体性

主体性是指人在主体与客体关系中的地位、能力、作用和性质，其核心是人的能动性问题。主体性包括能动性、自主性、创造性和自为性。哈贝马斯把主体之间的"交往"看作"主体性"形成的前提，主体通过社会交往而认识自身。所谓虚拟主体性，就是指网络虚拟空间的主体所表现出来的特性。虚拟主体性较之现实主体性得到了空前的凸显，主要表现在以下几方面。

首先，网络主体的能动性和自主性得到了极大的提升。网络虚拟空间为人们敞开了一个多元化的视界。在这里，每个人可以根据自己的价值取向，自由选择活动的对象目标和运作内容。在每一台电脑终端，每个人都能够以独立的主体身份操作，都能平等地享有充分的主体性地位。更为重要的是，在这自由的空间里，主体可以充分发挥自己的才智，可以尽情地在网络时空中遨游，从而体验到从未体验过的自主感和自由感，切实感受到主体性的高扬，使主体意识不断强化。

其次，网络主体的创造性得到了空前的超越。在电脑屏幕上展现出的各种图景，虽然可以是对现实生活的真实模拟再现，但这还不是网络虚拟的最优长的功能，而最能体现它的优长功能的是超越现实的创造性。在网络虚拟空间，人们可以利用电脑的智能和虚拟的超现实优长，把现实中的不可能性，或者只能在思维中展现而难以在现实空间展现出来的可能性，变成虚拟空间可以反复再现的可能性，创造出现实生活中难以展现的对象，从而有助于主体想象力、创造力的不断提高。

当然，人的主体性的张扬和主体力量的显示，总是伴随着一定的代价。人在虚拟空间中处于一种双重境地，虚拟性与现实性的矛盾、人性与技术的冲突是人们经常面临的问题。在虚拟空间，人的主体性在获得发展的同时，又往往经受着新的束缚甚至奴役。在一定程度上，人在虚拟空间中正沦为电脑、信息、技术的"奴隶"。由此可见，对于虚拟空间中人的主体性，我们不能单以传统的主体性观念来加以考察，它的内涵是随着实践的发展而发展的。从实践的观点看，虚拟空间既不是人的主体性的根本消解，也不是人的主体性的无代价的提升，而是人的主体性发展的一种历史延续。虚拟空间本身并不是一个理想的自由王国，但它却为全面的、开放的、完善的主体性的形成准备着条件。

3.网络文化条件下人的社会关系的延伸—虚拟社会关系

社会关系从本质上来说，不过是人的本质力量的外在显现而已。人的本质力量越丰富，则显现的形式就越多样化。与之相对应的是，社会关系也越丰富和多元化。虚拟社会关系的产生，正是人的本质力量不断提升的必然结果。所谓虚拟社会关系是指虚拟主体在网络虚拟空间建立起来的各种关系的总和。虚拟社会关系的建立，使社会交往扩大化、普遍化和深刻化，对丰富和发展人的社会关系具有重大意义。网络虚拟社会关系表现出以下特征。

首先，网络虚拟社会关系是一种开放型的关系。关系双方既不必有血缘关系，也不必有地缘关系和业缘关系。交往对象的职业性质、经济状况、文化背景、居住地域等差异，已不再成为影响交往的前提条件。只要有共同的交往需求并认同交往内容，就可以自由地进行交往，而且每一个虚拟主体可以同时以多种角色与多个对象交往。因此，网络虚拟社会关系不仅可以涵盖现实社会关系，更重要的是它可以无限地拓展，只要是有电脑终端的地方，网络虚拟社会关系都可以延伸至此。

其次，网络虚拟社会关系是一种平等型的关系。在网络虚拟空间里，交往主体是以符号形式出场的，真实个人的"缺场"使主体之间缺乏直接的感性接触，所以相互之间也就缺乏约束力。在这里，交往主体的地位是平等的，没有高低贵贱之分。在这种情况下，虽然交往主体的责任感和对于对方的责任期望值，都比现实交往低得多，但从总体来看，交往主体之间的信息都是一种真情的流露与表达。同时，交往主体之间关系的建立与结束，也不受交往对象和其他任何因素的制约，充分体现了自愿交往的原则。与现实社会中交往主体受各种约束相比，网络交往方式不能不说是一种交往方式的解放。

虚拟实践和虚拟主体性、虚拟社会关系是不可分割，彼此相互关联、相互促进的。在这三者关系中，虚拟实践是基础，虚拟主体性和虚拟社会关系是虚拟实践的体现和结果，因为虚拟实践拓展了人的实践方式，它也必定会拓展人的主体性和人的社会关系。虚拟实践不仅使人的主体性获得了新的发展形式，同时，虚拟实践也创造了新的社会环境，极大地丰富了人的社会关系。虚拟主体性和虚拟社会关系的发展，又反过来促进虚拟实践的深入发展。马克思主义人的全面发展理论告诉我们，网络思想政治教育要以促进人的全面发展为出发点和落脚点，要促进人的能力、主体性和社会关系的协调发展。由于人的能力的发展、主体性的发展和社会关系的发展，归根结底，要靠实践的发展，因此，要以实践为中心，并把现实实践与虚拟实践有机结合起来。

二、网络思想政治教育的方法论及其指导价值

网络思想政治教育的内容和方法是网络思想政治教育的两个基本要素，网络思想政治教育方法论本质上是网络思想政治教育内容和方法的有机结合，生活化理论为网络思想政治教育方法论提供了重要支撑。

自文艺复兴以来，许多哲学家、学者对生活进行了多视角的研讨，形成了丰富的生活理论。在众多的生活理论中，马克思主义生活理论、生活世界理论和生活教育理论为网络思想政治教育奠定了重要的理论基础，并对网络思想政治教育产生了重要指导价值。

（一）马克思主义生活理论

马克思哲学的"生活"是贯穿着物质辩证性、由物质生活和精神生活互生互动的真实生活过程。依照马克思主义哲学逻辑，任何社会现象无不源自人们的现实生活，看似独立玄深的精神现象亦复如此。在马克思看来，对一切精神性的东西必须坚持从生活第一性的原则出发来加以说明，只有这样才能揭示精神性的东西之本质以及它们的价值。

马克思主义的生活理论在思想政治教育中同样适用。人们的思想政治品德及其需要是在人们的现实生活实践中形成的，通过彼此之间利益关系的处理表现出来，只有在现实生活实践中才能判断一个人的言行是善还是恶，是美还是丑，是道德的还是不道德的，也只有在不断的生活实践中，才能逐渐形成一个人稳定的思想政治品德和思想政治情操。正如法国著名的思想家爱尔维修（Claude Adrien Helvetius）所说："如果我生活在一个孤岛上，孑然一身，我的生活

就没有什么罪恶和道德，我在那里既不能表现道德，也不能表现罪恶。"① 整个人类社会的一切变化包括思想行为的变化都源于人们现实生活的变化，也只有通过生活实践才能使人们的思想行为得到合理的改造。用马克思主义的生活理论审视网络思想政治教育，我们认为：网络思想政治教育内容来源于教育对象的网络生活，只有将网络思想政治教育的内容信息多渠道、多层次、多形式的融入教育对象的网络生活，实现网络思想政治教育生活化，才能实现网络思想政治教育的目的。

（二）生活世界理论

在 20 世纪的哲学王国中，不是某个哲学家零散地、偶尔地将目光投向了生活世界领域，而是许多哲学家或哲学流派不约而同地从不同视角将注意力聚集到生活世界上，提出了关于生活世界的构想和批判理论。"生活世界"的概念最早是由德国哲学家胡塞尔（Edmund Gustav Albrecht Husserl）在《欧洲科学危机和超验现象学》一书中提出的，"生活世界"是与"科学世界"相对应的，提出"生活世界"的目的在于提醒人们不可忘记"实践的周围世界""日常生活世界""经验直观的世界"。胡塞尔认为当时欧洲人性危机产生的根源在于过分着迷于实证主义的科学理论。② 实证主义就是认为科学只是对"实证的事实"即经验事实的描写与记录，不反映事物的本质与客观规律，超乎感觉经验之外的事物的本质，是不可能认识的，也没有必要去认识它。在胡塞尔看来，只有回到被近代自然科学所掩盖的那个"生活世界"，才能使欧洲文化在真正的哲学精神中重生。随后，维特根斯坦（Ludwig Josef Johann Wittgenstein）、舒茨（Alfred Schutz）、哈贝马斯（Jürgen Habermas）等都从不同的视角提出了自己的生活世界理论，形成了现代哲学向生活世界的转向。其中，维特根斯坦提出了一个与胡塞尔的"生活世界"基本相同的范畴——"生活形式"（指现实生活）。他的语言哲学把一切问题归到语言层面，他认为，语言真正的意义就呈现于丰富多彩的生活形式之中，使用一种语言就是采用一种生活形式。③ 主张通过人或人的生活找寻知识、真理、语言、对象和世界的意义。美国社会学家、

---

① 爱尔维修的伦理思想探析 [J]. 中外企业家（中旬刊），2014，（第 10 期）.
② 杨爽. 对日常生活与理性的思考 ——关于《欧洲科学的危机和超验现象学》的初探 [J]. 现代交际，2020，（第 3 期）：251-252.
③ 卢汉阳. 维特根斯坦的意义观 [J]. 齐齐哈尔大学学报（哲学社会科学版），2021，（第 3 期）：43-45.

哲学家，现象学社会学创始人舒茨认为知识和社会现实都是人类自身通过"主体之间的"经验构成的，因而社会学必须研究作为人们社会生活原型的日常生活世界及其日常生活意识。舒茨强调，要解决主体间性问题，即解决主体对其他主体的经验和沟通理解问题，必须回到作为给定的常识世界和经验世界的日常生活领域。[①]法兰克福学派的哈贝马斯对于生活世界理论在一定程度上做了综合化和进一步完善的工作，是生活世界理论的集大成者。[②]例如，他继承了胡塞尔强调生活世界作为意义结构的做法，但是超越了胡塞尔的意识哲学和认识论的科学批判立场，进入到社会哲学或社会批判的视野；他同海德格尔和列菲伏尔（Henri Lefebvre）等人一样，关注现代性的理性启蒙条件下人的生存境遇，但是他更多分析的是现代的交往行动，而不是主体的生存体验；他与舒茨等人一样注重从社会哲学和文化哲学的层面上分析生活世界的意义结构、类型特征和内在结构，但是，他没有完全停留在对前市场经济条件下自在的、非反思的、给定的日常生活世界的结构分析，而是把生活世界作为现代社会的一个重要的深层结构和基础来加以社会批判理论的思考。在哈贝马斯那里，生活世界理论是交往行动理论的重要组成部分和补充。他认为，由文化、社会和个性构成的生活世界是交往行动者始终在其中运动的视野、境域或背景，是主体间交往的意义世界和文化世界。文化、社会和个人作为生活世界的结构因素与文化再生产、社会统一和社会化的这些过程相适应。这就是说，通过文化传统的反思实现文化再生产，通过对规范和法律的反思实现社会统一，通过个人同一性和自我实现来完成社会化。以规范的普世主义为理论基础，认为个人与社会统一于生活世界，行动的目标在于趋同性。虽然上述哲学家对生活世界的理解各不相同，但其精神实质却是一致的：一方面，他们从不同角度揭示出科学主义的泛滥，给人类社会带来的种种危害；另一方面，他们又提出要走出科学主义、实证主义的樊篱，解决人类社会的生存危机、意义危机等，就必须回归人类的生活世界。

生活世界是西方哲人作为哲学概念提出来的，本身是一个分析性的概念，并不包括社会现实的具体内容。因此，我们应以马克思主义的生活观为指导，批判地借鉴生活世界理论。我们批判地借鉴生活世界理论可以得到如下启示：

---

① 孙飞宇. 舒茨的生活世界理论 [J]. 中国社会科学文摘，2017，（第5期）：129-130.
② 王彦龙，杜世洪. 哈贝马斯论证思想研究 [J]. 求是学刊，2021，（第5期）：18-25.

一是要确立网络生活在网络思想政治教育中的本体地位。回归生活世界，是众多西方哲学家在论及生活世界时的最终选择。网络思想政治教育作为一种网络实践活动，属于网络生活的一部分，两者之间具有不可分割的本体性联系。二是要树立"以人为本"的意识。生活世界理论本身蕴涵着"以人为本"的价值取向。在网络思想政治教育中引入"生活世界"的概念，本身应包含对教育对象主体地位的认可和价值的尊重。

（三）生活教育理论

生活教育理论的形成是一个较长的过程。17～19世纪，一些教育家从生活出发来思考教育问题，提出了生活教育思想，其中法国启蒙思想家卢梭和瑞士教育家裴斯泰洛齐是这一思想的代表。卢梭（Jean-Jacques Rousseau）在他的《爱弥尔》一书中提出了教育要回归儿童的"自然生活"的观点。卢梭认为，应遵循儿童的自然天性进行教育，遵循儿童的天性就意味着要遵循儿童自然成长、自然生活的秩序来教育，不要人为控制的自然的生活本身就是最好的教育。"遵循自然，跟着它给你画出的道路前进。它在继续不断地锻炼孩子；它用各种各样的考验来磨砺他们的性情；它教他们从小就知道什么是烦恼和痛苦。"[①] 因此，不要逾越儿童自然发展的秩序，要按照儿童的特点而不是像对待成人那样来对待儿童，使儿童过上一种自然的生活，成为一个自然人。大自然希望儿童在成人以前就要像儿童的样子。如果我们打乱了这个秩序，我们就会造成一些早熟的果实，它们长得既不丰满也不甜美，而且很快就会腐烂：我们将造成一些年纪轻轻的博士和老态龙钟的儿童。尽管卢梭主张的回归自然生活的教育带有浓厚的浪漫主义和理想主义色彩，在现实的教育实践中很难完全实现，但是，他的许多精湛的观点，如教育不要违背儿童的本然的天性，应符合儿童的实际生活需要和生活过程的秩序，让儿童在自身的生活过程中来获得体验等观点，对今天的教育仍具有重要的理论价值和应用价值。裴斯泰洛齐（Johann Heinrich Pestalozzi）深受卢梭的自然主义教育思想的影响，提出了"教育适应自然"的主张。[②] 他的这一主张与卢梭的自然生活观点相比，减少了理想主义色彩，使教育更加贴近实际，贴近人的自然本性和人的真实生活。特别是裴

---

① 申雯婧. 卢梭《爱弥尔》中的浪漫主义教育思想 [J]. 卫星电视与宽带多媒体, 2018, （第6期）.
② 张艳辉. 裴斯泰洛齐的家庭教育思想及启示 [J]. 教育观察, 2021, （第32期）：82-85.

斯泰洛齐在教育史上首次倡导"教育心理学化"，试图使教育紧密结合人的心理发生发展的实际，真正有效地促进人的身心发展，增进入的生活。"我把通过培养和教育对每个人施加的影响称作人为的影响……施加入为的影响要与人的本性发展过程相适应。"这标志着裴斯泰洛齐对人的生活的理解走向了人本身。更加难能可贵的是，裴斯泰洛齐首次在《天鹅之歌》中明确提出了"生活教育"的概念，他特别强调："不要忘记基本的原则，即生活是伟大的教育者。"他认为，儿童的道德首先在家庭生活的情爱氛围中萌生，"对人的本性来说，家庭的生活环境是第一位的，也是最重要的环境"，他还认为，生活不仅在道德教育方面具有重要意义，对智育、实际技能、身体发展等方面来讲，同样也要遵循生活教育的原则，"生活具有教育的作用。这是我在初等教育方面的一切试验的原则"。① 由此不难看出，生活教育是裴斯泰洛齐教育思想的鲜明特色。

生活教育理论为网络思想政治教育提供了重要的借鉴：一是在教育目标上引领网络生活。要以积极健康的网络生活提高落后颓废的网络生活，尤其要突出社会主义核心价值体系对网络生活的引领作用。二是在教育内容上源于网络生活。要针对现实网络生活中的问题开展教育。三是在教育方法上融入网络生活。首先教育者要参与到教育对象的网络生活中来，其次教育者要与教育对象在共同的网络生活中通过生活来教育，最后要把网上生活与网下生活有机结合起来。

三、网络思想政治教育的过程论及其指导价值

网络思想政治教育是一个过程，在这个过程中，既要遵循人的思想品德形成发展规律，又要遵循网络传播规律，因此，人的思想品德形成发展理论和网络传播理论是网络实现政治教育的重要理论支撑。

（一）人的思想品德形成发展理论

关于思想政治品德形成过程理论，当前学界一般认可人的思想政治品德形成过程是"知""情""信""意""行"。其中，知，即思想政治品德认知，是指人们对一定社会思想政治道德关系及其理论、规范的理解和看法；情，即思想政治品德情感，是指人们对事物的爱憎、好恶的态度；信，即思想政治品德信念，是指人们对一定社会的思想政治品德原则、规范的内心信仰；意，即

① 张亚培，金杨. 卢梭与裴斯泰洛齐自然教育思想的比较研究 [J]. 赤子，2019，（第 16 期）：37-38.

思想政治品德意志，是指人们为了达到某种目的而产生的自觉能动性；行，即思想政治品德行为，是指人们在一定道德认知、情感、信念、意志的支配下采取的行动。人的思想政治品德遵循由"知""情""信""意"，最后到"行"的形成发展过程。倡导"知行合一"思想的我国明代著名哲学家王阳明、"面向21世纪课程教材"——《思想政治教育学原理》一书作者都持这一观点。然而，将这里的"知""行"引入马克思主义哲学中，与"认识"和"实践"的概念相对应，上述的观点是不成立的。我们知道，根据马克思辩证唯物主义认识论的观点，实践是认识的来源、是认识发展的动力。列宁曾提出"生活、实践的观点，应该是认识论的首要的和基本的观点"的论断。他还指出："从生动的直观到抽象的思维，并从抽象的思维到实践，这就是认识真理、认识客观实在的辩证途径。"①实践是认识的基础，是认识发展的源泉，"行"是"知"的前提；人的思想政治品德形成过程是从"行"到"知""情""信""意"的过程，"知""情""信""意"均以"行"为前提。

从以上思想政治品德形成过程理论的阐述，我们可以得到如下启示：在网络思想政治教育中，应遵循教育对象的思想政治品德形成过程规律，针对不同的受教育者，思想政治教育可以有不同的开端，如针对生活经验丰富的受教育者应更多地从"知"开始；针对缺乏生活经历的未成年人受教育者应更多地从"行"开始。注重以多样化的网络生活实践引导他们陶冶情操、坚定信念、磨炼意志，促进他们思想政治品德行为、认知、情感、信念和意志等要素获得均衡发展。

（二）网络传播理论

网络传播已成为现代信息传播一种基本的、重要的传播形式。从某种程度来看，网络思想政治教育的过程可认为是一种网络信息的传播过程，网络传播的发展对网络思想政治教育产生直接的影响。网络传播理论则为网络思想政治教育提供了有力的理论支持。

1."把关人"理论

大众传媒的新闻报道不是也不可能是"有闻必录"，而是一个取舍选择的过程。在这个过程中，媒介组织形成了一道"关口"，通过这个关口传达到受

众那里的新闻只是众多新闻素材中的少数。进入网络时代，网络增加了承担"把关人"任务的难度：首先，由于网络的虚拟性带来网络主体的隐匿性，很难确认传播者的真实身份，这样就难以防范传播者的行为；其次，由于网络的高度开放性，使得网络上的信息可以任意流动，让人难以完全对网上浩如烟海的信息进行时时监控和筛选。人们可以自由在网络平台上发布信息，也可以想方设法绕开各种阻碍，找到自己需要的信息，因此，与传统大众媒体"把关人"相比，网络媒体"把关人"的角色在淡化。那么，网络媒体"把关人"是否还有存在的必要呢？结论是肯定的。尽管人们可以自由发布信息或绕开阻碍，但最终仍会进入某一个站点，这就为网络媒体"把关人"进行把关提供了条件，而且从现实来看，如果受众不想被网络信息海洋所淹没，就会希望用最简单的方式获得最有价值的信息，可见，网络媒体"把关人"不仅有存在的条件，而且有存在的必要，在一定程度上发挥着"把关人"的作用。学者马龙则从宏观和微观两个层面提出了网络"把关"的问题，其中，微观层面把关是指各个网站对各自站点内容的"把关"，宏观层面把关是指政府及相关部门对整个网络传播环境的"把关"。

"把关人"理论告诉我们，党和政府及有关部门、网络运营商、网络思想政治教育者都应该担当网络"把关人"的重要角色，应切实负起各自的责任：一是党和政府及有关部门要做好网络宏观环境的"把关人"。网络宏观环境的好坏，对网民的思想行为影响极大。应通过网络法律法规建设、网络道德建设、相关政策引导等措施，切实改善网络思想政治教育的宏观环境。二是网络运营商应做好各类网站的"把关人"。通过技术手段对网站进行控制，封杀不良网站，扶植、推荐思想政治教育的优秀网站。三是网络思想政治教育者要做好网络思想政治教育内容的"把关人"。应加强网络思想政治教育内容体系及其方法体系建设，以积极健康的内容和灵活便捷的方法引领网民的网络生活，同时，对网络中出现的问题及早发现，及时引导，将其负面效应降到最低。

2. "议程设置"理论

其主要观点是：大众媒介具有一种公众设置"议事日程"的功能，传媒的新闻报道和信息传达活动以赋予各种"议题"不同程度的显著性的方式，影响着人们对周围世界的"大事"及其重要性的判断。他们认为，议程设置是一个过程，它既能影响人们思考些什么问题，也能影响人们怎么想。这就意味着："议程设置"理论所考察的不是某家媒介的某次报道产生的短期效果，而是作为整体的大众传播在较长时间跨度的一系列报道后产生的中长期的、综合的、宏观的效果；传播媒介对外部世界的报道不是"镜子"式的反映，而是一种有目的的选择活动。一般来说，传统媒介在"议程设置"过程中往往受到政治、经济的影响。而在网络传播中，大众传播与人际传播相互交织，人们享有极大的选择权和主动权，可以根据自己的需要从网中"拉"出信息。"议程设置"过程受社会权力等方面的影响减弱，但信息发布者也可轻易地通过提高对某些事件的报道频率与强度，从而达到议程设置的目的。

　　网络思想政治教育实质上也是一种议程设置。只不过这种议程设置的目的并不是控制教育对象的思想，而是为了启发他们的思维，从而达到思想政治教育的目的。我们从中可以得到以下启示：一是要注意网络思想政治教育内容（主题）的长期性。网络思想政治教育与议程设置一样是一个过程，需要经过一段时间的努力后才能取得综合、宏观的效果。这需要网络思想政治教育者持之以恒地围绕既定主题开展网络思想政治教育。二是要注意网络思想政治教育方法的针对性。在议程设置中，媒介会顺应事件的流程；会对重要而罕见的事件过度报道；会对总体上不具有价值的事件选择报道其有新闻价值的部分；会按有新闻价值事件的报道方式来描述无新闻价值的事件。很明显，网络思想政治教育在与教育对象网络生活的结合中，表面上可能存在结合不紧密或教育价值不大的情况，这就需要网络思想政治教育者充分发掘其内在的联系和教育价值，引发教育对象的共鸣。

四、网络思想政治教育的理论基础

　　马克思主义理论体系中的社会存在与社会意识辩证关系的理论、马克思主义人学理论、马克思主义经典作家关于科学技术与社会发展的理论以及马克思主义中国化的相关理论成果都是网络思想政治教育的理论基础。

（一）马克思主义关于社会存在与社会意识辩证关系的理论

网络思想政治教育是网络环境中思想政治教育的新形态，它要引导网络环境中人们思想品德的转化提升，社会存在与社会意识辩证关系理论揭示了人们思想形成发展规律，是网络思想政治教育研究的唯物论基础。马克思主义关于社会存在与社会意识的关系问题是社会历史观的基本问题。社会存在也称社会物质生活条件，是社会生活的物质方面，主要是指物质生活资料的生产及生产方式，也包括地理环境和人口因素。社会意识是社会生活的精神方面，包括各种社会意识形态和社会心理，主要包括政治法律思想、道德、艺术、宗教、哲学等，它们从各自不同方面发挥独特的作用。

社会存在决定社会意识，社会意识的任何重大变化归根结底都是由社会存在变化引起的。社会意识又具有相对的独立性，对社会存在具有能动的反作用。社会意识和理论对社会存在有反作用，精神力量在一定条件下是可以转化为物质力量的，精神力量只有通过群众的实践才能发挥作用。进步的社会意识能够促进、加速社会存在的发展。马克思主义关于社会存在与社会意识辩证关系的理论为人们正确认识思想的起源、形成、发展的规律，提供了理论依据。社会存在与社会意识辩证关系理论对网络环境中人的思想形成发展的指导作用表现为以下几方面：

首先，社会存在决定人的思想内容。思想政治教育活动必须根据社会存在决定人们思想的客观规律，全面考察教育对象所处的环境和自身身心发展的规律，把握其思想形成变化的外部客观因素，有针对性地组织与实施思想政治教育活动。网络作为新技术发展的产物和人类的新型交往空间，与现代人的经济、政治和文化活动紧密相关，它是一种崭新而强大的社会存在。人们在网络环境中会形成各种新的思想观念，先进的思想会推动网络发展，落后的思想则会制约网络的发展网络思想政治教育者在具体工作中，不仅要收集思想信息本身，还要了解网络社会的环境条件，了解当时的政治、经济、文化发展状况、社会风气及道德风貌，再把网民的思想放到特定环境中去考察，达到真正把握网民的精神实质以及思想观念变化的本质，才能进而有效地开展教育活动。在网络思想政治教育研究和实践活动中，研究者和教育者切忌从本身的主观臆想出发，凭想象、估计和感性经验来开展活动，而要注重调查研究，深入了解网民实际情况，始终坚持关注网民思想状况、实际思想水平及其思想品德形成发展的规律，自觉地把感性经验上升为理论，并指导实践。

其次，人的思想对社会存在起着能动作用。人的思想反映客观世界是一个创造性的过程，人只有在正确思想的支配下，以自己的行动来改变客观世界，才能充分地发展和完善自己。一旦先进的思想占据人的头脑，就能对社会的发展起巨大的推动作用，而落后的思想则会阻碍和延缓社会的发展，甚至造成对社会的破坏。教育者就是要通过思想政治教育，传播先进的思想、理论，武装人们的头脑，指导社会实践活动，促进社会的发展和进步。网民在网络里不是被动的，要开展网络思想政治教育，必须注重发挥网民的主动性、积极性和创造性，通过网络来为网民思想品德的转化提升服务。同时，网络也常常由于网民的错误思想观念，而成为负面事件和社会不稳定因子的多发地，这也阻碍了网络社会的健康发展。网络思想政治教育就是要通过网络传播社会主义核心价值体系，引导其形成正确思想，规范其网络行为，从而净化网络空间，促进网络社会良性地发展。

最后，人的思想转变和发展最终是由社会物质生活条件所决定。人的思想反映和创造客观世界的能动作用无论多么强大，都不能从根本上改变人的思想对外部客观世界的依赖性。人的思想的转变，正确思想的形成，最终是由物质生活条件所决定的。思想政治教育必须从客观实际出发，遵从客观规律，才能有效地转变人的思想，达到促使人们树立正确思想的目的。网络这种新生事物的出现和它对人们生活方式的深入影响，使得人们的思想发生了很大变化，我们不可能"隔离"网络，或置身网络世界之外。要想引导人们在网络环境中形成正确的思想，就必须深入了解网络技术、网络社会和网络文化融合发展的各方面情况，从揭示网络思想政治教育本质和规律性的层面深入研究理论，并指导网络思想政治教育实践的有效进行。

（二）马克思主义人学理论

网络思想政治教育的目标是引导受教育者形成网络社会所要求的思想品德，优化人的网络生存方式，最终促进网络环境中的人自由而全面发展。马克思主义人学理论是网络思想政治教育重要的理论基础。马克思主义人学理论是马克思主义关于人的哲学理论，它是以人这一特殊社会存在物为研究对象，科学揭示了人的生存和发展的一般规律。马克思主义人学理论研究人的存在、人的本质和人的发展，其内容博大精深，涉及人性、人的本质、人的主体性、人的需要、人的价值、人权、人的自由、民主、平等、公正以及人的发展等重大理论问题。存在论、本质论和发展论是马克思主义人学理论的三个主要方面。

1. 存在论

人是实践的存在，是"现实的个人"的存在。马克思、恩格斯指出他们的哲学的"出发点是从事实际活动的人"，应该"从现实的、有生命的个人本身出发"，来研究"处在现实的、可以通过经验观察到的、在一定条件下进行的发展过程中的人"。①马克思还进一步指出，人不仅是现实的、具体的，而且也是历史的，对人的考察应该总是在人和历史的互动中，对人的过去、现在、将来及其各自特征进行分析。在此基础上，马克思认为，人是从事实践的人，实践是人类最根本的存在方式，人及社会在实践过程中诞生和发展起来。实践改变了世界的存在方式，改变了人与世界的关系，实现和确证着人的存在，使人最终获得生存和发展的自由。人的存在就表现为人的现实性、历史性和实践性。马克思不仅指出了人的存在就是他的实际生活过程，而且揭示了人的生存的实践特质。思想政治教育是人的一种精神实践活动，也是人生存发展的一种重要方式，人从事这样一种活动、过这样一种生活只能是出于维护与促进自身存在和发展的需要，马克思主义关于人的存在理论让我们清晰地认识到，思想政治教育发端于人更好地生存和发展自己的需要。

网络环境对人们的影响日益深刻，网络已成为人类新型的生活方式，人们必然会执着追求更好地生存于网络中，并优化自身的存在和发展方式。虚拟生存是人的现实生存的延伸，是一种相对于人的现实生存又超越人的感觉的、通过网络技术和信息处理技术而发生交往活动的生存方式。这里的虚拟不是虚构，而是指数字化、符号化，故虚拟生存又叫数字化生存、符号化生存或网络化生存。可见，人的网络存在就是更好地进行网络生存的过程。网络思想政治教育的出现，也就是发端于人在网络中更好地生存、提升和发展自己的需要。马克思主义关

① 赵凯荣. 论马克思的存在论 [J]. 马克思主义哲学研究, 2020, （第 2 期）: 前插 1, 3-14.

于人的存在理论，对于厘清网络思想政治教育的目的和任务起着重要的指导作用。同时，网络自由、平等、互动、开放等特性，对于人更好地生存于环境中，发挥人的潜能，提升人的价值等方面都有深刻影响，因此网络思想政治教育的实践价值中很重要的部分就是提升、优化了人的生存发展方式。

2. 本质论

人的本质是劳动实践。实践是人类所有本质特征中最具决定性意义的因素，它是这些特征以及整个人类产生和存在的基础。马克思主义还特别强调了社会关系的意义，明确指出"人的本质不是单个人所固有的抽象物，在其现实性上，它是一切社会关系的总和"[①]。这一论断，是马克思主义关于人的本质的总纲和全部理论的基石。人的本质是社会关系的总和，与人的本质是劳动的结论是完全一致的，它进一步指出了考察人的本质的具体途径，就是只有从分析社会关系入手，才能真正把握人的本质。人的本质是由社会关系决定的，社会关系可分为物质的社会关系和思想的社会关系。人从出生的那天起就置身在一定的社会关系中，这些关系主要有经济关系、职业关系、政法律关系、文化关系、伦理道德关系、家庭关系等等，其中的经济关系起主导作用。人的本质随历史的发展而发展，在不同社会的历史时期，人们从事的生产方式不同，人与人之间交往所结成的社会关系也是不同的，人的本质也就呈现出不同形态，不同社会的生产方式铸成人的不同形态的本质。网络作为一种社会存在，推动了人的实践和社会关系的发展。人为了生存发展，就会产生与他人交往的需要。网络是适应人的交往需要而产生的，它体现了发展着的社会关系。

网络是作为人类的"第四媒体"出现的，传者和受传者在网络中的角色频繁互换，这就使得个人在传播领域中的地位和角色不断发生着变化，直接导致了个人在社会生活中的地位和角色的变化及个人社会化程度的提高。网络使得原本相对孤立的个人之间或个人与社会之间联系更加紧密，网络的开放性使得人类自身与外界联系的广度和深度都得以拓展。个人通过网络与外部世界不断增进联系的结果，也会使得个人自觉或不自觉地增强社会化程度。网络促使个人在社会生活中成了更加主动的一方，成为一种不可忽视的社会力量。网络成了人类的"第二种交往方式"，网络社会的崛起，正是各种社会关系发生变化

---

① 张梦中. 再论教育的本质——基于马克思的人的本质观 [J]. 教育理论与实践，2019，（第5期）：9-11.

的集中反映，这也必将对人的思想观念的变化产生深刻影响。马克思主义关于人的本质理论为思想政治教育对人的思想的科学认识和培养人提供了理论指南，对网络思想政治教育也产生着强大的指导作用。

一方面，人的本质理论指导着我们全面历史地认识网络社会中人的思想。思想政治教育的工作对象是人，思想政治教育要发挥调动人的积极性和提高人的素质的功能，必须要认识和了解人。网络思想政治教育是适应网络社会关系健康发展需要而产生，是提高网民思想品德的实践活动，也是不断增强网民社会性的活动。网络思想政治教育研究中对教育对象的认识必须放到网络社会各种社会关系变革的背景中去，而不能仅仅将网络看成是工具。工具可以摆脱，环境和社会关系却无法摆脱。马克思主义关于人的本质理论能帮助我们全面历史地认识和掌握网络社会中人的思想活动规律，以更有针对性地开展网络思想政治教育活动。

另一方面，人的本质理论有助我们认清网络思想政治教育环境研究的重要性。人的各种社会关系，就是思想政治教育的各种环境。思想政治教育环境理论研究强调对环境的选择和优化，这是受到人的本质制约的。对各种社会关系研究的程度越高，对思想政治教育环境的优化研究的可操作性就越强。网络思想政治教育不能仅停留在基于网络工具性层面去开展，其根本原因就在于网络社会的崛起已经引起了社会关系的巨大变化。网络思想政治教育是因为环境改变而产生的全新形态，它不是仅能使用网络工具的"网上思想政治教育"。马克思主义关于人的本质理论指导我们更加清楚地认识到，超越网络工具性层面进入网络社会观层面研究网络环境中的思想政治教育的历史和逻辑必然性。

3. 发展论

思想政治教育的最高目的，在于促进人的自由而全面发展。根据马克思的观点，人类的整个活动（不管人们是否意识到）不是毫无目的的，而是内在地必然地为一定目的而存在。人类活动的目的就是人的生存和发展，二者是辩证的统一体。人类要获得发展，就首先要解决生存问题，生存是发展的基础和条件；而当人类解决了生存问题之后，人的发展和人的全面发展就会成为整个社会及整个人类活动追求的最高目标。人的全面发展是相对于人的片面发展而言的。

马克思主义要争取实现人的全面发展，不只是单个人的发展，而是要使"每个人"及"任何人"，即"全体社会成员"都能普遍地得到发展。马克思主义关于人的全面发展的内涵主要包括体力和智力充分自由发展、人的才能多方面发展和个人社会关系的高度丰富和发展。[①]马克思所强调的社会关系发展是人的全面发展的重要内容，作为人的全面发展的人的主体能动作用的充分发挥，必然要求社会关系高度丰富的发展，从而使人们突破个体或地域对人的全面发展的限制，在更广阔的社会交往中使人的能力得到更大的发展。

马克思主义关于人的全面发展的科学理论，是建立在社会物质生活条件的发展即社会存在的发展所提出的已经成熟的任务基础上的。按照马克思的论述，实现人的全面发展，还必须具备以下三个条件：

一是社会生产力的高度发展是实现人的全面发展的物质前提。人的全面发展由于受生产力和生产关系的影响，具有历史性和现实性的特点。从历史性来看，生产力发展水平制约着人的发展状况，人的发展水平与生产力发展水平相一致；社会的分工会导致人的片面发展，而私有制还强化了这一趋势；现代大工业生产和科学技术进步为人的全面发展提供了物质基础和可能性。

二是自由时间的增加是个人全面发展的基础。自由时间是指可以自由支配的时间，即可以用于从事科学、艺术、社会活动等非物质生产活动的时间，有了充分的自由时间，个人才能全面发展。

三是社会关系的丰富是个人全面发展的重要条件。人的全面发展是社会前进的必然趋势和未来社会的终极目标。人的全面发展理论对思想政治教育认清自己活动的出发点和最终归宿点有重要帮助。思想政治教育的主题是做人的工作，通过调动和发掘人的主动性、积极性和创造性来实现人自身和社会的全面发展。网络的自由、平等和开放的环境特性，使得人们交往空间的扩大变得比以往任何时候都要容易，对个体潜能的全面开发成为网民们的共同追求，网络仿佛为人的全面发展提供了现实空间，但面对网络交往的匿名性和不可控性所带来的负面影响，网民的思想观念和行为方式也常常会变得更局限、狭隘和倒退。网络思想政治教育的终极目标是引导网络环境中的人们，尤其是网民实现自由而全面的发展。

① 王艺腾.马克思社会发展理想论[J].现代交际，2019，（第23期）：227-229.

人的全面发展理论在网络思想政治教育中的指导作用表现为以下几方面：

一是有助于网络思想政治教育引导网民建立健康的社会关系。网络开放的环境特性，使得人们交往空间的扩大、交往方式的多样化变得比以往任何时候都要容易，网络仿佛为人的全面发展提供了现实空间，但面对网络交往的匿名性和不可控性所带来的负面影响，面对网络生活中的欺诈和谣言，网民的思想观念和行为方式也常常会变得更局限和倒退。网民的全面发展所需要的社会关系的高度丰富，应该是健康、和谐和可持续发展的。网络思想政治教育要运用人的全面发展理论，引导网民建立有助于自身成长的社会关系，构建和谐的网络交往状态。

二是有助于网络思想政治教育引导网民正确认识自身潜能的开发和能量的释放。网络的自由、平等特性，使得网民在网络中的活动少了许多现实秩序的"禁忌"，但自由与规制的矛盾，片面与全面的冲突，现象与本质的差异，常常使得网民们的大胆表达成为偏执的"一面之词"。人的全面发展理论有助于网络思想政治教育对网民思想行为特点全面而深入地剖析，并最终促进网民健康成长。

三是有助于推动网络思想政治教育成为网络社会全面发展教育的重要组成部分。全面发展教育是实现人的全面发展的有效途径，全面发展教育包括德育、智育、体育和美育等，它们各有特点，相互独立、相互联系又相互制约。思想政治教育是全面发展中德的教育的重要组成部分，涉及人的发展的方向问题，是人的全面发展诸因素中的主导条件。网络的全球化、开放性、匿名性和去中心化的发展趋势，使得网络环境中的思想、政治、道德素质教育活动的开展显得日益艰巨，网络思想信息的鱼龙混杂、网络道德准则的缺失，都迫切需要网络思想政治教育发挥作用来正确引导网民。网络思想政治教育必须作为网络社会全面发展教育的重要组成部分，在当前积极传播和宣扬社会主义核心价值体系，在对网民开展"德"的教育活动中充分发挥作用，引领其全面发展。

（三）马克思主义经典作家关于科学技术与社会发展的理论

19世纪中后期，马克思、恩格斯深刻地分析了科学技术对生产和社会变革的巨大推动及引领作用，总结了科技进步的历史事实，认为动生产力是随着科学和技术的不断进步而不断发展的。马克思和恩格斯认为科学技术具有推动历史前进的价值，指出科学技术可以改变一个时代。马克思站在整个人类社会发展的高度来看待科学技术，认为科学技术本身并不是消极的统治人的力量，而是一种伟大的革命力量；科学技术为未来社会的发展创造了必要的物质基础。恩格斯正是在这个意义上强调，自然科学中所取得的每一个划时代进展，都会使唯物主义改变自己的形式。

（四）马克思主义中国化理论成果关于文化建设和科技发展的论述

中国共产党在把马克思列宁主义同中国的实际相结合的过程中，取得了马克思主义中国化的理论成果。我们党不断推进马克思主义中国化取得的理论创新成果，极大地丰富了马克思主义的理论宝库，推动了马克思主义的发展，也为思想政治教育学奠定了更为丰富、坚实的理论基础。网络思想政治教育是全新的思想政治教育形态，其时代性和实践性都很强，马克思主义中国化的理论成果也是网络思想政治教育的重要理论基础。

要运用新媒体新技术使工作活起来，推动思想政治工作传统优势同信息技术高度融合，增强时代感和吸引力。这为高职院校推进网络思政提供了基本遵循。一是坚持主旋律和吸引力相结合。要深刻认识到网络思政教育不仅是形式，更是内容，不仅是手段，更是目的。要坚持以习近平新时代中国特色社会主义思想为指导，强化议题设置、内容供给，推进传播层级和深度，唱响主旋律。要与师生的认知特点、成长需求、接受方式"匹配""合拍"，将单向灌输、被动接受，变为多向交互、直接即时的交流对话、讨论辩论。要加强网络思政的资源可用性、在线支持可及性、在线学习过程的协作性，增强网络思政的沉浸体验。二是坚持网上和网下相结合。网络既是现实的人的延伸，又是现实社会的延伸，具有虚实二重性和相互模塑性。要积极建立现实和网络两个空间的全域性思想政治教育机制，实现在线离线整合。坚持将互联网移入、泛在、嵌套于传统的现实教育空间，创新实践育人、文化育人和榜样育人等"互联网+"和"+互联网"双向路径。三是加强网络素养教育，发挥师生主体积极性。高校师生不仅是信息的接收者，也是信息的生产和制造者。重点要加强师生网络身份意识、网络责任感和价值观等方面的网络素养教育，充分发挥师生在网络思政中的主体作用，激发参与网络空间文明建设的自觉性、积极性。

第三节　网络思想政治教育教学模式构建的机制

提高高职院校网络思想政治教育的实效性，应着眼于建立长效机制。高职院校网络思想政治教育的法制建设、安全机制和评估机制是长效机制建设的重要组成部分。网络的自由性、开放性、虚拟性和平等性，使大学生的价值观念更趋于个性化、多样化，在法制意识薄弱和道德评价失范的条件下，易导致大学生选择迷茫和价值取向紊乱。这就需要有法律规范和社会道德来调整网络中人与人之间的关系以维护正常的网络秩序。因此，加强网络法制建设，规范网络管理和大学生网络行为和健全规章制度，已成为网络思想政治教育和管理中的一个重点。而网络安全机制建设，则是校园网络健康运行的重要保障。评估机制的建立和完善，也是促使高职院校网络思想政治教育规范化、不断提高思想政治教育水平的有力措施。

一、高职院校网络思想政治教育的法制保障

互联网带给人们的是其开放性、兼容性、快捷性与跨国性的、信息传播，人们因此而受益颇多。互联网的日益广泛应用和快速发展，对于加快我国国民经济、科学技术的发展和社会服务信息化进程具有越来越重要的作用。同时，在互联网上发布、传播有害信息的问题日渐突出，利用互联网实施的违法犯罪活动也时有发生。因此，加强网络法制建设，依法促进互联网的健康发展，对于保障网络安全和信息安全，维护国家安全和社会公共利益，保护公民、法人和其他组织的合法权益，具有重要意义。随着互联网普及和运用程度的发展，我国从 20 世纪 90 年代至今，出台了一批专门针对信息网络方面的法律、法规及行政规章，初步确立了符合国际惯例的网络法制框架。网络法制建设为高职院校网络思想政治教育提供了有力的保障。

（一）网络思想政治教育法制建设的发展

随着网络技术发展的日新月异以及网络应用的日益普及，对网络法制建设

的要求越来越高。网络法制建设是不断适应网络发展的过程。网络思想政治教育的法制建设既要适应法制建设自身的要求，也要尊重思想政治教育的工作规律。由此，在网络法制建设中应重点处理好以下若干关系：

第一，弘扬主旋律与尊重个性化发展空间之间的关系。网络思想政治教育必须体现为社会主义现代化事业服务的宗旨，坚定不移地弘扬社会主义的主旋律，各个网络信息服务单位及其用户社区都应成为积极传播社会主义核心价值观的流动窗口，这是我国出台网络信息服务法律管理规定的根本目的所在。但是，由于互联网络没有中心控制计算机，用户的发展和使用没有限制，使得网络传播处于无序状态，这就容易为各种不法分子和敌对势力所利用。对于发展中国家来说，使用网络更多的是接受信息，这意味着这些国家将比以往更多地受到国外媒体和信息的影响，"信息霸权"对于发展中国家保护和发展民族文化形成冲击。这对于在网上弘扬社会主义的主旋律形成严峻挑战。同时，在网络空间中，网络的个性化发展是网络内容丰富多彩的有机组成部分，自由和个性的张扬往往被网民所推崇。

这就要求我们在法律调控之中要预设一定的个性化发展空间，以供网络信息服务单位和网民得以在法律规定的框架内从事创造性的行为和活动，不断丰富和活跃网络文化的内容。

第二，法律约束与道德自律之间的关系。在开展网络思想政治教育中，对于网络信息服务的监管，我们可以借鉴一些信息发达国家的经验，采取两条腿走路的方式。既要强调政府主动介入，建立一套快速反应的行政执法与司法处置的监管体系，更要着力培植网络信息服务的行业监管与虚拟社区的自律督管的民间管理模式。一方面，法律以国家强制力为后盾对社会关系的调整是十分有力的，但法律绝非万能，法律的制定并非使道德失去意义。网络管理离不开道德的规范作用，在理论上，诸多原因表明以德治网可以弥补依法治网的不足；在实践上，网络文明工程的建设正方兴未艾，网络伦理的独立地位得到了理论与实践的双重肯定。另一方面，法律作为道德的后盾与保障，以其明确性、可操作性、稳定性、强制执行性等特点，来弥补网络伦理规范之不足，通过追究不道德的违法犯罪当事人的民事、行政、刑事责任发挥着重要的社会功能。如何协调好这两者之间的关系，使网络信息服务的监管真正做到有张有弛、宽严结合，政府自主、网民自觉的有机结合，这也是网络思想政治教育的法制建设中要处理好的一个重要问题。

第三，发展与管理之间的关系。在网络发展和管理这对矛盾中，发展始终是矛盾的主导方面，要给发展留有足够的空间。中央提出的关于互联网积极发展，加强管理，趋利避害，为我所用的16字工作指导原则，已经辩证地说明了发展与管理的关系。这就要求在网络思想政治教育的法制建设中兼顾全局、着眼长远，注重网络发展的可持续性。所以，以发展的眼光而不是墨守成规的眼光看待网络中的一些现象，强调任何局部网络的利益和发展机会不应以损害其他局部为代价，使网络法律的主体逐渐从"作为个体的人"扩大为"作为整体的类"，是十分重要的。网络将不仅作为即时性的工具，而且更应作为人类社会历时性的生活理念而存在，因而必将对整个人类社会的发展产生深远的影响。所以，网络法律的制定过程中在加强网络管理的同时，要着眼于网络的发展，应该包含融合了文化传统、时代精神与未来理想的历史尺度，将网络和人自身的"可持续发展"视为法律关怀的直接目标。

第四，可操作性和原则性之间的关系。法律制定的本身并非目的，其直接的目的是法律的实施。这就要求在网络思想政治教育的法制建设过程中坚持原则性和可操作性的统一。没有原则性的法律也就不能称其为法律，没有可操作性的法律也是一纸空文，一味注重理论完美及奖惩力度的规范，法律也不足以维持网络秩序。因此，要十分重视网络法律实施的可操作性建设。应从维护网络信息正常流通和合理使用，维护信息所有者、用户的正当权益出发，制定出便于网络管理、便于当事人起诉、便于司法机关管辖，便于公检法机关协同办案的科学的实施条例，使网络法真正成为新时代生产力的保护者。与此同时，为了加强执法力度，网络技术专家和司法专家，信息产业界和法律界应建立合作关系，以探讨最有效地控制网络有害信息和网络犯罪的法律标准和技术标准。

（二）进一步完善网络思想政治教育的法律规范

在当代，社会生活是复杂多样的，人的文明程度参差不齐，总会有人作出危害他人、危害社会、危害国家的事。而这仅靠良心和舆论的"软约束"往往无济于事，只有通过立法程序，把一些最基本的规范上升为法律、法规，变成"硬约束"，强制性地使人遵守，才能保证起码的社会生活秩序。现实社会如此，网络社会也是一样。互联网虽然是一个虚拟世界，但也需要一个基本秩序和规则，如果人们都不遵守这些基本秩序和规则，互联网就不能健康生存。可见，要开展网络思想政治教育工作，就必须建立和完善法律规范，用法制来保证网络的基本秩序，形成网络思想政治教育的法律保障机制，促进网络思想政治教育的健康有序发展。

1. 建立网络思想政治教育的法律保障

我国虽然已制定了一系列关于信息安全的管理条例，如《中华人民共和国计算机信息网络国际联网管理暂行规定》《全国人大常委会关于维护互联网安全的决定》《互联网信息服务管理办法》《互联网电子公告服务管理规定》等，但就网络法制建设总体水平来看，基本上还处于立法的还不够全面。因此，为适应网络发展，建立强有力的法律保障体系，进一步规范网络管理秩序，加紧网络法制建设是迫切需要的。首先，在立法时间上，要坚持适时性。即当某种事实发生或社会关系的出现，需要法律规范调整时，在一个合理的时间区内，要依据客观环境和现实的要求，及时制定和颁布实施相关的法律法规。其次，在立法过程中，要注意整体协调性。一方面，针对网络侵权、犯罪的立法，要相对完整、系统、全面，自成体系；另一方面，针对网络的立法，要与原有的其他法律、法规相协调、相补充，健全我国的法律体系。再次，在制定法律法规时，要注意针对性、准确性。网络技术体现了高科技的发展水平，具有很强的专业技术性。针对网络的立法，要具体明确某一法律规范调整某一类社会关系，力求避免似是而非、含混不清、难以实施的情况。因此，有关网络立法，应有法律专家和网络技术专家的共同介入。最后，网络立法要注意与国际通行规则相衔接相一致。各国针对网络侵权与犯罪，都制定了相应的法律法规，这类立法本身就有可借鉴之处，我们在立法时更要力求与国际接轨，以便在世界范围内打击网络侵权犯罪，保护当事人权益方面处于主动的地位。

2. 加强网络思想政治教育法律规范建设

尽管我国网络法制建设已经取得了很大的进展，在某些特定领域的立法也有了新的突破，但随着网络的普及和发展，网络法律规范建设有待加强和完善。一是加强网络法制建设的基础研究和人才队伍建设。包括开展重大的信息化法制建设问题专题研究，为网络立法提供理论支撑；培养一批既具备法律研究素质，又掌握信息技术知识的法学研究专门人才。二是完善网络立法布局，充分发挥法律的调节功能。迄今为止，由全国人民代表大会及其常务委员会制定的网络法律仅有《中华人民共和国电子签名法》和《全国人大常委会关于维护互联网安全的决定》，其余的网络法律规范大多采用行政法规或部门规章的形式，偏重于行政管理，存在管制多，扶持鼓励少；行政许可多，权利保护少的情况。

就促进网络思想政治教育健康发展来说，我国网络法制建设应十分重视互联网内容的净化并制定相应法律。互联网的发展给我们的意识形态管理带来了新的挑战。面对互联网层出不穷的新技术和新业务，建立在传统介质基础上的媒体管理体制遇到了前所未有的挑战。互联网内容的管理属于意识形态管理，是内容安全问题，虽属大信息安全的范畴，但与网络安全、系统安全和数据安全有本质区别。内容安全主要是指信息内容是否符合社会的价值标准，是否有悖于公共道德，是否会对社会造成负面影响。而网络安全与系统安全是指网络与信息系统是否能够正常发挥功能，数据安全是指存储在网络和系统中的数据是否被人非法获取、删改或丢失。保障网络安全、系统安全和数据安全的主要措施是反攻击、防病毒、防止非法进入，建立容灾和备份体系。而保障内容安全的主要措施是发现和判断，特别是对内容作出判断，需要专门机构和人员，需要具有法律效力的法定程序等。因此，不能把内容安全与其他信息安全混为一谈，信息内容安全与信息网络安全应当分别制定相应的法律规范。

（三）用法律保护高职大学生健康的网络空间

高职大学生健康的网络空间，可以用法律规范的手段和机制来保护，主要涉及建立防治网上有害信息法制环境、建立信息网络安全法律体系、促进网络法制与道德教育有机结合等方面。

1. 建立防治网上有害信息法制环境

何为有害信息，法律已有明确规定。《高等学校计算机网络电子公告服务管理规定》其中一类主要是侵害公民私权利的有害信息，可以通过诉讼、调解等权利救济途径解决；另一类是破坏公权力的有害信息，危害极大，必须依法严厉打击。要加大网络管理力量，依法治网，坚决清除网上有害信息，尽量为大学生提供一个良好的网络空间。有害信息在网络中要经过制作、发布、传输、接收等几个环节，因此，可以在这几个环节中依法治理。首先，采用技术措施进行过滤、分级，并依法确定该技术措施的合法性，必要时可规定该技术措施应当强制运用。其次，依法明确网络内容提供商、网络接入服务商和其他网络经营者的权利、义务及责任。最后，要明确专门机构管理，并协同相关组织综合治理，有效防治有害信息。

2.建立信息网络安全法律体系

随着我国信息化的发展，信息网络在经济和社会发展中的地位和作用越来越重要，网络的瘫痪、数据的丢失，给社会稳定和人民财产安全造成的损失也越来越大。可以说，加强信息网络安全工作是保障大学生健康网络空间的重要组成部分。当前，网络安全事件的社会影响和经济影响越来越大。就信息网络安全的威胁看，主要来自以下几个方面：一是病毒。病毒的种类越来越多，爆发越来越频繁，破坏性越来越大。二是黑客。黑客攻击的工具越来越多，黑客攻击的本领越来越高，对系统的威胁越来越大。三是网络与系统瘫痪。由于病毒、攻击或者其他原因，都会造成网络与系统的瘫痪。四是数据失窃或失密。随着电子政务建设的推进，大量重要信息以数据库形式存储于计算机系统和网络之中，也加大了国家重要信息情报失窃的风险。

安全问题是发展信息网络的关键。但从整体上看，我国有关信息网络安全的法律尚处于起步阶段，不甚完善，还没有形成一个具有完整性、适用性和针对性的法律体系。有鉴于此，今后我们应当通过建立与完善信息网络安全法律体系，为青年大学生创造良好的网络空间。

二、网络思想政治教育的协调机制

协调是指为实现系统总体发展目标，各子系统或各元素之间相互协作、相互配合、相互促进而形成的一种良性循环态势。高校网络思想政治教育的协调包含这样三层含义：一是在教育方式上，建立网前教育、网上教育和网后教育的全过程教育体系；二是在教育内容上，坚持系统性和发展性的原则；三是在管理体制上，构建齐抓共管的组织领导机制。

（一）建立"网前、网上、网后"全过程教育体系

在保持和发挥好网上思想政治教育的优势的同时，必须注意做好大学生的"网前教育"与"网后教育"，使网前、网上与网后教育优势互补，相互配合，从而构筑起网前、网上、网后联动、全时关注、全程覆盖的教育体系。只有这样才能充分发挥大学生思想政治工作的整体效力。

网前教育，就是在新生入学后对他们进行一次计算机使用规范的教育。其目的是要使大学生懂得使用计算机网络的规范。对大学生进行网前教育，最主要的是引导他们树立正确的网络观。让他们懂得网络的本质究竟是什么？网络究竟能给人类社会带来什么？如何正确利用网络、使用网络资源？怎样看待网络发展过程中出现的种种弊端？网络上的信息无所不包，正确的、错误的，健康的、不健康的应有尽有，应如何辨别？怎样避免"网络综合征"？

网上教育的目的，就是要建立高职院校思想政治工作网站，使网络成为大学生思想政治工作的重要渠道和重要阵地。要将党的声音传到网上，通过互联网宣传党的路线、方针、政策。要为大学生释疑解惑，同网上错误思想做斗争。要在网上提供丰富多彩、生动活泼的内容，增强思想政治工作网站的吸引力。要利用"网上论坛""电子信箱""心理咨询""交友""热线服务"等形式，对大学生进行思想教育和心理咨询。

网后教育，即针对大学生因上网而产生的一系列思想问题，在大学生下网后，采用传统的面对面的思想政治教育方法（如作报告、演讲、开会、讨论、座谈、个别谈心等），对大学生晓之以理、动之以情，从而促使其提高认识、解决问题，达到教育的目的。要针对部分大学生迷恋网络，容易产生心理问题的实际，开展丰富多彩、健康向上的校园科技文化活动和社会实践活动，引导大学生正确认识网络世界与现实生活的关系，从网络迷恋中走出来。要针对网上出现的重大热点、难点问题，进行有计划、有目的的网后引导。

从网络时代高校网络思想政治教育的过程来看，大学生网前教育、网上教育与网后教育是一个统一的不可分割的整体，有其内在的必然的逻辑。网前教育，告诉了大学生网上应该做什么，不应该做什么，为什么要这样做，而不能那样做；

网上教育，主动加强对大学生网上的教育和引导，把政治思想问题尽量解决在网上；网后教育所要着重解决的是在经过了网前、网上教育之后，大学生仍然难以避免产生的一些政治思想问题。

（二）坚持教育内容上的系统性和发展性

网络思想政治教育内容的研究和构建是做好网上思想政治教育工作的基本前提。直接关系到网络思想政治教育目标的实现，影响网络思想政治教育的实效。构建高校网络思想政治教育内容，在思想导向上，要牢牢把握一个问题，就是必须坚持马克思主义对网络思想政治教育的指导地位。构建高职院校网络思想政治教育内容，要遵循系统性原则。

在确定网络思想政治教育内容时，一方面，要从高校网络思想政治教育这个大系统出发，考虑网络思想政治教育内容在这个大系统中的地位以及与其他部分的内在关联；另一方面，要从网络思想政治教育内容本身的系统出发，按照社会发展和大学生的实际需要，有选择、有重点地确定教育内容。并且要坚持发展性原则，根据形势发展的需要和理论建设的最新成果，及时更新、增加网上思想政治教育的内容。当前高校网络思想政治教育的主要内容应包括世界观、人生观和价值观教育内容。世界观、人生观和价值观教育要以理想信念教育为核心。要坚持不懈地用马列主义、毛泽东思想、邓小平理论、"三个代表"重要思想、科学发展观和习近平新时代中国特色社会主义思想武装大学生，深入开展党的基本理论、基本路线、基本方略教育，开展中国革命、建设和改革开放的历史教育，开展基本国情和形势政策教育，使大学生正确认识社会发展规律，认识国家的前途命运，认识自己的社会责任，确立在中国共产党领导下走中国特色社会主义道路、实现中华民族伟大复兴的共同理想和坚定信念。

民族精神教育内容。民族精神教育要以爱国主义为重点。弘扬和培育民族精神，要深入开展中华民族优良传统和中国革命传统教育，开展各民族平等团结教育，培养团结统一爱好和平、勤劳勇敢、自强不息的精神，树立民族自尊心、自信心和自豪感。此外，还要将民族精神教育与以改革创新为核心的时代精神教育结合起来，引导大学生在中国特色社会主义事业的伟大实践中，艰苦奋斗的作风和昂扬向上的精神。

公民道德教育内容。公民道德教育要以基本道德规范为基础，认真贯彻《公民道德建设实施纲要》，以为人民服务为核心、以集体主义为原则、以诚实守信为重点，广泛开展社会公德、职业道德和家庭美德教育，引导大学生自觉遵守爱国守法、明礼诚信、团结友善、勤俭自强、敬业奉献的基本道德规范。坚持进行诚信美德教育。坚持知行统一，积极开展道德实践活动，把道德实践融入大学生学习生活中去。修订完善大学生行为准则，引导大学生从身边的事情做起，从具体的事情做起，着力培养良好的道德品质和文明行为。

素质教育内容。素质教育是当代大学思想政治教育的核心内容。具体内容包括：加强民主法制教育，增强遵纪守法观念；加强人文素质和科学精神教育；加强集体主义和团结合作精神教育；加强心理健康教育等。尤其要重视网络心理教育，通过设立专门心理咨询疏导站，心理专家与广大学生网民进行全面的心灵上的沟通和情感上的在线交流，并对他们进行及时指导，从而帮助他们排除心理障碍，解除心理困惑。通过开展素质教育，促进大学生思想道德素质、科学文化素质和健康素质协调发展，引导大学生勤于学习、善于创造、甘于奉献。网络服务内容。高职院校网络思想政治教育网站要加强服务功能，将教育与服务融为一体。把学生学习信息、生活信息、工作信息、毕业生就业服务信息都纳入网络。开展新闻服务，以正确的思想舆论引导大学生。把开展网络思想政治教育和提供及时、有效的学习和生活信息相结合，必将大大增强网络思想政治教育的吸引力，提高高职院校思想政治教育的实际效果。总之，网络极大地丰富了思想政治教育内容。

相比于传统思想政治教育的内容，网络思想政治教育的内容具有如下特点：①因多媒体技术的存在，教育内容的形态从平面走向立体化，从静态变为动态，从现时空趋向超时空；②因网络的超信息量和信息的固有本质，教育内容变得丰富而全面，并且具有客观性和可选择性；③教育内容具有极高的文化与科技含量，其内容的政治性本质隐含在历史文化知识和现代科技信息之中。这使得社会主义主旋律、集体主义价值观、爱国主义教育主题、共产主义道德素质的培养等政治性内容化抽象为具体，化枯燥为情趣。同时，我们也应该清醒地认识到，大学生通过互联网，听到的不仅是党的声音，而且是全球的声音；接受的不仅是中国传统文化，而且是世界文化。网上信息庞杂多样，既有大量进步、健康、有益的信息，也有不少不良信息。网络一些难以过滤的负面信息，给正面教育带来一定冲击和阻碍，这是高职院校网络思想政治教育工作者应该努力攻克的难题。把科学思想和正确观念，把党的声音和各种健康的信息及时准确地传播上网，用马克思主义和社会主义思想占领网络阵地，这是一个非常重要和亟待解决的问题。

（三）构建齐抓共管的组织领导机制

要建立高职院校内部的网络思想政治教育领导小组。形成党委统一领导，党委宣传部牵头抓总，学工部、研工部、团委和保卫部、各院（系）各司其职、密切配合，广大师生广泛参与的齐抓共管的网络思想政治教育工作格局和组织保障系统。通过网络思想政治教育领导小组把各个部门、各单位、各层面的人力、物力、财力和各种资源等组织起来，有效地调控网络思想政治教育的开展，以形成其特定的整体功能的网络思想政治教育系统。

我们要造就一批网络思想政治教育队伍。这支队伍的构成应该是多层面的：既有专家教授，又有校院领导；既有青年教师，又有学生骨干；既有职能部门负责人，又有学生工作辅导员。只有形成这样的网络思想政治教育工作体系，才能牢牢把握网络思想政治教育的主动权。为此，要加强对现有学生工作队伍的网络技术培训，推动各项工作向网络空间延伸。通过培训，使现有学生工作队伍善于运用互联网快速地获取信息，能够准确地评价信息，主动参与信息的创建，利用信息丰富学校思想政治教育工作的内容。

要建设一支专职的网上辅导员队伍。从专职学生工作队伍中选拔一批年纪较轻、能力较强并且有较好的网络知识和技术的教师充实学校网上辅导员队伍，并创造一定的条件吸引有从事这些工作兴趣和能力的业务教师参加到网上辅导员队伍中来。而且这支队伍应成为网络信息监控、信息汇总、网上师生交流、正面舆论引导等方面的骨干。

此外，要建立一支由各院系学生骨干组成的兼职队伍。他们需要具备以下素质：思想素质好，政治觉悟高，覆盖面广，并熟悉网络，了解学生们的需要。他们在专职教师的指导带领下，承担网络信息的采编、更新、发布、网页制作、网络维护等工作。他们以普通大学生的身份,参与网上聊天、论坛、留言簿等栏目。当网上有不良言论和错误信息时,他们可以主动地发布引导性的、正确的信息,对网络舆论起正确的引导作用。

要处理好网络思想政治教育者之间以及教育者和被教育者之间的关系。网络思想政治教育者是网络思想政治教育活动的组织、实施与调控者,在整个网络思想政治教育活动中处于主导地位,发挥着主导性作用。这种主导性作用在网络中具体表现为其所具有的"把关"功能(制造、传播、监控网络信息)、教育功能(对教育内容的传输、对教育对象思想行为变化的引导等)、调控功能(获取思想政治教育过程中的各种反馈信息,进行分析、整理。并据以调控自己的组织行为及教育行为等)。与此同时,我们也应该认识到,互联网发展所形成的新的教育环境,使得在传统思想政治教育中的教师权威受到了挑战。因为一方面,网络的发展对教育的资源进行了重新配置,使教师等不再成为稀有的资源,教师的专业权威、法定权威、感召权威逐渐失去。另一方面,网络发展形成了大学生活动的非群体化和个性化。新的活动方式使得教育资源的分配不再是通过师生之间、生生之间面对面的群体化活动来完成,而是建立在网络基础之上的网络互动,是一种个别化的学习活动。非群体化活动对象的选择多由大学生自主完成,因而学生的主体性得以充分的彰显。师生之间亦师亦生,形成了一种民主的、平等的新型教育关系。

三、思想政治教育的引导机制

现代网络对思想政治教育有很大的改变,在网络上的信息可以集中在一起,从而形成一种网络舆情,这对于大学生的教育有很大的打击。在学校里做思想政治教育的工作人员要多多留意大学生在网络上的动态,并且能够在学校的网络中做思想政治教育工作,用学校网络这方面的知识来引导符合大学生的想法,从而来给学校的思想政治教育的展开工作提供一个好的环境。

(一)高职院校网络思想政治教育引导工作方式策略的研究

1. 从实际出发,把握高职大学生网络思想问题

从网上思想政治教育的实际出发,按照理论联系实际的原则,以实证分析

法为主，辅之以调查研究法。通过问卷、访谈、网上调查等多种途径获取足以评价大学生网络思想现状，发挥网络技术和网络文化开放、兼容、自由、交互、平等、共享的优势，同时进行大量的资料汇集，在掌握丰富材料的基础上，进行反复的研讨分析。这对于高职院校网络思想政治教育工作方式策略研究具有创新的意义。同时这将涉及现实的高职院校网络思想政治教育在网络虚拟空间的表现方式。通过网络的传媒优势实现正确的导向，把网络营造成高职院校网络思想政治教育的新平台，以网络的互动性来把握大学生网络思想问题。

2. 开展丰富多彩的网上教育和服务活动

注重教育引导策略的研究开展丰富多彩的网上教育和服务活动，校园网是大学生获取信息、学习知识和交流思想的主体网络平台。要以校园网为依托，充分运用网络手段拓展思想政治教育的空间，用正确、积极、健康的思想文化占领网络阵地，寓教育于服务中，而不能简单地将传统思想政治教育的模式照搬到网上，不能死板地将传统思想政治课堂延伸到网上。如果要发挥高职院校思想政治教育主渠道、主阵地作用，就必须坚持思想政治理论课教育进网络，充分发挥网络交互性特点，必须丰富思想政治理论课教育内容，开创思想政治教育的新方式，将信息交换方式、多媒体技术等引进思想政治理论课，增强思想政治理论课及思想政治教育工作的吸引力、感染力，提高思想政治理论课教学效果。特别是要充分发挥网络课堂独特优势，注重现实环境和虚拟空间的有效结合，使网上思想政治教育成为大学生党建、团建和社团工作的重要手段和途径。鼓励、组织大学生参与网络文化建设的自主开发、自我管理、有效辐射，加强在于高职院校网络思想政治教育引导策略研究。多年来，高职院校的学生思想政治工作人员和管理人员习惯于强制性的教育，可这种方式对于网络思想政治教育是很难奏效的，唯有以教育引导的方式才能使学生在网上主动接受科学意识形态的教育，自觉抵制消极网络舆论的误导。同时，在教育引导策略研究上取得的突破性成果，也可以直接应用于目前的网络思想政治教育工作。

3. 建设高素质的高职院校网络思想政治教育工作队伍

进一步认真落实党中央关于加强高职院校网络思想政治教育工作的指示精神，主动占领网络思想政治教育的新阵地，把网络的优势化为深化大学生思想教育的优势。突出创新性，提高实效性，使网络成为哺育大学生茁壮成长的新空间。切实加强高职院校网络思想政治教育工作实效性，必须要有一批高素质、高水平的管理工作队伍。要有一支稳定的高素质的教育技术管理队伍，来保证校园网络、教育教学资源、教育技术环境基础设施的运行、维护与管理。这就需要思想政治教育工作人员加强学习，提高自身的综合素质。互联网以其独特的方式给思想政治教育工作人员提高素质创造了条件。通过网络人们可以随时、就地或异地上网学习。现代教育技术队伍是网络教学资源建设研究、开发、应用、推广、培训、服务与管理等各项工作的中坚力量，是资源建设技术保障的关键。学校应该配备一定数量的专业技术人员进行教育技术的研究、开发与推广工作。跟踪现代教育技术的发展，对教师进行技术培训，为高职院校网络思想政治教育工作上一个新台阶提供可靠的保证。

（二）高职院校网络思想政治教育引导舆论策略方法的探索

1. 以学生为本

为学生服务就是要坚持以高职院校学生为网站服务的对象，以高职院校学生为网站建设和管理队伍的主体一方面，在网站的栏目设计和内容选择上力求贴近学生的学习、校园生活、社会交往、就业与考研、心理健康、休闲娱乐等需求，增强网络的服务功能。通过网上服务，增强思想政治工作的针对性、时效性、感染力和吸引力，将教育与服务融为一体。运用大学生乐于接受的方式、方法开展教育，为大学生成才服务。另一方面，在网站建设中突出学生"建"、学生"管"、学生"用"的理念。在教师指导下，设计、开发、运行、维护各个环节全部由学生来完成，并制定规章制度和工作流程，科学管理。注重人性化服务。在解答学生网上问题时，要坚持问题解答的全面性、有效性、科学性，回复语言尽量贴近学生心理，回复问题时要结合学生生活、学习的需求及时送上鼓励和祝福的话语，将人文精神和人文关怀通过网络传递给学生。"铁打的营盘，流水的兵"，对于学校来讲，就是铁打的"学校"，流水的"学生"，通过为学生提供满意的服务，不仅赢得学生对学校的满意，也培养起学生良好的爱校意识，形成良好的校风、学风。

2. 注意 BBS 论坛讨论主题的设置

信息海量是网络媒体一个突出特征。在 BBS 中哪些是同学最关心的问题，哪些是需要优先考虑的问题，BBS 同传统新闻媒体一样具有为公众设置"议事日程"的客观需要。通过"议题设置"，可以把同学的注意力引导到特定的方向，引导同学"想什么"，从而达到引导舆论的目的。网络论坛中的议题设置主要表现在设立讨论主题，围绕国际国内校园内外发生的和同学有关的重大新闻事件，特别是突发事件而设立精心设计讨论主题，是 BBS 的常见做法。同时，由于同学的专业、兴趣、经历各不相同，所关注的话题差异也极大，由此造成网上舆论的多元化和分散性。BBS 的舆论应及时准备论坛管理预案，选择一些诸如个人发展、学术讨论等贴近现实、贴近同学生活的热点问题作为论坛的主题。用积极的话题来左右舆论的走向，减少其他消极言论的影响。

3. 真诚面对网络舆论

以真诚面对取代置之不理，在行为层面以舆论引导来取代盲目的封杀，在监管方式的角度上提高了 BBS 对学生的吸引力。此外，为了进一步提高 BBS 对学生的吸引力，不仅要完善 BBS 解决问题渠道的功能，还需要校方在态度层面上以真诚面对。具体反映在 BBS 上发布和获取信息的行为上表现为，对于反映学校的工作失误的言论，如属实要向学生解释并实施具体的行动；对于反映非学校工作失误但对学生造成影响的言论，如属实业要向学生加以说明，晓之以理动之以情，取得同学们的信赖和支持，经过努力，高职院校 BBS 也能成为发现问题、解决问题的一个畅通渠道。

4. 注重针对实际，采用引导方式

要开展融思想性、知识性、趣味性、服务性于一体的网络文化活动。开设交互性、开放式的各种类型的咨询信箱，利用校园网 BBS 论坛、留言板、QQ 群、MSN 等工具开展在线交流，开展网上辅导员、网上心理测试与咨询、网上就业指导、网上学习咨询、网上校园生活指南等工作，及时解决学生反映的实际问题，加强校内舆论引导，纠正错误信息。网络舆论最理想的方式是引导，应该把晓之以理与动之以情有效地结合起来，使受众不易产生类似警觉、防范等反应，而是不自觉地去接受劝服者的引导。总之，互联网的飞速发展对社会生活的方方面面都产生了深远的影响，网络舆论越来越引起人们的关注，尤其是其对高职院校的影响日益增强。高职院校在传统网络舆论监管方式基础上，应加强高职院校网络舆论监管的总体策略和制定切实可行的具体措施，加强高职院校网络思想政治教育引导策略的研究。

四、高职院校网络思想政治教育的安全机制

高职院校出现网络安全问题，除网络自身存在安全缺陷、高职学生网民缺乏网络信息安全防范意识和法律意识外，另一个非常重要的原因是对校园网络有害信息的监管不够完善，网络监管的措施相对滞后，出现了许多管理上的"盲点"。如对 BBS 网站的管理，不少学校都放手让学生自己管理，没有对这些学生进行必要的培训，也没有制订有害信息管理的度量标准，由学生凭感觉自行处理，致使网站的信息良莠不齐，BBS 网站成了大家发牢骚的场所，有的帖子甚至还转载一些有碍社会治安和有伤风化的信息。对二级网站的管理也存在一些问题，如没有明确二级网站负责人的管理职责和管理权限，使得二级网站管理失控，给网络信息安全留下隐患。没有制订有害信息处理预案，管理部门职责不明确，一旦发现有害信息，常会出现各部门之间互相推卸责任的现象，致使有害信息的影响面扩大。另外，一些社会公共网站出现以学校名称命名的论坛栏目，这些栏目的设置没有经过学校有关部门的同意，其管理者的身份也难以确认。学校无法与论坛的管理者取得联系（论坛的管理者只留有电子信箱地址，对校方的意见，可以不予理睬），也就无法进行管理，但在这些栏目中存在的许多问题，在一定程度上损害了学校的形象。

因此，维护高职院校网络安全，净化网络环境，就必须加强网络安全机制建设。通过完善网络信息监管、收集、网络预警、舆情分析判断和应急处置等机制，进行网上网下互动，提高网络思想政治教育的针对性、实效性、吸引力和感召力，只有这样才能掌握思想政治教育的主动权。

（一）网络信息监管机制

占领网络思想政治教育主阵地，必须从网络信息监管入手。一方面，通过网络信息监管，对流人的信息进行必要的过滤净化，控制信息源头，防止各种

不良和有害信息在网上传播和对校园网络的污染，从而创造良好的网络环境；另一方面，网络信息监管便于把握网上动态，及时掌握学生的思想活动、内在需要和现实要求，有利于掌握网上宣传和舆论引导工作的热点、难点、重点问题，提高工作针对性和有效性。第三，网络信息监管有利于建立畅通信息渠道，解决实际问题，有效化解潜在的矛盾和隐患，使思想政治教育能从学生的思想实际出发，能从学生关心的热点和难点问题出发，选择切入点和突破口，贴近学生，贴近生活，贴近实际，从而使思想政治教育事半功倍。

1. 网络信息监管的内容

网络信息监管分为日常监管和突发事件监管。日常监管是指将网络信息监管作为本部门的一项日常工作不间断进行，随时掌握网络舆论的导向、特点和趋势。如高职院校网管和版主的工作就属于日常监管的范畴。突发事件监管则是针对特定的事件，对其网上舆情进行监管。如网上群体性事件出现时，对其发生、发展、变化和趋势等进行监管。

网络信息监管的内容首先是对网上危害信息的监控，能明确判断的，给予锁定或删除，对于一些倾向性不是很明显的转载、报道、讨论，给予密切关注，视情况不同作引导或删除处理，并及时向学校网络信息管理部门汇报。

其次是对网络心理异常的监测。网络心理异常可能是多方面原因造成的，如情感问题、就业压力、学业压力、人际交往压力等。一些心理异常的学生，尤其是性格有些孤僻、内向、有心里话无处倾诉或不愿对别人讲压抑在心中的学生，通常借助网络的虚拟性和隐蔽性倾吐心声，寻求帮助，有的甚至把网络作为自己临终的最后倾诉地点。

最后是对突发与群体性事件的监管。网络突发事件通常具有极强的时间性、震撼性、社会性、负面性和不可预料性，如果处置不当必然会对学校师生和整个社会造成不良影响甚至会引发全国性的舆论危机。加强对突然事件、群体性事件的监管是学校能够及时发现危机，全面掌握危机发展态势，准确分析判断危机形势，采取及时有效应对措施的重要保障，是化解和应对危机的重要前提。

2. 网络信息监管机制的构建

第一，建立健全一系列校园网信息监管制度。高职院校应在认真学习、严格执行网络有关法律法规的同时，从学校的实际出发，结合教育教学特点和大学生自身特点，制定出一整套校园网管理的规章制度。如《学生宿舍网络管理条例》《校园网络 BBS 站管理规则》《学生使用计算机网络违纪处分规定》等。高职院校还应该切实加强对学生个人网络信息的审查，如个人主页、个人博客、个人 QQ 群等，落实上网实名制和论坛管理责任制等，还要有常规性的校园论坛信息巡查、聊天室有害信息检查等制度。

第二，构建网络信息监管的技术防控体系。如建立和完善信息安全防护软、硬件系统，维护信息安全与系统稳定；加强信息过滤系统，把好网络端口，通过路由器、防火墙封堵过滤各种有害信息；完善网上信息实时监测和跟踪系统，以及时发现情况，及时处理。

第三，构建网络信息监管的人工防控体系。在技术监管的同时，加强人工监管。可由校领导牵头组织，建立一支具有应急处置能力的"网监队伍"。实时监管网络，及时把握动态，消除错误言论，避免真空时段；及时清除恶意信息和虚假信息。

第四，要建立舆情采集、报送机制。通过舆情采编、调查和分析，及时掌握网上动态，做好下情上达，为校领导或相关职能部门及时提供网上第一手信息。可由宣传部负责网络舆情的日常监管与信息采集，定期对网络舆情进行分类整理，分门别类地传递到各职能部门。具体职能部门通过该舆情信息，在第一时间内获知和本部门有关的最新网络舆情，并对这些舆情进行分析判断，决定采用何种方式进行应对。

第五，要做好网上突发事件的防范和应急处置工作。对于网络舆情反映的热点问题，学校坚持"早发现、早处理、早反馈"。加强网络预警意识，敏锐把握涉及学校管理和建设中的突发性、苗头性、群体性问题，及时进行分析和处理，并迅速将处理结果进行反馈。建立舆情的"发现—通报—处置—跟踪—反馈"的热点应对机制。各职能部门则通过网络这面"镜子"检视自己，针对网上学生密切关注的焦点、难点、疑点问题，进行调查并及时给予答复、澄清。一旦发生网络舆情突发事件，学校立即启动"网络突发事件应急处理预案"，及时处置突发舆情。

（二）网络预警机制

借助网络的技术优势，建立起纵向和横向、内部和外部相连贯的思想动态信息反馈网络，收集、检索、分析、处理来自各方面的思想动态信息，可迅速、全面地了解和掌握大学生的思想状况及发展趋势，及时发现危机的苗头，尽早地对可能产生的现实危机的走向、规模进行科学的分析、预测和判断，通知各有关职能部门共同做好应对危机的准备。这就是一个简单的网络预警过程。

1. 网络预警定义

网络预警是指从危机事件的征兆出现到危机开始造成可感知的损失这段时间内，化解和应对危机所采取的必要、有效行动。网络预警能力的高低，主要体现在能否从每天海量的网络言论中敏锐地发现潜在的危机苗头，以及准确判断这种苗头与危机可能爆发之间的时间差。这个时间差越大，相关职能部门越有充裕的时间来准备，为下一阶段危机的有效应对赢得宝贵的时间。

2. 网络预警工作程序

网络预警工作可分为四步：

第一步，构建信息调研网络。调研网络必须具有完整性和广泛性，不仅要有党、政、工、青、妇等组织的参与，还要有大学生自发性社团、民间协会等社会组织的合作；不仅要建立学校、院系等信息收集渠道，还应将网络延伸到班级和寝室等各方面。

第二步，全面收集信息。一是通过制定规定或协约要求所有参与调研的单位定期汇总信息，同时实现信息共享；二是从各种网络论坛、聊天室、留言板等网络互动平台中观察大学生网民的思想情绪变化，从中找出带有倾向性的问题；三是不定期在网上进行学生网民民意测验，从中了解学生网民关注的热点问题。

第三步，理性分析信息。必须对收集到的第一手资料进行深入、准确、细致的分析和概括。深入就是要透过表面现象，把握本质，动态掌握。准确就是在广泛观察的同时，把握不确切的信息，克服片面性，保证科学性、公正性。细致是指工作要细致入微，点滴小事也要分析到位，避免因小失大。

第四步，及时向上级领导及有关部门反馈信息。根据反馈的信息，一是对前一段时期以来思想政治教育工作的效果进行检验，看是否达到了预期目的；二是为调整思想政治教育工作的政策和方针做重要参考；三是通过对教育对象思想发展规律性的认识，对未来发展趋势作出科学预测，及早做出正确决策，防患于未然，从而使高职院校网络思想政治教育工作更具前瞻性。

3. 网络预警的基本要求

要明确网络预警的基本要求。第一，网络预警要全面反映民意。干部群众的思想动态，不利于社会安定团结的思潮，专业人士关于社会进步、政治稳定、经济发展等的前瞻性意见等，都是要反映的内容。第二，网络预警要"快、准、深、精、全"。搜集信息要快，反映问题要准，分析要有深度，事例要有代表性，内容要全，既要报喜也要报忧，而且要重视反映其他渠道难以得到、不易反映的社会情况和群众意见。第三，网络预警要促进舆情调查的制度化建设。凡重大决策前，必须进行深入实地的舆情调查。决策后要跟踪调研，根据实施效果的好坏和情况的变化对决策进行完善和调整。重视舆情调研方法的现代化技术建设。第四，要充分利用信息化成果，建立多层次的舆情反映网络。第五，要正确处理必然会出现的某些舆情失真现象。理顺舆情传递的机制与渠道，建立责任追究制度，减少舆情传递的层次。第六，要允许网络传媒充分表达群众意愿、交流社会信息、执行社会监督的功能。

（三）网上舆情分析判断和应急处置机制

网络舆情的分析判断和应急处置机制是指政府管理部门及其他相关职能机构，对网络舆情尤其是负面舆情的监测预警与控制，从而实现有效化解网络舆论危机的目的。在高校网络思想政治教育中，就是要求思想政治工作者对网络环境中出现的各种舆论动态、舆情趋势变化或苗头性信息能够及时发现、准确判断、正确决策和迅速予以解决的工作机制。

1. 网上舆情的分析判断

网络舆情的科学分析判断是掌握网上思想政治教育主动权最关键的环节，也是最难的一个环节。如何对网上舆情作出及时准确的分析判断，对思想政治教育工作者提出了很高的要求。

首先，要有很强的政治意识。政治意识解决的是站在什么位置上说话、维护谁的利益问题。分析网上舆情必须要强化政治意识，善于站在政治的高度审视网上舆情的本质。具体地说，要做到以下四点：一要有敏锐的政治洞察力，能够见微知著，把握舆情动向；二要有较高的政治鉴别力，迅速认清舆情的本质；三要有明确的政治立场，网民都是群众，网民的呼吁就是群众的呼吁，分析网上舆情时要充分体现网民的呼声；四要善于运用全面的、联系的、发展的、辩证的观点分析舆情，正视其发展过程中存在的矛盾关系，如主流和支流、顺流和逆流、显流和潜流、长流和变流等。

其次，要了解社会上的各种思潮和各种力量较量形式。网络舆情归根结底是社会思潮和各种社会力量较量的综合反映。网络的开放性、多元化，使以社会主义核心价值观为主流的意识有时难以控制网上局面，各种思潮在网上都有很大空间。

再次，要注重角度与层次性。网上舆情是多方面意见的混合体，在网上发表意见的人来自社会各个阶层，分析网上舆情要特别注重从多角度思考问题，特别是层次性。网民收入不同、社会环境不同、文化修养不同、社会阅历不同、所处环境不同，看问题的深度也很不一样，会对同一个事物发表很不相同的意见，有时甚至针锋相对。

最后，要了解掌握危机舆情的演变规律。正确研判网络舆情，了解掌握网络舆情的演变规律是先决条件。网络舆论危机是一种高度不确定性、威胁性、特殊性、不可预测性和非常规性的一种舆论，通常由国际、国内的突发事件等所引起，并迅速成为网络上的舆论热点和焦点，加上处理不当而加快通过网络蔓延开来，成为地方性甚至全国性的舆论危机。网络舆论的酝酿、形成非常迅速，但网络舆论到网络舆论危机的转化通常有一个酝酿、发展、演变的过程。一场网络舆论危机的形成、发展通常经过三个阶段：第一阶段是"网络舆论形成"。由于外界信息刺激的出现，或者突发事件的发生，在网上迅速形成舆论热点。第二阶段是"网络舆论到网络舆论危机的转变"。如果网络舆论持续增大，而当事人处理不当或网络舆论得不到缓解，而使舆论出现"一边倒"，形成"共同的""一致性的"负面舆论，最终由一个普通的网络舆论演变成为一场网络舆论危机。第三阶段是"网络舆论危机的爆发"。网络舆论由隐性的舆论压力转变成为真实生活中行为抗争的显性行为，甚至造成危机性事件，威胁社会稳定，阻碍社会发展。

2. 网络舆情的应急处置机制

及时有效的网络舆情研判可以为网上热点事件的快速应对提供有利条件。对于网络预警所反映的热点问题，学校应高度重视，立即启动相关工作机制，积极主动地应对网上舆情。

（1）网络舆情应急处置的基本要求

首先，制定一套行之有效的"舆情发现—舆情通报—部门处置—跟踪反馈"的热点应对机制，使学校能及时敏锐地把握涉及学校管理和建设中的突发性、苗头性、群体性问题，通过舆情的采集与通报，使相关职能部门做到"早发现、早处理、早反馈"，针对网上师生密切关注的焦点、难点、疑点问题，进行调查并及时给予答复、澄清。

其次，制定网络突发舆情工作预案。针对各种类型的危机事件，制定比较详尽的判断标准和预警方案，做到有所准备，一旦危机出现便有章可循，对症下药。

再次，保持信息公开和信息的权威发布。权威信息的缺失会给小道消息传播提供契机。因此，当网上出现危机舆情时，要最大限度地公开信息，并通过职能部门对事件的最新发展进行权威发布，影响网络舆情的走向。如通过新闻发言人制度，既可以以此向公众传递权威信息，又将信息内容归口到"新闻发言人"这一权威信息源，从而使政府部门或学校在处理舆情危机时，掌握主动，稳定人心。

最后，建立有效的应急处置联动机制。遇到重大突发事件，能够在短时间内调动和整合各种力量，形成联动，产生危机应对的合力。这对于提高处理违规网站的时效，及时应对突发热点能起到十分关键的作用。

（2）网络舆情应急处置的基本原则

建立网上舆情应急处置机制的同时，面对一些突发网络舆情或网络舆论危机事件，高职院校有关部门、网络思想政治教育工作者、网络论坛的管理者和网络舆论当事人都必须明晰处理突发舆情时的基本原则：

一是权责明确、依法处理原则。在处理网上舆论危机事件过程中，必须在坚持统一指挥的基础上，做到分工负责，责任到人。同时，必须遵循国家有关法律法规，做到有效合法地建立网络舆论危机处理的程序和步骤，形成科学的危机处理机制。

二是实事求是、勇于承担原则。面对突发事件所引发的网络舆论危机，当事部门及成员要了解事实情况，实事求是，勇于承担自己该负的责任，"亡羊补牢，为时未晚"，不能企图逃避和推卸，否则不仅于事无补而且会激化矛盾。

三是控制事态、及时处理原则。及时处理是有效解决危机的关键。面对舆情突发事件，要第一时间介入，迅速进行应对，立即启动相关的突发事件处理预案，明确指导思想，确定相关部门的工作职责和必要的处理方法，通过突发事件处理领导小组进行统筹协调，控制事态进一步发展。

四是以人为本、关心弱者原则。危机事件多数情况下关系到当事双方的切身利益，很可能给弱势的一方带来巨大的经济损失和精神上的打击。面对这种情况，作为管理者应真诚坦率、开诚布公地向公众说明事情真相，同时无论责任如何都应表现出足够的人道与同情，这是化解舆论危机、处理突发事件、缓解网民焦虑的最有效方法之一。

第四节 网络思想政治教育教学模式的外在支撑

高职院校政治教学，教师可以借鉴网络信息进行特色教学，教师要敢于探索，敢于实践，这样才可以提升学生的学习兴趣。学生之所以喜欢网络信息教学，主要是进行学习时，学生可以获取海量信息，可以及时进行交流。而且，这些知识在讲解时，信息的时效性以及形象性非常鲜明，加深学生理解。因此，高职院校政治教学基于创新模式上，更具有启发作用。

一、国家权力机关的应对法则

作为国家的相关权力部门，对净化上网环境、规范上网条例、监管上网场所等有着义不容辞的责任和义务。应该以行政和引导的手段加强网络建设，促进网络发展，以不断完善网络思想政治教育。

（一）法制建设

法的指引、评价、教育、预测作用直接表现了国家权力的行使。包括中国在内的世界绝大多数国家都在利用这一方式来进行保障和约束，对于网络也是一样，各国纷纷采取各种法的形式以保障大学生健康地利用网络，有益地接受教育。

在中国，制度、法律、法规同样作为政府执法的标准和手段，因此，应以长效、全面机制作为基本原则，不应使法律法规形同虚设或者力度不强。要制定相关的法律、法规，并成立专门的网络组织，为构建和谐社会创造条件。

（二）游戏产业建设

中国研制出具有中国内涵的网络游戏，是在积极吸取国外游戏精华的基础上，将中国的文化渗透到其中去的。这就为商业运行的把持者——企业，与文化底蕴的拥有者——高校的合作提供了广阔的空间。因为企业懂得市场需要什么样的产品和如何运作，而高职院校懂得如何把正确的理念和思想融入游戏中去。这样的"企校合璧"无疑会给中国的游戏产业带来一缕朝阳般的明亮。所以，相关政府部门要把人才聚集的学校和有开发经验、资本雄厚的企业有机地联合起来，鼓励商业资本和院校合作，研发推广有益的游戏软件，提升我们游戏产业的中国文化内涵。同时政府部门要在这种牵线、搭桥中出台相关的法律法规，给予企业和学校合作开发游戏软件的合作以最大的保护和支持。

（三）网吧规范建设

所谓网吧校园化是指应将网吧引入校园中，也许这应放在高职院校的应对对策中，但没有政府部门的权力下放，这项措施无法实行。高职院校应将现有的图书馆改造成更大更好的"网吧"。设备更新、网速更快、价格更低，有了这些硬性指标，自然会使大学生选择学校的"网吧"，适当的时候，政府部门可以采取鼓励和强制的手段使校外的网吧进入校园，以促进网吧的正常运行，使上网环境得到良性运转。

网吧社区化就是以一个或几个小区为单位划分区域，按人口和需求量将社会上的网吧引进社区。可以将网吧社区化，在某小区或社区内建立一个大型的网络场所。也可以像北京那样成立专门的青少年网络中心，派专门的老师进行辅导。使由政府牵头组织的网络场所替代原来分散的网吧。当然，这些政府行为的网络场所都必须由专门机构进行管理和监督。

我国正在努力实现学习型社会的目标，网吧社区化是实现学习型社会的一种措施，在有组织、有管理的网络社区中，相关的部门可以根据计划去指导人们的学习，正确引导人们的思想观念。当然，建立学习型社会还需要从个人到政府的通力合作与协调，我们以图表来表示学习型社会构建的框架，这为网吧社区化模式提供了参考。

（四）技术资源建设

网络是信息传播的载体，在这一背景下，传播者传递的信息和受众获取的信息都是通过网络来进行的。所以，优化网络的环境，对于网络思想政治教育工作来说具有极为重要的意义。网络思想政治教育中网络环境的优化，是指充分改造高校网络思想政治教育主客体周围的信息条件，通过发掘积极因素和排除消极因素，优化资源环境。网络环境的优化，必须坚持一定的原则，主要包括社会导向性原则、整体一致性原则（包括横向统一性原则和纵向统一性原则）、针对性原则和发展性原则。

从网络环境优化的途径来看，主要包括技术途径和非技术途径。从技术层面来看可以采用被动式的技术途径，主要是"把关人"的信息过滤、删减、屏蔽和"封杀"有害信息。这些方法虽然能在一定程度上阻止有害信息向大学生受众传播，从而起到预防和补救作用，保障网络环境下高职院校网络思想政治教育的有效进行。但这只是消极的被动式技术手段，不能从根本上保证高职院校网络思想政治教育的健康合理发展。

因此，要研究建立主动式的技术途径，主要包括通过在应用"使用与满足"理论的基础上，让高职院校网络思想政治教育进网络，包括建立专业的思想政治教育网站，宣扬主旋律；在各个影响较大的网站上，将思想政治教育的内容融入形象生动的栏目当中；建立相应的高职院校网络思想政治教育工作的评估机制等。建立媒介监督制度，加强网络宏观管理，独立运行的网络监督组织应具有信息发布、学者参与、公众动员等功能；建立国家级"信息海关"，通过采用先进的技术手段，严密监控和检测国际互联网人口，对所有进入我国的信息进行严格"过滤";建立校园网络信息管理的常设机构,制定网络行为准则,设立层层"防火墙",最大限度地防止有害信息进入校园。通过审查、监控来规范大学生的网络行为,发现大学生中存在的思想问题及时进行有针对性的教育,做到防微杜渐,从而在高职院校校园里形成一种祛恶扶正、健康有序、惩恶扬善的网络环境。

另外,网络是现代化技术,它巨大的副作用产生于作用者对科学技术的滥用、误用,产生于人类价值观念的偏离。加强网络安全技术,可以有效抵制不良信息流通。特别是针对外来信息的入侵,我们的信息技术部门有责任、有义务对外来信息进行审查与控制。因此,网络安全技术的发展以及在道德建设中的重要性要引起我们高度的重视。

二、网站建设

大部分网民对政府网站网址的熟悉程度很高。另外,随着搜索引擎功能的加强,很多网民已经习惯使用搜索引擎查找相关信息,采用搜索引擎访问政府网站最多。

虽然政府网站不像其他网站那样泛滥,但目前我国的政府网站数量已经达到几万个,而且目前从中央到地方还在如火如荼的建设着政府网站,网站的内容和功能也在不断提高。如何方便社会公众快速寻找并访问政府网站,而且还要在网站内快速有效地获取有用信息,确实是政府网站设计、建设和运作等环节都必须考虑的问题。

因此,政府要加强主流网络媒体建设,发展主流思想义化。因为政府主管主流媒体建设,有利于掌控舆论宣传的主动权。信息的自由流动不仅仅是自由地发布信息,还意味着这些信息必须得到足够的接纳和注意。政府可以制定与完善相关法规,对经由网络发布的信息进行限制和规范。还可在资金、政策上对中央与地方重点新闻网站给予扶持,形成一支政府管得住、网民信得过的主流网络媒体。并通过提高政府自身的网络新闻宣传工作水平,建立健全社会一体化的网络新闻事业管理体制,加强对网络媒体的管理,努力掌握网络舆论宣传阵地的主动权,以正确引导网络舆论。对于国内外发生的任何大事件及网民关注的民生社情问题,网络论坛要常请有关政府官员与相关专家及当事人做嘉宾访谈，用主流、权威及真实可信的声音占领论坛，在与网民的讨论中，整合、梳理论坛上杂乱无章的信息，在互动中引导舆论。

（一）互联网行业的应对法则

"少干预、重自律"是当前国际互联网管理的一个共同思路。各国越来越强调政府作为服务者的角色，承认政府管理的"有限性"，着重发挥政府的服务和协调职能。在对互联网的监管方式问题上，这一管理原则也得到了较为充分的贯彻，当前各国的监管的一个重要特点就是以行业监管为主，政府强制为辅，实行政府与行业的协同监管。政府的职责主要集中在制定相关法规和政策导向上，具体的操作规范则由行业协会等组织来制定实施，比较而言，政府监管具有补充性。以行业为主的协同监管，具有较强的可操作性，同时还可以减少政府对行业的干预，减少管理成本。

互联网行业是指从事互联网运行服务、应用服务、信息服务、网络产品服务和网络信息资源的开发、生产及其他与互联网有关的科研、教育、服务等活动的行业的总称。公约规定，互联网行业自律的基本原则是爱国、守法、公平、诚信。

（二）法律保障

行业自律需要法律法规做基础，没有这些做基础，互联网健康发展是苍白的。作为一个法治国家最后一道防线是刑法，如果没有，那么一切都显得脆弱了。目前多数发达国家及一部分发展中国家已开始了《网络法》的制定和完善，它已成为国际法的一个重点。

（三）积极参与

互联网自律工作讲的是"无本之木"。这其中，要有中央精神文明建设办、信息产业部、国务院新闻办等许多政府部门的大力支持，同时也要有新华社、中央电视台等媒体的大力支持，还要有行业协会、行业人员的自觉参与。并培养核心竞争能力。目前，互联网界竞争异常的激烈，企业为了生存往往与对手展开生死的较量，就像新浪、搜狐有关新闻版权的争论如今已上升到决一死活的境地，这种互相攻击的做法对于互联网的健康发展丝毫起不了什么帮助。企业行为要遵从经济规律，站稳脚跟需要企业不断地充实、完善、提高自我生存发展的能力。只有与社会需求相对称的核心实力，健康持续的发展才有可能。

另外，还要引导从业人员自觉遵守国家的法规，讲求职业道德和社会公德，扩大舆论监督，抵制滥用网络的行为。要普及网络知识，倡导网络诚信，推广安全基础，善待互联网。受理社会各界对违反国家法律、违反社会公德的投诉和举报。

（四）技术支撑

互联网在一开始出现的时候是开放的，是由一个信息获取、信息互换、信息发布组成的方便快捷的庞大信息传播平台，其在给人们生活带来便利的同时，也容易充斥一些不健康的内容；既可以用传播先进的文化和观念，也可以用来散布种种文化垃圾；既可以为人们思想观念的丰富发展提供新的广阔天地，又为许多负面信息的传播打开方便之门。互联网这样一个网络结构没有总编，人人都是信息的获取者、传播者，这样一来对它的管理、治理就需要公众的参与，决不能用传统的办法来解决。

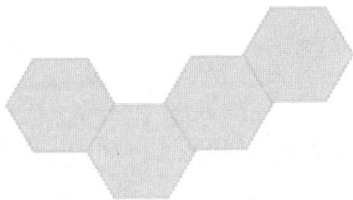

第五章 高职院校学生思想政治教育工作开展策略

第一节 新形势下高职院校学生思想政治教育宣传工作的开展

高校作为思想政治工作的前沿阵地，肩负着学习研究宣传马克思主义，培育和弘扬社会主义核心价值观，为实现中华民族伟大复兴的中国梦提供人才保障和智力支持的重要任务。做好高校宣传思想工作，是一项战略工程、固本工程、铸魂工程，事关党对高校的领导，事关全面贯彻党的教育方针，事关中国特色社会主义事业后继有人，对于巩固马克思主义在意识形态领域的指导地位，巩固全党全国人民团结奋斗的共同思想基础，具有十分重要而深远的意义。在党中央坚强领导下，高职院校宣传思想战线始终坚持正确的政治方向和舆论导向，大学生思想政治教育成效显著，教师思想政治素质明显提高，高职院校思想理论建设取得新进展，宣传思想阵地管理不断加强，党委统一领导、党政工团齐抓共管的体制机制逐步完善，为办好人民满意教育、维护改革发展稳定大局做出了重要贡献。高职院校宣传思想领域主流积极健康向上，广大师生对党的领导衷心拥护，对中国特色社会主义事业和实现中华民族伟大复兴的中国梦充满信心。

一、指导思想

加强和改进新形势下高职院校宣传思想工作的指导思想是：高举中国特色社会主义伟大旗帜，以马克思列宁主义、毛泽东思想、邓小平理论、"三个代表"重要思想、科学发展观为指导，深入贯彻落实习近平总书记系列重要讲话精神，全面贯彻党的教育方针，强化政治意识、责任意识、阵地意识和底线意识，以立德树人为根本任务，以深入推进中国特色社会主义理论体系进教材进课堂进头脑为主线，以提高教师队伍思想政治素质和育人能力为基础，以加强高职院校网络等阵地建设为重点，积极培育和践行社会主义核心价值观，不断坚定广大师生的中国特色社会主义道路自信、理论自信、制度自信，培养德智体美全面发展的社会主义建设者和接班人。

二、基本原则

加强和改进新形势下高职院校宣传思想工作的基本原则是：①坚持党性原则、强化责任。切实担负起政治责任和领导责任，提高领导水平，增强驾驭能力，敢抓敢管、敢于亮剑，做到守土有责、守土负责、守土尽责。②坚持育人为本、德育为先。把坚定理想信念放在首位，始终坚持用中国特色社会主义理论体系武装师生头脑，确保社会主义办学方向。③坚持标本兼治、重在建设。强化依法管理，着力加强制度建设，把高职院校建设成为学习研究宣传马克思主义的坚强阵地。④坚持改革创新、注重实效。准确把握师生思想状况，创新工作理念和方式方法，把解决思想问题与解决实际问题结合起来，不断增强针对性和实效性。⑤坚持齐抓共管、形成合力。推动校内外协同配合、全社会支持参与，构建高职院校宣传思想工作新格局。

三、主要任务

加强和改进新形势下高职院校宣传思想工作的主要任务是：①坚定理想信念，深入开展中国特色社会主义和中国梦宣传教育，加强高校思想理论建设，加强具有中国特色、时代特征的高校哲学社会科学学术理论体系和学术话语体系建设，进一步增强理论认同、政治认同、情感认同，不断激发广大师生投身改革开放事业的巨大热情，凝心聚力共筑中国梦。②巩固共同思想道德基础，大力加强社会主义核心价值观教育，把培育和弘扬社会主义核心价值观作为凝魂聚气、强基固本的基础工程，弘扬中国精神，弘扬中华传统美德，加强道德教育和实践，提升师生思想道德素质，使社会主义核心价值观内化于心、外化于行，成为全体师生的价值追求和自觉行动。③推动文化传承创新，建设具有中国特色、体现时代要求的大学文化，培育和弘扬大学精神，把高校建设成为精神文明建设示范区和辐射源，继承和发扬中华优秀传统文化，促进社会主义先进文化建设，增强国家文化软实力。④立足学生全面发展，努力构建全员全过程全方位育人格局，形成教书育人、实践育人、科研育人、管理育人、服务育人的长效机制，增强学生社会责任感、创新精神和实践能力，全面落实立德树人的根本任务，努力办好人民满意教育。

四、主要措施

（一）要切实推动中国特色社会主义理论体系进教材进课堂进头脑

强调要统一使用马克思主义理论研究和建设工程重点教材，把统一使用工程重点教材纳入相关专业人才培养方案和教学计划，把工程重点教材作为国家级重点规划教材，把工程重点教材使用情况作为教学评估的重要内容。要建设学生真心喜爱、终身受益的高校思想政治理论课，实施高校思想政治理论课建设体系创新计划，全面深化课程建设综合改革，编好教材，建好队伍，抓好教学，切实办好思想政治理论课。高职院校要制订思想政治理论课建设规划，在学校发展规划、经费投入、公共资源使用中优先保障思想政治理论课建设，在人才培养、科研立项、评优表彰、岗位聘用（职务评聘）等方面充分重视思想政治理论课教师，确保思想政治理论课在高职院校教学体系中的重点建设地位。要着力增强大学生思想政治教育的针对性和实效性，启动大学生思想政治教育质量提升工程，深入开展中国特色社会主义和中国梦教育，加强党史国史和形势任务政策教育，把社会主义核心价值观融入高等教育全过程，完善中华优秀传统文化教育，高度重视民族团结教育，广泛开展各类社会实践和公益活动，加强高职院校心理健康教育与咨询示范中心建设，做好就业指导和家庭经济困难学生资助工作。要充分发挥高职院校哲学社会科学育人功能，深化哲学社会科学教育教学改革，充分挖掘哲学社会科学课程的思想政治教育资源，建立健全符合国情的哲学社会科学人才培养质量标准体系，制定实施马克思主义理论、新闻传播学、法学、经济学、政治学、社会学、民族学、哲学、历史学等相关专业类教学质量国家标准，启动实施卓越马克思主义理论人才培养计划，深入实施卓越新闻传播人才、法律人才培养计划。要提升马克思主义理论学科的引领作用，实施马克思主义理论学科领航计划，改革马克思主义理论学科评价方式，重点建好一批马克思主义理论研究和建设创新基地，编写一批马克思主义理论学科研究生核心教材，培养一批马克思主义理论学科带头人，造就一批马克思主义理论教育家，重点建设一批有示范影响的马克思主义学院。

（二）要大力提高高职院校教师队伍思想政治素质

强调要着力加强教师思想政治工作，坚持不懈地用中国特色社会主义理论体系武装教师头脑，进一步健全教师政治理论学习制度，实行学术安全培训制度，深入推进哲学社会科学教学科研骨干和思想政治理论课骨干教师研修工作，建立中青年教师社会实践和校外挂职制度，重视在优秀青年教师中发展党员。要扎实推进师德建设，落实高职院校教师职业道德规范，完善师德建设长效机制，实行师德一票否决制，完善加强高职院校学风建设办法，健全学术不端行为监督查处机制。要严把教师聘用考核政治关，探索教师定期注册制度。

（三）要不断壮大高职院校主流思想舆论

强调要扎实推进高校思想理论建设，推进高校哲学社会科学创新体系建设，积极参与马克思主义理论研究和建设工程，加强中国特色社会主义理论体系研究中心等重点基地建设，建设和创办一批权威的马克思主义理论研究学术期刊，深入实施"青年马克思主义者培养工程"，在青年教师和学生中培养一大批政治骨干，造就一支政治坚定、学养深厚、有重要影响的思想理论建设队伍。要提升研究回答重大问题的能力，实施中国特色新型高校智库建设推进计划，定期开展师生思想政治状况调研，建立健全高校哲学社会科学研究分类评价体系，完善以质量和贡献为导向的评价机制。要加强哲学社会科学学术话语体系建设，组织开展名师大讲堂、理论名家社会行等活动，推动高校哲学社会科学"走出去"，支持中外学者围绕中国发展和全球性重大问题开展合作研究。要切实做好高职院校新闻宣传工作，完善新闻信息发布和新闻发言人制度，进一步改进高职院校新闻宣传的文风作风，建立院校、宣传部门、新闻媒体三方联动宣传机制，为高职院校改革发展营造良好的舆论氛围。要创新网络思想政治教育，开展高职院校校园网络文化建设专项试点工作，大力推进校报校刊数字化建设，探索建立优秀网络文章在科研成果统计、职务职称评聘方面的认定机制，着力培养一批导向正确、影响力广的网络名师，立足校园网站建设开办一批贴近师生学习生活的网络名站名栏，建设一支由学生和青年教师骨干组成的网络宣传员队伍，打造示范性思想理论教育资源网站、学生主题教育网站和网络互动社区，推进辅导员博客、思想政治理论课教师博客、校务微博、校园微信公众账号等网络新媒体建设。

（四）要着力加强高职院校宣传思想阵地管理

强调要加强校园网络安全管理，加强高职院校校园网站联盟建设，加强高职院校网络信息管理系统建设。要强化高职院校课堂教学纪律，制定加强高校课堂教学管理办法，健全课堂教学管理体系。要完善宣传思想阵地管理制度，加强高校哲学社会科学成果发布管理，建立高校出版质量监督检查体系，制定大学生社团的成立和年度检查制度，加强宗教学科专业教学科研机构管理，加强校园反邪教宣传教育工作。

（五）要切实加强党对高职院校宣传思想工作的领导

要完善高职院校宣传思想工作机制,高校党委要强化政治责任和领导责任，党委书记、校长要充分发挥高校党委的领导核心作用，坚持和完善党委领导下的校长负责制，建立健全学校党委统一领导、党政工团齐抓共管、党委宣传部门牵头协调、有关部门和院（系）共同参与的工作机制，充分发挥院（系）党组织保证监督作用，加强高职院校共青团建设，加快推进高职院校章程制定和核准工作。要配齐高职院校宣传思想工作队伍，统筹推进党政干部和共青团干部、思想政治理论课教师和哲学社会科学课教师、辅导员班主任和心理咨询教师等宣传思想工作骨干队伍建设，组织全国教育系统先进集体和先进个人评选表彰，坚持高标准选配高校宣传思想工作干部，学校党委宣传部长由学校党委常委兼任，加强高职院校宣传思想工作人才培养。要构建高职院校宣传思想工作大格局，各级党委和政府要从战略和全局的高度，充分认识加强和改进高职院校宣传思想工作的极端重要性和现实紧迫性，把这项工作始终摆在重要位置，切实加强领导。

第二节 高职院校学生思想政治教育中沟通工作的开展

沟通是高职院校思想政治教育工作者对大学生进行思想政治教育的又一种有效方式。掌握沟通艺术，有助于了解他们的思想状况，但是在沟通过程中也必须掌握一定的技巧，从而避免他们对沟通者产生误解。与大学生沟通并不是随意可为，必须讲求"沟通艺术"，使沟通合情合理，丝丝入扣，动之以情，晓之以理。高职院校思想教育工作者在充分认识沟通意义、掌握沟通对象思想动向的基础上，还要不断提高沟通艺术，以增强沟通的效果。

一、要正确认识沟通意义

沟通亦称谈心，是运用对话语言达成思想交流，进行思想教育的一种手段。从心理学角度讲，人可以通过语言的指令来唤起、转移、加强、巩固和调节自身的注意力。苏联心理学家鲁利亚对言语活动进行了系统神经心理研究，结果表明，沟通双方运用的表达性言语及印入性言语在大脑中枢有相对的机能定位。但是，由于大脑的整合作用，有益的沟通不仅能使头脑中的有关定位发生兴奋，还能传播到其他部位，产生积极的心理状态。大脑新皮质大部分是用于语言的。可见，沟通所造成的语言效应是多么重大。因此，通过沟通能使思想政治教育工作者与大学生达成感情相融，思想沟通，能使大学生受到启发，收到教益。沟通的意义不仅可以从生理感官上，而且可以从心理激发和心理认识上得到体现。这种教育方式，同宣讲教育、书刊教育相比，又有其不可比拟的特殊意义。

（一）沟通具有交流性

高校思想政治教育工作者既为人师，又为人友。这种双重身份为与学生交流思想奠定了基础，出于对教师的尊重，学生在沟通中态度认真，实事求是，出于对朋友的信任，学生又情愿道出心中所想，提出自己的观点，这样彼此以诚相待，不仅消除了学生的思想顾虑，而且可以发现沟通中流露出的思想的闪光点，从而提高高职院校思想政治教育的效率。

（二）沟通具有针对性

这更符合人的大脑高度个别的特点。我们常看到，在众人面前讲话，宣讲者与听讲者的感情难以同步。宣讲者难沟通听众，听讲者难于进入"角色"。这是因为人的大脑对信息的输入、存储、编码、提取的方式各有不同的特点和程序。面对众多的受教育者，宣讲教育或书刊教育不可能面面俱到，恰如其分。相对而言，沟通则有着明确的指向性，可以提高听讲者的注意力，增强得到重视的满足感。沟通中思想教育工作者对症下药，因材选言，这样对学生触动性更大。因此，国际上已有人对传统的集体教育方式提出了疑义，并已应用程序教育及计算机辅助教育，实行因人施教，提高了教育效果。

（三）沟通具有随机性。

一个人接受教育的途径很多，如听报告、参加讲座、听演讲等独白式言语教育；书刊、画报、影视等书面语言教育。这些对大学生思想的启迪、激励无疑都起着重要的作用。但它们都存在着一定的局限性，沟通与它们相比，其内容可不受时间、空间方式的限制，更为直接，更为随意。思想政治教育工作者可以根据需要，抓住任何时机，及时地与个别学生进行谈心。这种方式体现了谈心教育的灵活性、适时性，有利于提高教育效果。

二、了解沟通对象，选择沟通时机

思想政治教育工作者与大学生进行谈心，首先要求教育者必须掌握大学生的思想脉搏，了解大学生思想变化规律。纵观我国大学生思想变化起伏情况，可以看到大学生思想容易被动，主要发生在一定的时期时，对党的路线、方针、政策不能正确理解时，工作学习遇到困难或出现失落感时，个人、家庭、恋爱出现危机或加入党团组织受挫时等。遇到这些情况，大学生普遍表现出情绪不定和思想不稳。这些特定的时期正是学生最渴望得到教师帮助、指点的时候，也正是思想政治教育工作者与学生沟通，并会取得较佳效果的最恰当时机。在外部客观条件发生影响的同时，大学生由于其他原因造成的思想波动，在沟通中也必然表现出不同的心理状态，这也是思想政治教育工作者必须了解和注意的。

（一）反感心理

高职院校思想政治教育工作者是党组织的代言人，是党组织联系大学生的纽带。无论何时何地，立场和原则必须坚定不移。有的学生对国际，国内形势敏感，容易偏激，对沟通表现出抵触情绪，或在沟通中发泄不满，以为"举世皆浊，唯我独清，众人皆醉，唯我独醒"，认为沟通也无济于事，易产生对立情绪。有的学生对自己所犯错误不知悔改，与其沟通反而认为无事找事，对沟通持反感态度。因此，在沟通中往往精神不够集中，神态飘移不定，甚至会因一句话不合适而大动肝火，导致沟通结果适得其反。

（二）揣测心理

沟通前，由于不知沟通的内容和目的而先自做出各种猜测。是表扬、是批评、是交流思想还是布置工作？因此，不少学生在沟通开始时言语、表情、神态都比较镇定，用以了解沟通者的用意。

（三）防御、恐惧心理

一些学生以前曾犯过错误，心有余悸，于是形成心理定式，存有戒心。一找他们沟通便顾虑重重，或不愿正面回答沟通者问题，或推辞搪塞，支吾不定，有些学生面临突如其来的事物，往往不知所措，心神不安，希望找人谈谈，以求排除思想包袱，解决面临的困境。有的学生偶犯错误，预感后果严重，对错误性质看得过重，常常坐立不安，神不守舍。他们在沟通中往往心怀恐惧，神情紧张，渴望从沟通者身上得到缓和剂。

（四）懊丧心理

有两种人易发生这种心理：一是平常表现不错，争强好胜的学生，一旦工作学习、个人生活受挫时，往往觉得失落、扫兴，沟通中打不起精神。一种是过去曾犯过错误，经过教育有进步表现，沟通前又犯错误的学生，沟通中追悔莫及，心情沉重。

（五）喜悦心理

沟通之前，学生在工作、学习中取得突出成绩或沟通中经沟通者指点，解除思想疙瘩或困惑，如释重负，往往表现为喜形于色，情绪激动，沟通者与学生一下子成了知心朋友，这种特征在大学生中表现得很典型。实际在沟通中学生显现的心理状态往往不是单一的，常随内心冲突、沟通内容而在沟通过程中有所变化。但在沟通结束时，应使学生的喜悦心理或平稳情绪占主导地位。经验表明沟通结束时，学生心理状态如何，往往直接或间接地反映了沟通的效果。

三、讲究沟通技巧，掌握沟通艺术

通过分析"沟通"在高职院校思想教育中的意义，探讨学生在沟通中的心理状态，我们可以看到，沟通水平高低，直接影响到教育的效果。因此，高职院校思想政治教育工作者必须研究沟通艺术，掌握沟通艺术。

（一）做好沟通准备

沟通准备包括两方面。一是知己知彼。沟通者本身的世界观、人生观、感情倾向与思想深度，以及在沟通中的语言、心境、表情、目光和沟通的内容、时机、方式等，都会对学生产生影响。如，沟通时和蔼可亲，语重心长，那么带有恐惧心理的学生就会打消疑虑，带有对立情绪的学生便会感到心有惭愧，怀有懊丧心理的学生就会振作起精神，激发向上的热情。因此，沟通者首先要调整自己的心境和精神状态，树立沟通信心。与此同时，沟通者也要对大学生有一个全面的了解。大学生处在青年期早期，大脑机能显著发展，大脑皮质对皮下神经中枢的调节还不完全，思维仍带有片面性和表面性，性情仍不稳定，在很大程度上表现得幼稚、主观，情绪变化迅速，易于懊丧又易于激动。因此，沟通者必须在沟通前了解沟通学生的性格、表现及沟通前的情绪变化。二是沟通者要对沟通内容、方式心中有个具体方案。如，说什么、怎么说、在哪里说好、沟通过程中会出现什么问题、开头怎么说、结尾怎么样、如有争执如何调节等。

（二）镇愤关心，以情动人

情感的变化在人的生活中有广泛影响。大学生的积极情感一旦被激发出来，对他们的思想认识和行为方式将会产生巨大影响，因此，做学生的思想工作需要具有火热的心肠、真挚的爱心。解决思想上的问题，不妨先从生活上的关心帮助入手。比如一个学生生了病，思想政治工作者主动深入到宿舍或家中去探望、去关怀，这样可以使他们放下思想包袱，通过一次家访，在感情上发生急剧的变化。此后再与他们沟通，讲道理，提要求，就会收到与以往不同的效果。其实，道理很简单，你诚心诚意体贴他，关心他，为他分忧解难，就容易使双方感情交织在一起，产生信任感，这时一两句话也许就会打开他们心中的"枷锁"，使消极心理一扫而光，积极心理油然而生。

（三）平等相待，以诚相见

大学生普遍受到良好的教育，绝大多数有知识、有修养、懂礼貌、自尊心强、喜交朋友。一般说，他们通情达理，但他们厌恶高高在上的说教。由此，与他们沟通时要平等相待、以诚相见，切忌以势压人。沟通中，以关怀信任的态度对待学生，这样就会使有恐惧、紧张、对立心理的学生解除思想负担，谈出心中所思，心中所想。以平等尊重的态度对待犯过错误的同学沟通更为必要，及时表扬他们身上的闪光点，指出他们的前途，同时，诚恳地进行必要的批评、引导。这样，能使学生对沟通者产生一种信任感和感激的心情，重新点燃自尊的火焰，产生自省过去、超越自我的动力。反之，如果思想政治教育工作者不能联系实际，盲目指责，学生就会对其望而生畏，敬而远之，或进而产生不以为然、不屑一顾的逆反心理，使沟通不能顺利进行。

（四）处理好与异性学生沟通

由于对异性学生沟通存在敏感和男女青年存在的"交际习惯差异"等因素，因此，思想政治教育者在与异性大学生沟通时更要讲究艺术。首先，沟通者要有充分的沟通准备，沟通中保持有礼有节，不卑不亢，达到入情入理。如果自己词不达意，思维混乱，容易使人觉得你态度暧昧，从而产生误会。其次，沟通要注意时间场合，沟通时间应定在双方都方便并便于领导和群众监督的地方，这样，对方在心理上更加坦然，不会产生误解。沟通的时间不宜过长否则容易使人厌倦、也易引起怀疑。再次，要照顾对方性格，待对方情绪稳定了，再耐心引导，让他讲出心里话。大学生都是青年人，因此，对于年轻的思想政治教育工作者来说，与异性学生沟通尤为重要。在有条件和有必要的时候，可以邀请与沟通对象性别相同的其他教师作陪。只要真诚相待，沟通同样会取得良好的效果。

（五）立足说理，启发自觉

大学生具备不同程度的政治理论水平、觉悟水平，及自我意识和自我批评的能力，那种由沟通者一人滔滔不绝地沟通的方式是不可取的，过多的训斥、指责，还会导致沟通对象产生厌烦情绪和逆反心理，产生事与愿违的结果。在个别沟通中输入到学生头脑中的信息，只有转化为他们自身的信息输出，才能成为他们行动的推动力。因此，沟通中必须善于给予对方机会，引导对方讲话，形成交流思想、探讨问题的良好的交谈气氛。启发自觉的方法灵活多样，因人而异。沟通开始前各种消极心理是启发自觉的最大障碍。我们要依据每个人的心理状况予以解决。如对处于恐惧、紧张、猜测、惶惑心理状态的学生就要真诚、耐心地与他们交流。进行政治教育不应用命令、训斥的口吻要求他们接受什么、反对什么，而是要通过摆事实、讲道理，激发他们的自我醒悟。交流开始时或交流过程中，适时地表扬对方，肯定对方优点，使对方感到沟通者诚心诚意，不是持敌对心态对其一味批评，这样容易取得对方的合作。另外，沟通过程中要掌握聆听技巧。很多时候，学生主动地找到老师交谈，主要是想倾吐内心积蓄的话语，此时，思想政治教育工作者耐心、理解地聆听，更能使学生对其信任倍增。通过沟通，使他们深刻地进行自我反省、自我保证、自我监督，增强思想政治教育的"内驱力"。

（六）讲究语言运用技巧

与掌握宣讲艺术一样，思想政治教育工作者在沟通时要注意语言的运用。风趣、幽默的话语，恰如其分的事例，常常能够打破沟通僵局，或者使交谈更为深入，使沟通在愉快、轻松的气氛中正常进行，从而使得思想政治教育工作者与大学生心贴得更近，沟通效果更佳。当代大学生处在建设具有中国特色的社会主义新时期，他们的思想、行为，同过去的年轻人有所不同。为使他们更好地适应新时期社会发展的需要，思想政治教育者就要想方设法与其进行全方位的沟通，掌握大学生的思想脉搏，摸清大学生的行为模式，从而因势利导，对症下药，以达到思想政治教育的最佳效果。具体来说，高职院校思想政治教育要注意以下几种沟通艺术。一是，关心—沟通的钥匙。当代大学生对那种居高临下的说教、虚伪表面的应酬已经厌烦至极，他们需要的是坦诚的感情，热心的帮助，亲切的关心。真诚、热心、适时的关爱往往能收到春风化雨的效果。要达成思想政治教育工作者与青年学生的沟通成功，关心，便成为其重要的第一步，可以说关心是达成沟通的钥匙。关心不是甜言蜜语，不是夸夸其谈，而是实实在在为别人解除烦恼，帮其渡过难关；关心不是锦上添花，席上斟酒，而是雨中送伞，雪中送炭。如果说关心是达成沟通的钥匙，那么真诚则是打开沟通之路的密码。只有怀着真诚的感情、真诚的心意，才能付诸真诚的语言、真诚的行为，才能以一颗真诚的心换取另一颗真诚的心。在校大学生年龄多在二十岁左右，正处于世界观、人生观的形成期，对事物的认识处于一种朦胧的状态，他们渴望与自己的朋友、老师达成一种真诚的沟通，以修正自己的观念、意识。因此，我们的思想政治教育工作者应该认识到大学生的这些特点，给予真诚的关心，使他们少走弯路，少碰钉子。假如不把关心落在实处，很容易使其对思想政治教育产生逆反心理，以致误人子弟。二是热点——沟通的突破口。当代大学生思想活跃，常常形成一些"热点"。这些热点出现之时，几乎势不可挡，迅速波及各地。高职院校思想政治教育工作者能否了解热点，抓住热点，并加以引导，便显得至关重要。了解热点，抓住热点，因势利导，往往能够较容易地乘机向学生群体灌输正确观点，从而引导学生步入正确的发展轨道。如果面对校园热点不闻不问，或不知不觉，或不以为然，则往往坐失良机，甚至会使学生在热点漩涡中误入歧途，不能自拔。因此，在沟通过程中，抓住热点可使其成为沟通的突破口。①了解热点。把热点作为沟通的突破口，首先要了解热点，要了解大学生们在"热心什么"。只有这样，才能有所准备，有所针对性地找出引导对策的垂点，达到与学生的沟通。②拿捏热点。一位成功的思想政治教育工作者不仅要了解热点，更重要的是要投入热点，拿捏热点。高职院校思想政治教育工作者必须掌握和进入流行于校园的热点，从而奠定与学生沟通的基础。③参与热点。参与到热点之中，是对高职院校思想政治教育工作者的高层次要求。学生们在接受热点所涉及的内容时，必然会产生偏执、茫然、困惑等种种心态而需要得到指点。思想政治教育工作者可以抓住这样的时机，通过对热点的了解、掌握，进一步加以研究并随之整理出具有说服力的正面材料，以丰富的内容，翔实的情况，参与到学生的讨论中去。一方面会使学生认为老师参与是对学生的重视而受到欢迎。另一方面，又可以准备的内容、材料来使学生心悦诚服并加以正确引导，达到预期的教育效果，从而实现与学生从形式到内容的全面沟通。可见，抓住大学生中的"热点"加以了解、掌握，并在参与时加以引导，是达成沟通的一大突破口。这种艺术的运用往往能收到事半功倍的功效。

四、沟通方式

深入生活，调查研究，再与大学生进行沟通，是高职院校思想政治教育工作者的一项基本功。高职院校中实施的每一项教育工作方案，都是从学生中来到学生中去的。因此，思想政治教育工作者必须提高沟通艺术，抓住各种机会接近学生、了解学生，同学生达成沟通，从而掌握信息，提高教育效果。

（一）深入生活，与学生打成一片

每一个人都愿意和自己的知音、知己或自己信仰、信任的人坦露思想，沟通情感。思想政治教育工作者要想成为学生的知音、知己，被学生尊重、信任，就必须从感情沟通入手，深入到学生中去，和学生打成一片，了解学生真实的思想情绪。深入生活，关心学生痛痒。学生作为青年人，思想容易波动，他们在家庭出现不幸、生活面临困难及在入党入团、恋爱交友中遇到挫折之时，就是最需要关心、帮助的时候，也是思想政治教育工作者显示爱心并借此了解学生思想的大好时机。思想政治工作者要善于走下去，深入到学生之中，不失时机地关心他们，这样更能直接了解学生的真实思想，有助于教育者与学生之间的思想沟通。深入生活，参与学生的活动。如果思想政治教育工作者单一地利用开会、宣讲等形式、场合直来直去地对学生进行教育是不够的。学生的思想动态是多侧面地体现出来的，也需要思想政治教育工作者多侧面地去引导教育他们。因此，思想政治教育工作者就要有意识地根据学生的情趣、爱好培养自己多方面的能力、兴趣，并参与到学生活动中去。比如，你能歌善舞，可能一下子成为联欢会上的中心人物，同学们会因老师的参与而感到兴奋，感到亲切。你的兴趣越广泛，你的知音朋友就越多，谁都愿意把你当作内行与你切磋技艺，促膝谈心，无形之中提高了自己在学生中的威望，形成了以思想政治教育工作者为中心的凝聚力，使思想政治教育工作便于开展。实践证明，那些有一技之长、性情开朗的思想政治教育工作者开展工作，往往比那些封闭型的思想政治教育工作者更有预见性，更富号召力。可以说，组织并参与学生的活动是沟通的一项重要方式，而学会参与，是提高沟通艺术的一个重要方面。参与内容越广泛，与学生的沟通交流机会也就越多，思想政治教育工作者与学生的心贴得越近，实施思想政治教育也就越有力有效。

（二）座谈、讨论是沟通的直接形式

座谈、讨论是思想政治教育工作者与学生进行沟通的最为直观、最为简便的形式。跟宣讲那种一人讲、众人听的方式不同，它是一种集体参与的形式。一般是大家围坐在一起，由主持者提出问题，请参加者讨论、酝酿，大家可就自己关心的内容各抒己见。也可以由思想政治教育工作者与大学生直接对话，彼此面对面，学生直接提出问题，提出想法，思想政治教育工作者当场作答，解决问题直截了当。

由于座谈的形式、特点，使参加座谈的双方能够保持平等的地位，从而能够使气氛融和，情绪平和。又由于双方面对面坐在一起，能够对问题的提出和解决更为直接。所以，它是思想政治教育工作者调查研究、沟通思想所普遍采用的形式。思想政治教育工作者可在融洽、和缓的气氛中把观点、思想、政策、方针加以讲解和贯彻。总之，思想政治教育工作者经常与不同类型学生进行座谈，可及时摸清大学生的思想脉搏，了解他们的所思所想。大学生们通过座谈从思想政治教育工作者那里得到教诲，受到启迪，扫除思想迷雾。这对彼此消除误解、打消顾虑等都有立竿见影的效果。同时，也增强了学生的责任感和参与意识，能使校园生活充满民主气氛。座谈、讨论这种直观化的沟通形式，有很强的透明度。思想政治教育工作者必须言必行，行必果，切不可失信于学生，只有彼此以诚相待，倾心交谈，才能真正达到思想沟通的目的。

（三）建立工作信箱，疏通反馈渠道

建立工作信箱，是使思想政治教育工作者与学生进行沟通，使学生信息得以反馈，从而了解掌握学生思想状况的又一重要方式。大学生正处于青年期，他们的性格、情感、认知都不稳定。有时兴奋起来可以狂欢整夜，有时沉闷起来又可能沉默寡言，这样的特点也决定了他们有时不愿将思想、想法当面流露给别人，但又希望得到帮助，得到解答。这时他们往往把希望寄托于文字，利用文字发散心中的迷茫、愁思，把一些难言之隐通过书信的形式告知他信任的人。这时，思想政治教育工作者设立工作信箱，可以起到"治病救人"的教育作用。学生通过信箱把思想、难题告知思想政治教育工作者，便于后者及时把握学生的思想动态，使他们对问题的解答，对学生的安慰传递给学生。同时，思想政治教育工作者也可以通过信箱与学生进行笔谈，也是一种较好的教育方式。某高校有一位年轻的政治辅导员，刚刚脱离学生群体，走上教师的岗位，深知作为学生的心愿，他首先做的工作之一便是设立了工作信箱，告诉学生有问题不好当面讲的可以写信交谈，结果在一段时间里接到很多学生倾吐思想难题的信件，这位年轻的政治辅导员，也利用他敏锐的观察力、亲身的经历、诚恳的语气、洒脱的文笔与学生进行笔谈，解决了一个又一个学生中的问题，也使很多学生的思想问题解决于萌芽，消灭于无形。在一个学校的整体工作中，学校领导与思想政治工作者设立接待学生日已经成为大学生欢迎的方式。同时设立校长信箱、思想工作咨询信箱，也是达成沟通，使学生信息、学生情况得以迅速反馈的另一有效方式。做好思想政治教育工作，除了运用宣讲、沟通、反馈等艺术以外，还有组织艺术，就是要善于依靠群团组织，依靠群众做好思想政治教育工作。一个系和班级有学生会、班委会、共青团等组织，思想政治教育工作者要通过学生中的积极分子发挥组织的应有作用，从不同角度做好思想政治教育工作。思想政治教育工作者既要发挥他们的主动作用，又不能超越学生干部的职限，影响本人的学习，既给他们出谋划策，按照思想政治教育工作者的意图工作，又不能包办代替。

第三节　高职院校思想政治教育工作队伍的建设

一、思想政治教育工作队伍的来源及条件

大学生思想政治教育具有很强的党性和阶级性，从事大学生思想政治教育的师资队伍必须具备坚定的无产阶级立场，有鲜明的无产阶级政治观点，高尚

的共产主义道德品质，优良的思想作风以及工作作风。大学生思想政治教育是一门综合性学科，必须建设一支具有专业能力和科研精神的精干专业师资队伍。

（一）思想政治教育工作人员的来源

高职院校思想政治教育工作队伍，一部分来自毕业于人文社会科学专业、思想政治教育专业，主攻马列主义基础理论的专科、本科毕业生或研究生，另一部分来自非专业毕业生，但在高职院校内从事了多年的大学生思想政治教育的工作人员。前者具有良好的理论基础和专业知识，对新形势下的思想政治教育工作具有很强的适应性。后者从事了多年的思想政治教育工作，具有丰富的实践经验，但需要不断学习、与时俱进，丰富自身的政治理论和思想政治教育专业知识。除去上述两部分从事大学生思想政治教育工作的人员外，还有一部分人是长期从事其他业务教学工作的教师或党政部门干部，因为学校需要，转变了工作方向，担当起学生思想政治工作或思想政治教育的领导工作，他们也需要继续学习，补充自身理论知识的不足。在很长一段时期内，上述三类人员将是大学生思想政治教育队伍的主要来源。

（二）任职条件

学校对学生的思想政治教育是一项重要工作，是培养大学生全面发展的重要环节。思想政治教育工作队伍是高职院校教师队伍的重要组成部分，高职院校应该根据从业人员的水平、能力和实际贡献，聘任与之相适应的职务，把这支队伍建设成为一支专业化的教学科研队伍，同时又是一支实际工作的专家队伍。

1. 基本任职条件

从事学生思想政治教育的专业教师，其任职的基本条件是，坚持四项基本原则和改革开放两个基本点，努力学习马克思主义、毛泽东思想和党的路线、方针、政策，在思想和政治上与党中央保持一致，热爱学生思想政治教育工作，具有为本职工作献身的精神，具有优良的思想道德品质和良好的作风，同时还要全面地履行自己的职责，积极承担工作任务，有较强的责任心。

2.讲师任职条件

讲师要具有相当于思想政治教育专业第二学士学位毕业的资质，具有马克思主义理论知识、从事思想政治教育的专业知识和丰富的社会实践经验，在此基础上还需要具备与之相关的哲学、社会学、人文科学等基本知识，有能力担任思想政治教育工作。

作为讲师要具有组织和指导一个系或年级的学生思想政治教育的能力，有效组织、指导学生的党团、学生会、学生社团的建立，掌握学生的思想状况和动态，及时发现学生思想问题。能够结合学生的思想特点和思想实际，举办有教育意义和效果的专题讲座、报告。有效做好个别学生的思想工作。能较好地总结学生思想政治教育工作的经验，进行有关的科学研究。

一般情况下，讲师的任职需要其具有四年以上的助教工作经验；或是硕士研究生毕业，已获取思想政治教育的学士学位并具有两年以上助教工作经验；再或者是博士研究生毕业，经校方严格考查具有胜任讲师职位的能力。

3.助教任职条件

助教需要掌握马克思主义理论的基本知识，对政治、经济、教育等某一学科具有系统的知识，能够领会党的十三届三中全会以来的路线、方针、政策。

助教还需有能力组织和指导一个年级的思想政治教育工作，并学会做个别学生的思想工作；能承担思想政治教育方面课程的教学辅导工作，参加组织和指导学生入学教育、学风校纪教育、奖学金评定、学生社会实践活动和毕业教育分配等工作；能参加并指导学生党团组织、学生会、学生社团的活动；能参加学生思想政治教育工作的调查研究和教育管理规律方面的科学研究；在校、系学生思想政治教育部门工作有所成效。

助教的任职需要具有三年工作经验的专科毕业生，或一年实习经验的本科毕业生，再或者是已获取思想政治教育学士学位的硕士研究生，只要经过高职院校的考查具备了助教任职要求，都可以开展对大学生思想政治教育的助教工作。

4.副教授任职条件

副教授要具有系统而坚实的马克思主义理论基础，有较丰富的思想政治教育专业知识和相关的哲学、社会科学、人文科学知识和比较丰富的实践经验；系统地讲授过一门思想政治教育方面的课程，教育质量高，效果好，并能指导学生的社会实践活动。能及时了解和掌握学生思想政治教育有关学科的发展状况，并公开或在校内发表过具有专业水平的学生思想政治教育方面的著作；还要对大学生中存在的错误思想具有较强的分析、说服能力。

副教授的任职需要具有三至五年的讲师工作经验，或是具有两年讲师工作经验的博士毕业生，经过高职院校的考查并具备了副教授任职要求，才可以开展对大学生思想政治教育工作。

5.教授任职条件

教授相比于副教授来说，需要具有更高的马克思主义理论水平，有更渊博的思想政治教育专业知识和相关的哲学、社会科学、人文科学知识和丰富的实践经验，系统地讲授过两门以上思想政治教育方面的课程，教学质量高、效果好。理解党十三届三中全会以来的路线、方针、政策，还要具备领导、组织、指导全校学生思想政治教育工作的能力。能够领导思想政治教育学科的教学、科研工作，根据工作需要能担当学生工作的高级领导职务。了解国内外有影响的社会思潮的主要观点和发展趋势，并对某一领域有比较深入、系统的研究，公开或在内部发表过对学生思想政治教育具有指导意义的论文、专著。

教授的任职需要具有五年以上副教授工作经验，经过高职院校的考查具备了教授任职要求，才可以开展对大学生思想政治教育工作。

二、思想政治教育专业人员的素质、知识和能力

（一）素质能力

素质的含义从狭义上来讲，是指人的感觉器官和神经系统方面的特征。从广义上来讲，是指人的性格、兴趣、气质、风度等。这里我们探讨的是广义上的素质。

不同的社会职业对人的素质要求不同，从事大学生思想政治教育工作的师资队伍，除了应具备人民教师必备的业务素质外，还应对其素质有一定的特殊要求。

1.政治素质

思想政治教育专业教师的工作任务和工作性质决定了其要具备优秀的政治素质。我国高职院校以培养德智体全面发展的学生为主要任务，培养的人才须具有坚定正确的政治方向。所以，在培养优秀人才过程中，思想政治专业教师的责任重大，其必须具有优秀的政治素质。

教师的政治素质主要包括政治方向、立场；政治观点、信仰；政治意识、倾向和政治觉悟、品质等等。教师的政治立场和观点是政治素质的核心。教师的言行对学生会产生很大的影响，作为思想政治教育的教师一定要时刻保持清醒的头脑，不能随心所欲、为所欲为，对学生的思想政治教育要从党的方针路线出发，运用辩证唯物主义的观点看待问题。

政治品质也是思想政治教育专业教师政治素质的重要组成部分，没有政治信仰追求，政治上不光明磊落，只考虑个人利益，抛弃事业和同志们的利益，这些都是政治品质缺失的表现。这样的人不能承担对大学生的思想政治教育工作。作为思想政治教育工作者，要能够在任何艰难困苦环境下都能保持共产党员的高风亮节。

很多从事思想政治教育工作的青年同志，脑海里缺乏政治思想。作为思想政治教育工作者，担负的是思想政治教育任务，要正确及时地宣传党的路线方针政策，如果缺乏政治意识就很难做好对大学生的思想政治教育工作，最终成为碌碌无为的庸人。

2.思想道德素质

思想道德素质主要包含思想意识、职业道德、工作态度和工作方法等内容。思想道德素质是思想政治教育教师的立足之本。

第一，思想意识。思想观念是思想意识的突出表现，它随着整个社会经济情况和政治状况的变化而变化，是客观现实在人意识中的反映。党的十三届三中全会以后，党的思想路线和客观形势发生了巨大变化，一些旧的传统思想观念需要随之更新，思想观念必须具有鲜明的时代特征。当前，我国正处在快速发展和改革的时代，任何的变革首先是人思想观念的变革，这就要求从事大学生思想政治教育的工作者必须树立符合时代要求的新观念，用新的思想观念去教育学生，加强学生对改革的心理承受力，站在改革前列，做改革的先锋。

我国经济的快速发展需要大量的人才参与进来，思想政治教育专业教师还需要及时更新人才观念。人才不是一种模式，也不是一种类型，对于全面发展的人才，更不是要求他们在各方面都样样精通，所谓全面发展指的是大学生的基本素质。大学生还处于成长过程中，可塑性很大，不能对他们要求过高、操之过急。思想政治教师要鼓励学生努力学习，超越教师，真正能够面向现代化、面向世界、面向未来。

随着全球政治、经济、科技的飞速发展，必然会导致许多观念的重大变化，作为思想政治专业教师一定要跟上时代的发展，转变思想观念，带领大学生走在时代最前沿。

第二，工作态度。工作态度不仅是思想道德素质的一个组成部分，同时还是思想道德素质最直接的表现。思想政治专业教师首先要具有强烈的事业心，认识自己从事的工作意义和价值。思想政治教育需要每个教师发挥个人的主动性、灵活性和创造性，思想政治教育需要在一定的时间之后，才能充分显示出教育的效果。工作的服务性是构成工作态度好坏的另一个方面，学生思想政治教育，实质上是为学生成才服务的工作。领导、管理、教育，说到底都是服务，为党的教育事业服务，为学生成才服务，为学生能够在学校健康成长服务，为学生能够把握正确方向、选择正确的人生道路服务。要做好服务，思想政治教育专业人员必须要有一种牺牲精神，要舍得花费气力和心血。比如，对一些青年学生，对思想观点上有些偏颇的学生，要帮助他们端正思想，放下包袱，需要反反复复做大量的深入细致的思想工作。没有自我牺牲精神，没有为学生成才服务的思想，是做不好的。

第三，作风和方法。对思想政治专业人员的工作作风和方法主要强调三点：首先是民主作风与科学态度问题，其次是工作的原则性和灵活性问题，再次是深入实际调查研究问题。

思想政治专业人员开展思政教育，必须讲究民主，尊重学生，爱护学生，不能损害学生的人格。在教育过程中，要多与学生进行沟通，虚心听取学生的意见建议，平等地和学生探讨问题。作为思想政治专业人员，只要作风民主，态度温和，就有利于教育工作的开展，师生之间不会有矛盾产生。思想政治工作还需要运用科学的方法来提高工作的质量和水平，学会运用理论、科学、现代化技术指导思想政治教育工作，减少工作的盲目性，避免作无用功。

思想政治教育工作中要保持原则性和灵活性的高度统一。原则性强，是思想政治工作者优良的思想和工作作风，要对学生中不良的思想、对学生的违法乱纪行为，一定要坚持原则，严格处理。在坚持原则的基础上，还要保持方式方法的灵活性。教育方法的选择要考虑到教育对象的接受能力、原有思想水平以及本人的性格特点。工作方法必须要根据对象、时间、事件的不同而做出相应的调整。讲究灵活性，目的是为了坚持原则性，不讲究工作方法，没有灵活性，做不到随机变通，原则实际上是坚持不住的。

深入实际调查研究是党的优良传统和作风。思想政治教育工作者要继承和发扬这一优良传统作风，深入到学生之中开展调查研究，这样才能及时发现问题，并有效解决问题。思想政治教育工作者应该经常深入实际调查研究，学会走群众路线，要有深入群众的好作风。

第四，职业道德。大学生的思想政治教育工作是培养人、教育人的社会活动，青年学生往往把教师视为自己理想的化身，尤其是对思想政治教育专业教师的人品，心目中有时比对其他教师要求更高，所以教师一定要注意自己的言行，在工作和生活上给学生起到示范的作用。思想政治专业教师的职业道德突出体现在热爱自己的工作，对学生负责，一心一意为大学生成才服务。思想政治教育的专业教师需要表里如一，言行一致，对学生的思想政治教育谈的都是革命的人生道理，若要学生相信这些道理，并在日常生活中按这些道理去做，首先教师要保证自身说到做到。因此，这种职业道德要求教师更加大公无私、助人为乐，心甘情愿地为学生成才做出贡献。事实上，在辅助学生成才、成功之时，也就是思想政治教育专业教师在事业上获得成功的时候。

3. 科学文化素质

思想政治教育专业教师除去具备专业素质之外，还需要有高水平的科学文化素质。首先，思政教师要具备大专以上的文化水平，不但要掌握与思想政治有关的社会科学和文化知识，还要有一定的自然科学技术知识。思政教育专业教师只有具备了高水平的科学文化素质才能在教学中深入浅出，言简意赅，从而保证教学的质量。其次，较高的科学文化素质还需要有强烈的求知欲。只有不断地学习新知识，才能适应社会的发展。若教师只满足现有知识，没有追求新知识的兴趣和欲望，很快就会变成落后于时代的人。学校考查一个思想政治教育专业教师的科学文化素质，除了重视教师的受教育程度外，还要重视教师不断获取新知识的能力。另外，思想政治教育专业教师还需要有一定的审美能力和艺术欣赏水平。

（二）知识素养

知识是人们在改造世界的实践中所获得的认识和经验的总和。知识对于不同的工作岗位具有不同的要求，由于人的大脑容量有限，学习和记忆能力有限，不可能学会所有的知识，因此处在不同的工作岗位所需要的知识体系和知识结构是不同的，这就需要大量吸收所在岗位的专业知识。

1. 知识体系

思想政治教育专业教师的知识体系主要由三方面组成：第一，管理学知识。思想政治教育工作要对学生进行科学的管理，制定明确的规章制度，规范学生的言行，教育学生明白哪些事情可以做，哪些事情不可以做。第二，伦理学知识。思想政治教育专业教师要用社会主义伦理道德观念引导学生面对各种事情应如何去做，使之成为社会所需要的人。第三，法理学知识。即教导学生在纪律和法律允许的范围内从事各种活动，不做违法违纪的事。这样的知识体系可以满足思想政治教育工作的需要，把思想政治教育专业教师培养成青年学生健康成长的导师，把思想政治工作渗透到学生生活的各个领域。

2. 知识结构

人们把所需的知识按照一定的形式组织成一个整体便是知识结构，合理的知识结构会使思想政治教育专业教师掌握必要的知识，形成巨大的创造力。由于思想政治教育专业教师具有不同的爱好、习惯和经历，每个人的知识结构是不同的。但是，作为思想政治教育专业教师，有些知识是其应必须具备的。首先要具有坚实的马克思主义基础理论知识，这是开展思想政治教育的核心，其次要具备系统的党的方针路线和思想政治工作的优良传统知识，对于思想政治教育的专业知识更应该全面的掌握。思想政治教育是一门包含教育学、社会学、法理学等综合性的学科，思想政治教育专业教师要积极吸收各科的相关知识，只有综合系统地运用这些知识才能把握思想政治教育工作的规律，在对学生教育过程中才具有吸引力和感染力，把思想政治教育融入学习、娱乐之中，实现思想政治工作的科学化。

3. 知识结构的优化

每一位思想政治教育专业教师的知识结构是不同的，在构建知识结构上都面临着一个问题，即各种知识成分应如何合理配比，形成最优化的知识结构。

（1）合理知识结构的基本特征

任何知识结构都是一个不断进行调节，不断进行优化，使之不断趋近合理的动态结构。知识结构的合理具有如下特征：①整体相关特征。组成知识结构的几部分知识，应当是相互适应的，彼此能够协调。整体相关即不但知识的数量大，而且必须相互能配合。知识之间协调好，则可能会在已有的知识之间，产生出新的知识，使人产生独创性见解，产生大于知识数量简单相加的效应。②核心层次特征。不同的思想政治教育教师具有不同类型的知识结构，但是最重要的知识结构核心是具备马克思主义理论，同时还要吸收相关知识，构成环绕知识结构核心的若干层次，并在学习和工作中发挥不同的作用。有的教师核心坚实，但缺乏相关的知识，导致知识面狭窄，在开展思想政治教育工作时缺乏实例支撑；有的教师核心不实，相关知识庞杂，对思想政治知识不够深入，工作时根基不稳；还有的教师外围知识分不出主次，分不出层次，这也不是好的知识结构。③动态调节特征。人们在求知过程中，经过量的积累、储存逐步形成了一定的知识结构，这是一个从无序到有序、从低级形式到高级形式不断发展变化的过程。思想政治专业教师应该在专业基础知识具备之后，尽早尽快地找到创造目标，主动根据目标要求调节知识结构，使其具有一定的方向性，使结构尽快进入调节过程。

（2）建立合理知识结构应遵循的原则

首先是理论联系实际的原则。其次是广泛性与精深性相结合的原则，基础知识的面要宽广，但也必须有特长，有自己最擅长的知识层面。再次是动态知识与静态知识相结合的原则。就是说要有一部分相对稳固的基础知识，时效比较长，同时还要有一部分能随时代变化发展的知识，在流动中学习和使用。最后，是个人爱好与工作相结合的原则。学习知识，建立知识结构，个人要从工作需要出发，为用而学，同时照顾个人爱好兴趣。目前，思想政治教育专业教师队伍的知识结构，就多数人来讲存在着两个比较突出的问题：一部分中青年教师，尤其是非思想政治专业毕业的教师，比较缺乏马克思主义基本知识。除了在大学期间学习到的马列主义基础理论课之外，对马克思主义的其他著作学习不够，知识结构的核心或基础不坚实。二是部分老年教师缺乏新兴学科和边缘学科以及其他系列的知识，知识面不够宽，新知识匮乏。思想政治教育专业教师需要不断对不合理、不健全的知识结构进行调整，使知识结构不断优化。

（3）优化知识结构的方法

优化知识结构，主要从两个方面进行：首先是非智力因素的优化。非智力因素主要是指人的个性、意志、品质等，非智力因素在优化一个人的知识结构的过程中发挥着巨大作用。比如，要特别强调勤奋和坚韧，勤奋突出表现在多疑善问，这是大脑勤奋的反映。坚韧是指持之以恒，不怕挫折、不怕失败的精神，知识在人的积累过程中会受到各种社会因素的影响，在社会消极因素，尤其是处于逆境之中，坚韧不拔的品质尤为重要。其次是智力因素的优化。知识结构中智力因素的优化内容很广泛，其中哲学学习对优化知识结构具有重大作用。哲学修养决定着人的理论思维水平，辩证唯物主义哲学更是思想政治教育工作者的锐利武器，为他们创造性的智力劳动提供了理论支持。哲学对提高人的智力水平和改善人的知识结构具有重大作用，它越来越受到大家的重视。对大学生的思想政治教育是一项复杂的工作，必须依靠哲学思想的指导，所以优化知识结构需要思想政治教师打好哲学基础。

（三）能力素养

能力是直接影响人的活动效率，使活动任务顺利完成的个性心理特征。根据能力影响范围的大小，可将能力分为一般能力与特殊能力。一般能力是指观察力、记忆力、思考力、想象力等，适用于广泛的活动范围；特殊能力是指在特殊活动领域发生作用的能力。思想政治教育教师开展教育的工作能力是指以马克思主义理论作为指导，运用各科知识，独立从事各项工作，解决思想认识问题和现实问题的能力。它包括理论联系实际的能力、组织管理能力、科学研究能力和宣传鼓动能力等。

1. 理论联系实际的能力

高职院校思想政治教育专业人员，属于理论工作者，要不断研究理论，向学生传授理论知识，同时又属于实际工作者，要做大学生的思想政治工作。然而，思想政治教育专业人员不是纯粹的理论工作者或实际工作者，他们需要运用理论去指导解决思想实际问题。因此，特别需要理论联系实际、指导实践的能力，把理论作用于实际、把精神转化为物质的能力。马克思主义理论之所以具有无限的生命力，就在于它能密切联系实际。要具有较强的理论联系实际的能力，除了具备一定的理论水平和实际工作经验之外，还要注意从以下四个方面努力：第一、从解决实际问题出发，开展思想政治教育要有针对性。第二、要敢于上升到理论高度去分析回答问题。做学生思想政治工作，要从实际问题入手，要善于帮助学生解决立场、观点、方法问题。要善于用理论去说服教育学生，抓住问题的本质，解决实质性问题。第三、制订工作计划时要有全局观念，从更高的立足点去看问题，运用理论来指导工作。第四、工作总结时，要善于上升到理论高度，从工作实际中找出规律性的东西。

2. 组织管理能力

组织管理能力是一种综合的工作能力，思想政治教育专业教师作为教育的管理者需要具备计划能力、组织实施能力、判断能力、协调能力等等。培养和提高教师的组织管理能力要注意以下三个方面：

第一，善于使用规章制度。规章制度是为满足工作需要由管理者制定的，管理者要学会利用合理的规章制度，去规范人们的思想和行为，保证人们的思想和行为不失控。高职院校的思想政治教育工作，规律比较明显，周期性比较强。如新生入学教育、普法教育及奖学金评定、毕业教育和分配等，是高职院校每年都要重复进行的，这需要制度规定，在大多数情况下，高职院校按规章制度的要求去做并不困难。尽管如此，执行、贯彻规章制度也要有专人负责。执行制度，要坚持原则，不能在某个人或某件事上丧失原则，而在千万人身上失去制度的威力。

第二，必须善于学习接受新的管理思想。作为思想政治教育工作者在继承和发扬党的优良传统管理经验的基础上，还要把眼光放到国外，学习外国先进的管理思想、方法和技术，探索出适合中国特色社会主义的思想政治工作组织管理方法。

第三，组织管理。首先是对自己所领导的人员的管理，作为某个单位的主要负责人，对不同的员工要提出不同的要求，提出不同的奋斗目标，并帮助他们共同实现奋斗目标。员工不但要完成工作，还要在工作实践中受到训练，得到提高。作为思想政治教育工作者要从学生现有的能力和特点出发，向他们讲明工作的指导思想、具体要求和应达到的目标，并使学生亲身体验到学习思想政治给生活、学习带来的益处，主动向更高的奋斗目标迈进。对于学习和生活中的一些事情要放手让学生自己去做，在他们学习、生活中及时给以指导。发生不同意见时，大家要反复交换思想，最终达成一致意见。对于学生的合理化建议和创造性思想，要充分肯定，并给予物质或精神奖励。组织管理能力的强弱也表现在对自己的严格管理上，管理他人的前提是严于管理自己。作为思想政治教育工作者对自己也要实行目标管理，要确立适合自己实际能力的追求目标，并善于取得他人的帮助。要深知自己的能力水平和经验水平，对自己的缺陷和短处要做到心知肚明，并制订出对其不断完善的计划。在工作和生活中要充分利用时间，平行或交叉地处理多项工作，把紧急而重要的事情放在最前面做，难度系数高的工作要集中精力去做。同时还要养成勤于读书的习惯，开阔自己的视野，不断提高对学生教育的吸引力和凝聚力。

3. 科学研究能力

科研能力是指思想政治教育工作者的调查能力、分析能力、综合能力和研究能力。科研的第一步是进行调查，教师科研题目的选择和确定都需要做好调查这项基础工作。没有调查就没有发言权，思想政治教育工作者若要了解实际情况，必须向社会各方面开展调查，只有通过真实的调查才能掌握具体实际情况，调查过程中要正确对待各种不同的意见，防止偏听偏信现象的发生。调查之后要有分析的能力，运用马克思主义的观点和方法对调查到的实际情况进行科学的分析，如果调查到的事实是正确的，但分析方法不恰当，会导致错误的结论产生。对调查到手的材料要认真分析、分类，使其更加直观，更便于认识事物的本质和它们之间存在的联系。创造能力是研究能力中最本质的能力，凡是有价值的研究都需要思想政治教育工作者具有独特的见解和新的思想观念，或对前人的研究做出补充，或从无到有的新发现，再或者是与众不同的标新立异。总之，思想政治教育工作者进行科学研究要有所发现、有所创造，而不是一贯向学生传授别人的思想或结论。

4. 宣传能力

思想政治教育工作其实也是宣传工作，它需要思政教师具有宣传能力。简单来说，宣传能力就是说话的能力和写作能力，人们的思想、观点需要通过语言和文字进行传播交流。宣传能力需要通过说话和写文章来提高，要使学生接受思想政治教育的观点，思想政治教育专业人员需要加强自己的表达能力，在开展思政教育工作中要善于运用深刻的思想、丰富的内容、严密的逻辑和生动的语言来提高对学生的吸引力，取得思政教育的效果。培养和提高宣传能力需要注意三个方面：第一，重视宣传和舆论。作为思想政治教育专业人员要重视社会大环境的舆论，还要重视自己工作范围内的舆论，在班内培养和建立一支宣传舆论队伍，善于运用各种宣传工具做工作，占领错误思想舆论的宣传阵地。第二，追求"逻辑"的力量。逻辑性突出表现在思想政治教育专业人员报告的水平和文章的力度上，逻辑能把隐藏的道理推到显著的地位，能在对个别的道理的推论上总结出一般的道理，还能从已知的道理推论出未知的道理，思想政治教育专业人员要重视逻辑的力量，不断进修逻辑学，使宣传具有说服力。第三，提高语言和文字表达能力。语言和文字表达能力是宣传能力的基础，语言表达能力和文字表达能力都需要情理交融，思想政治教育专业人员需要学会广征博引，纵横对比，循循善诱，努力提高自身语言和文字表达能力，练好宣传能力的基本功。

三、思想政治教育专业队伍的建设

落实大学生的思想政治教育工作，需要建设一支结构合理、相对稳定、素质过硬的思想政治教育专业队伍，如此有了组织保证才能提高思想政治教育的有效性。在对思想政治教育工作队伍建设过程中，提高认识是前提，转变观念是先导，长效机制是根本，稳定队伍、改善结构是核心，优化环境是保证，科学研究是理论支撑。

（一）提高对大学生思想政治教育队伍建设紧迫性的认识

认识是行动的先导。做好大学生思想政治教育队伍建设的前提是提高人们对大学生思想政治教育队伍建设的认识。党、政府以及学校要通过政策引导、舆论宣传、学习教育等各种方式和手段，统一思想，转变观念，增强人们对新形势下大学生思想政治教育队伍建设的紧迫感。让人们充分认识到加强大学生思想政治教育队伍建设，是有效解决高等教育改革给大学生思想政治教育带来的新问题的迫切需要；是主动应对国内外形势快速变化给予大学生思想政治教育严峻挑战的迫切需要；是全面实施科教兴国和人才强国战略，确保我国在激烈的国际竞争中具有人才优势，确保加快推进社会主义现代化的宏伟目标，确保中国特色社会主义后继有人的迫切需要。

（二）建立科学的队伍建设管理体制和工作体制

大学生思想政治教育队伍建设是一个系统工程，需要建立科学的领导管理体制和机制。只有理顺关系、强化职能，建立健全与法律法规相协调、与高等教育全面发展相衔接、与大学生成长成才需要相吻合，适应思想政治教育队伍发展要求的大学生思想政治教育队伍建设的管理体制，才能形成思想政治教育队伍建设的规范化、制度化和科学化的长效机制，提高建设水平，实现思想政治教育队伍建设的关键目标，加强大学生思想政治教育队伍建设。

1. 各级党委统一领导、党政群共同努力、全社会大力支持

大学生思想政治教育和思想政治教育队伍建设的强大合力是由党的领导、党政群共同努力和全社会的大力支持三方面共同构成的。教育部门要对高职院校大学生思想政治教育队伍建设统一规划、组织协调、宏观指导和督促检查。社会各个方面要积极关心支持大学生思想政治教育工作和大学生思想政治教育队伍的建设，积极为大学生思想政治教育队伍建设提供便利的条件，营造良好的氛围和社会环境等。国家需要建立和完善与之相关的政策、法规。政策要具有科学性、针对性、权威性和导向性，法规要具有强制性和约束性，科学合理

的政策、法规对思想政治教育队伍建设具有重要的意义。国家和各地要建立健全与法律法规相协调、与高等教育全面发展相衔接、与大学生成长成才需要相吻合，适应思想政治教育队伍发展要求，教育、组织、人事等部门协调一致的政策、法规和制度体系，使整个大学生思想政治教育队伍建设有法可依、有章可循，形成队伍建设的长效机制。就目前来讲，除坚持已有的政策和制度外，还要重点建立大学生思想政治教育队伍选拔制度、培养制度、管理制度、激励保障制度，来吸引优秀人才从事大学生思想政治教育工作。

2. 学校党委统一领导，党政共同负责，全校紧密配合

大学生思想政治教育队伍的建设是思想政治教育工作的基础。高职院校党委要统一领导大学生思想政治教育队伍建设工作，根据大学生思想政治教育队伍的状况制订出队伍建设的总体规划，全面部署和安排大学生思想政治教育队伍建设。作为高职校长要明确自身的工作职责，全面负责大学生思想政治教育队伍的建设工作，把思政队伍建设放在与教学队伍、科研队伍同等重要的位置，纳入高职院校整体工作之中，统一领导。把大学生思想政治教育队伍的建设写入高职院校发展规划和工作计划当中，对队伍的规模、结构、综合素质等做出科学的预测和建设规划，并制定相应的选拔机制和激励机制，在动态中不断优化大学生思想政治教育队伍。

（三）建立资格准入和考评制度，保证队伍的活力和战斗力

1. 建立队伍资格准入制度

建设高质量的大学生思想政治教育专业队伍是高职院校搞好大学生思政教育的前提条件，需要建立队伍资格准入制度、优化选拔制度。随着社会的发展，资格认证制度越来越受到社会的公认，我国的律师、会计、医生等都有专门的权威部门认定的资格证书，使其工作可以得到大家的普遍认同。从事大学生思想政治教育的教师也要走职业化道路，建立专门的资格考试和考核制度，认定职业资格，强化职业技能。确定严格的准入条件。根据不同类别教师的岗位职责要求，分别确定相应的准入条件，实行凭证上岗开展教学活动。对不具备资格或不符合从业条件的教师，一律不准进入学生思想政治教育队伍，避免抑制大学生思想政治教育的良性发展；坚持标准，公开选聘。高职院校首先要明确

大学生思想政治教育的岗位数量和岗位职责，在此基础上公开选聘思政教育人员，可以通过选拔、引进、外聘等渠道，采用推荐和公开招聘的方式，凡经过严格考试的人员才可上岗从事对大学生的思想政治教育工作。考核过程严禁随意降低要求，确保大学生思想政治教育队伍的质量。

2. 完善队伍考核制度

现阶段，大学生思想政治教育队伍的结构极其复杂，他们之间的年龄、知识背景和能力各有不同，这需要建立严谨的考核制度，建立多层次、全方位的工作绩效考评机制，以激发思政教育人员的工作积极性、主动性和创造性，提高他们的教育质量。建立健全队伍的考核制度。首先，高职院校要根据大学生思想政治教育的工作目标和思想政治教育的岗位性质及责任，明确各类思政教育人员的工作职责和要求。其次，实行思想政治教育目标责任制，把学生思想政治教育的各项工作具体落实到每一个思政教育人员，并建立合理的考核制度，制定相应的可量化的考核标准，并在此基础上形成有效的监督制约机制。再次，对不同岗位的思想政治工作人员进行定期全面考核和不定期的专项工作考核。考核评估工作要多角度、多层面，上级、同级、学生和自己都要参与到评估活动之中。做到定性和定量相结合，短期考核和长效管理相结合，学生评议、同行评价和组织考核相结合。建立多层次全方位的工作绩效考评指标体系。根据思想政治教育工作人员的岗位职责，结合学校思想政治教育工作实际，从大学生思想政治教育各类人员的政治素质、授课技能、工作态度、工作业绩等方面建立科学合理规范的思想政治工作评估指标体系。由于大学思想政治教育实践性较强，要着重考核思政教育人员的思想政治素质、理论政策水平及从事学生思想政治教育工作的实绩和能力。同时，考核指标要切实可行，尽量做到"实化、细化、量化"，具有可操作性；完善激励约束机制。对思政教育人员进行严格考核之后，要将考核结果与职务、奖惩、晋升和相应的岗位待遇挂钩，将其作为评优、晋升、提职和奖励的重要依据。对于思想政治教育工作表现差的要给予批评教育，高职低聘，并限期改正和提高；对思想政治教育工作表现好、成绩突出的，要给予表彰奖励、提拔重用，低职高聘；对不适合从事大学生思想政治教育工作的人员要及时调离转岗，只有形成良好的竞争激励机制才能不断提高大学生思想政治教育工作人员的教学质量。

（四）落实保障措施，保证队伍相对稳定，促进专职队伍职业化

高职院校建设大学生思想政治教育专业队伍，提高思想政治教育教学质量，需要从政治、生活、工作上关怀他们，给予他们优厚的政策和待遇支持，以吸引更多的优秀教师投入到大学生思想政治教育工作之中。政府、学校和社会要努力创造良好的政策环境、工作环境和生活环境，使他们工作有条件，发展有空间，做事有平台，保证大学生思想政治教育队伍的稳定性。

1.政治上进一步明确身份，提高地位

大学生的思想政治教育工作是高职院校教育工作的重中之重，思政教育专业人员作为该项教育工作的具体实施者，必须在政治上明确其身份，提高地位。一是切实解决教师职务的评聘。各地方高校教师专业技术职务评审委员会，要专门制定大学生思想政治教育专业技术职务评审标准，坚持工作实绩、科学研究能力和研究成果相结合的原则，对于中级以下职务应侧重考察工作实绩。高校应结合各校实际情况成立专门的技术职务聘任委员会，制定专门的大学生思想政治教育教师职务评聘的具体条件，突出其从事学生思想政治教育工作的特点。二是确定相应的行政级别。对于专职从事学生思想政治教育人员尤其是辅导员，高校可根据其任职年限及实际工作表现，确定相应的行政级别。三是完善评优奖励制度。党和政府以及高校，要建立专项评优奖励制度，定期评选表彰大学生思想政治教育先进集体和个人。设立大学生思想政治教育政府奖，将大学生思想政治教育工作的表彰纳入全国性的教师和教育工作者的奖励体系中，表彰优秀辅导员、班主任、大学生思想政治教育工作者和大学生思想政治教育工作先进集体，树立一批大学生思想政治教育工作的标兵。

2.提高思政教育专业人员的经济及相关待遇

大学生思想政治教育是一项繁杂的工作，同时还具有特殊性，高职院校要在人事分配制度改革中给予思政教育专业人员相应的岗位津贴和特殊补贴，并确保他们的实际收入不低于本校同职级专任教师的水平，同时还要保障他们有足够的专项经费用在学习、培训、考察等方面，在住房、子女就业和其他生活条件方面给予倾斜，为思政教育专业人员解除顾虑，让他们能全身心地投入到

学生思想政治教育中，并充分发挥其积极性、主动性和创造性。

3. 个人发展上拓展职业发展空间

高职院校学生思想政治教育队伍的管理，要统筹规划其职业发展，体现动态性原则，对现有思政教育专业人员进行培训，不断吸收具有高水平的思想政治教育专业人员，对原有思政教育队伍不断进行更新，拓宽他们的职业发展空间。一是积极创造条件，鼓励和支持他们提高学历，攻读相关学位，参加学习考察，不断提高能力和水平，使其具备能够长期从事学生思想政治教育工作的条件，具有向职业化和专家化方向发展的基础。二是重视专职学生干部，把他们作为党政后备干部来培养和选拔。根据工作需要，积极向学校和地方领导与管理工作岗位推荐思想政治教育队伍中的优秀分子。三是对于没有能力担任学生思想政治教育工作的人，要为他们创造条件，提供方便，给予妥善安排，免除他们的后顾之忧。

4. 工作条件的保障上满足其工作的有效开展

高职大学生思想政治教育工作具有特殊性，在工作条件上也有不同于高校其他工作的特殊要求。在工作手段上，大学生思政教育专业人员要有通信工具的保证，能够随时了解学生情况，上传下达各种信息，与学生家庭联系沟通；要有声像设备的保证，收集记录各种学生信息和活动资料；要有专业的计算机，用来处理学生数据、查询信息资料、学习新知识、了解新形势。大学生思想政治教育专业人员在开展工作过程中需要大量的教育资料和信息，这就需要学校不仅要为他们提供足够的图书、电子和声像资料，还要创造特殊条件，制定特殊政策，为他们获取工作信息和资料提供方便，使思政教育人员通过多种渠道，了解国际国内形势、党和国家的方针政策，以提高对大学生的思想政治教育的质量。

（五）落实培训措施，提高业务素质，实现队伍专业化

高职大学生思想政治教育工作具有很强的综合性、实践性和科学性，对从事大学生思想政治教育的专业人员有专业要求和专业条件，高职院校要坚持培训制度，落实培训措施，着力提高思政教育人员的综合素质，实现大学生思想政治工作队伍的专业化。

1. 加强主体意识教育，帮助树立崇高的职业理想

主体意识是指学生思想政治教育专业人员关于自身的自觉和明晰的认识，加强对思政教育人员的主体意识教育，增强其职业主体意识，可以使他们富于地责任的以主体身份开展思想政治教育活动，在思想政治教育工作的要求下不断加强自身建设，检讨自身缺点，并不断提高自身素质，以适应社会的快速发展和高职院校学生思想政治教育工作的新要求。

职业理想是指人们对所从事职业即将实现的目标追求，它具有综合性、稳定性和持久性的特点。因此要教育和引导大学生思想政治教育专业人员树立崇高的职业理想，把大学生思想政治教育作为一项崇高的事业来追求，培养他们的职业光荣感、历史使命感和社会责任感，以良好的思想道德风范和高尚的情操去影响学生。同时，加强对思想政治教育人员的教育和引导，提高他们对自身工作性质的认识和育人意识，使他们在繁杂的事务性工作中合理安排时间，认真履行育人的职能。

2. 加强学习与培训，提高理论水平和专业素质

思想政治教育专业人员的理论水平和专业素质对大学生思政教育质量有重要的影响，因此要提高思想政治教育人员的理论水平和专业素质，加强对他们的学习和培训。建立学习培训制度和岗前培训、持证上岗制度。高职院校对聘用专职大学生思想政治教育人员必须严格把关，录用已经完成岗前培训，取得合格证书的人员。岗位培训制度。高职院校要加强对大学生思想政治教育人员的岗位培训，对新聘和现任的思政教育人员要常年组织职业规划、心理咨询、就业指导等思想政治教育基本技术资格培训，让大部分专职学生思想政治教育干部都具备相应的专业技术资格和水平。兼职学生思想政治工作人员上岗前和在岗时，也应结合他们的特点和需要，进行必要的岗位培训；建立培训和研修基地。教育部门要大力建设思想政治教育队伍培训和研修基地，同时学校和社会各界也需在思政教育队伍培训和研修基地的建设上出一份力，如具有思想政治学科硕士和博士授予权的学校可自行建立培训研修基地，各省市的青少年心理健康教育中心也可建立针对思想政治教育的培训和研修基地。对思想政治教育专业人员的培训，高职院校起着不可忽视的作用，高职院校要结合本校学科

优势和工作实际，在校内的培训研修基地对思政教育队伍进行岗前培训和日常培训，积极组织他们学习马克思主义基本理论、思想政治教育基本理论，并在培训过程中重视实践活动，提高他们的职业技能；实施高职院校思想政治教育人员继续攻读学位计划。高职院校要充分利用培训和研修基地，制订大学生思想政治教育人员继续攻读学位的计划。首先要确定大学生思想政治教育队伍的攻读硕士、博士的指标，然后选拔优秀的思想政治教育人员攻读思想政治教育专业硕士学位或博士学位，使其向职业化、专家化发展。鼓励思政教育人员在做好大学生思想政治教育工作的基础上攻读思想政治教育及其相近专业学位，使其不断丰富自己的知识，提高自身学历，努力成为思想政治教育方面的人才。

3. 引导思想政治教育队伍自我提高

在任何事物的发展变化中，内因起着决定性的作用。高职大学生思想政治教育工作队伍的建设，完善和健全相关的外部条件是重要的，但最终起决定作用的还是他们自身的自觉学习、自我修养和实践锻炼。因此，高职院校和社会各界要积极鼓励和引导大学生思想政治教育专业人员刻苦学习、勤于思考、勤于实践并勇于创新，不断自我提高。刻苦学习是要求思想政治教育人员积极主动地向书本、社会和他人学习，对自己的知识结构进行改善，提高自身知识水平和理论素养；勤于思考是要求思想政治教育队伍在社会和教育发展中，面对新情况和新问题能够开动脑筋，勤于思考、善于思考，不断探索新形势下高职院校大学生思想政治教育的新方法，提高高职院校大学生思想政治教育的有效性；勇于实践是要求思想政治教育人员在工作中坚持一切从实际出发，实事求是，积极将所学的理论知识用于大学生思想政治教育工作实践之中，并积极广泛地参加学习考察和社会实践活动，努力提高自身工作能力；勇于创新是要求思想政治教育人员敢于打破传统的教育观念，大胆改革，主动适应新情况，积极探索新形势下大学生思想政治教育的新内容、新途径，解决新问题。

（六）优化高职院校大学生思想政治教育队伍建设的环境

社会和校园环境对大学生思想政治教育队伍的建设和发展具有一定的影响，社会环境主要包含政治、经济、文化因素等；学校环境主要包含物质环境和精神文化环境。高职院校学生思想政治教育队伍建设环境的优化，就是利用、选择和创造一种适合和有利于高职院校学生思想政治教育队伍健康成长和规模、结构、质量协调发展的氛围和空间。

1. 优化社会环境

社会环境是指对大学生思想政治教育队伍建设和发展产生影响的特定社会经济、政治和精神条件的总和。它包括政治环境、经济环境和文化环境等。社会环境为大学生思想政治教育队伍建设提供物质基础和精神条件。加强党的建设，净化社会风气，创造良好的政治思想环境。加强党对高职院校大学生思想政治教育队伍建设的领导。在政治上，要始终坚持高职院校的社会主义办学方向，始终将德育放在高职院校一切工作的首位，把培养社会主义事业的合格建设者和可靠接班人作为高职院校的根本任务，摆在重要位置，切实加强领导。在思想上，强化依法治国和以德治国的观念，坚持科学发展观，从实施科教兴国战略的高度，从培养合格的社会主义事业建设者和接班人的战略高度，通过政策引导、法律规范和舆论宣传等方式，提高全党、全国和全社会对大学生思想政治教育工作重要性的认识，提高大学生思想政治教育队伍建设的重要性和必要性的认识，带头重视思想政治教育队伍建设工作。

社会风气，是指人们在长期的社会实践中形成的社会风尚及人们的精神面貌和思想作风等。社会人民能否健康成长很大程度上受社会风气好坏的影响。大学生思想政治教育队伍的健康成长，需要良好的党风、政风和民风。净化社会风气，首先要端正党风。优良的党风是凝聚党心、民心的巨大力量，全党深入开展党风党纪教育，积极进行批评和自我批评，使全党各级人员遵守党纪和国家法律，继承优良传统，弘扬新风正气。端正政风，政风好坏直接关系到政权的生死存亡，也关系到民风的好坏。要做到有法必依，执法必严，违法必究，保障国家的社会秩序。再次是端正民风。民风是指民间的社会风尚、道德面貌和生活作风等。只有端正民风，人与人之间关系融洽，社会公德高尚，才能保证生产蒸蒸日上，人们才能塑造自我崇高的思想和精神境界；繁荣社会主义优秀文化，为队伍的成长与发展营造良好的文化氛围。人类在社会历史中所创造的物质财富观念及精神财富构成了社会文化环境。文化环境可以为思想政治教育队伍的建设提供精神动力，我们要按党的路线、方针、政策，努力推动社会主义文化的发展，繁荣社会主义优秀文化，为队伍的成长与发展营造良好的文化氛围和环境。建设社会主义核心价值体系，增强社会主义意识形态的吸引力和凝聚力，进一步在全社会弘扬尊师重教的良好风尚，在全社会营造良好的文化氛围。加强公民道德教育，建设和谐文化，培育良好的社会文明道德风尚。要积极发展新闻出版、广播影视、文学艺术事业，以科学的理论武装人，以正确的舆论引导人，以高尚的精神塑造人，以优秀的作品鼓舞人，坚持正确舆论导向，弘扬社会主义主旋律和社会正气。优先发展教育，全面贯彻党的教育方针，坚持育人为本、德育为先，实施素质教育，提高教育现代化水平，办好人民满意的教育，建设人力资源强国。同时，政府要运用行政法律等手段，制定相关的法律法规，为大学生思想政治教育队伍建设提供良好的制度环境。

2. 创造良好的校园环境

高职院校学生思想政治教育队伍建设受校园环境影响较大，校园环境主要是指物质因素和精神因素所构成的氛围，它的影响具有直接性、具体性、深刻性和可控性的特点。创造良好的校园环境有利于学生思想政治教育队伍的建设。加强教育引导，形成良好的观念环境。观念是人们在长期的生活和生产实践当中形成的对事物的总体的综合的认识，往往支配着人的心理和行为。高职院校学生思想政治教育队伍的观念制约着其态度、情感、毅力和成就。学校领导要教育和引导他们牢固树立正确的思想观念，正确认识加强大学生思想政治教育工作的重要性和其在人才培养中的作用和地位，不断向思想政治教育工作者灌输其劳动性质和工作特点，使其能够客观、科学和公正地评价思想政治教育工作者的社会价值。高职院校要充分认识大学生思想政治教育队伍建设的重要性和紧迫性，形成尊重大学生思想政治教育队伍的教育成果，认同他们工作价值，在工作、生活上关心他们，切实维护他们的切身利益的良好氛围；积极创造条件，保证良好的物质环境。物质环境是指校园内影响大学生思想政治教育队伍生活和工作的一切物质因素的总和。首先，要为大学生思想政治教育队伍提供有效开展教育工作所必需的场所、工作设施和工具，实现办公现代化，提高工作效率，满足开展大学生思想政治教育工作条件和环境的要求。同时，高职院校在召开中层及以上干部有关会议时，要号召大学生思想政治教育人员积极与会，使其获得和掌握党最近的方针政策、时事政治材料、国家及各级党委和政府的有关文件和一些内参资料等。其次，改善思政教育队伍的生活条件和福利待遇。由于大学生思想政治教育工作繁杂且重要，而且还具有一定的特殊性，这就要求高职院校真正落实相关政策，适当提高他们的薪酬和福利待遇，解决他们在职称、住房等方面的实际困难和后顾之忧，让他们把充沛的精力放在学生思想政治工作上。再次，加强校园文体设施建设、美化校园环境，只有健康的体魄和愉悦的心情才能使大学生思想政治教育队伍有效开展教育工作，提高大学生思想政治教育的质量；加强校园文化建设，创造良好的文化环境。优秀的校园文化具有育人功能，能够起到使人奋进的积极作用。高职院校要建设体现社会主义特点和时代特征，具有本校特色的校园文化，为高职院校大学生思想政治教育队伍的生活和工作提供良好的文化环境。一是形成优良的校风、学风。培养教师和学生实事求是、崇尚科学、善于创新的精神和素养，形成具有时代特征和学校特色的良好校园风气。积极创立爱岗敬业、为人师表、严谨笃学、与时俱进的优良教风，形成勤于学习、奋发向上的良好学风。二是加强人文素质和科学精神教育。通过开展丰富多彩的学术、科技、文体活动，在活动中体现教育的意义，不断提高思想政治教育队伍的人格、气质和道德修养。三是加强校园人文环境建设，确立科学的办学理念，建立和谐的校园氛围。建立一种尊重理解他人、互帮互助、团结合作的良好和谐的人际氛围。搞好校内治安工作，维护学校正常的教学、工作秩序，创造安全、和谐的校园环境和良好的文化氛围。

（七）加强教育和科学研究，为队伍建设提供理论指导和人才资源

1.加强思想政治教育学科建设

随着社会的发展和教育制度的改革，很多新问题凸显了出来，加强思想政治教育学科建设需要以科学发展观为指导，找出大学生思想政治教育在新时期的特点，并总结出规律，对思想政治教育理论体系进行深入的研究和完善，解决大学生思想政治教育理论和实践领域存在的难点和重点问题，为大学生思想政治教育队伍更好地开展工作提供理论指导，为加强思想政治教育队伍建设提供理论支持和决策依据。对思想政治教育学科的建设重点加强以下三个方面的

工作：第一，加大思想政治教育硕士点和博士点的建设力度。各省市政府和教育部门要在加强现有学位点建设的基础上，进一步增加"思想政治教育"学科硕士和博士点的数量和布点。加强对硕士、博士点的建设和管理，并对其进行严格的考核和评估，促进其提高质量和水平。第二，加大大学生思想政治教育领域科学研究的支持力度。积极鼓励支持开展大学生思想政治教育重大课题的科学研究，努力探索思想政治工作的新规律，并及时将科研成果转化运用到思想政治工作的实践中来，实现思想政治工作的科学化。第三，建设思想政治教育学科专家团队。在全国范围内专门选拔、培养一批具有高素质的大学生思想政治教育专家，组成思想政治教育学科指导和科学研究团队，努力为他们创造条件，积极支持他们研究出高水平的理论，指导全国思想政治教育学科的建设和发展，带领广大大学生思想政治教育工作者开展思想政治教育科学研究。

2. 强化思想政治教育专业建设

思想政治教育专业建设是保证思政教育队伍人才资源的关键，是有效实现大学生思想政治教育队伍专业化和职业化的重要途径。首先要增加思想政治教育的专业方向。在现有的思想政治教育专业内，增设针对大学生思想政治教育相关的其他方面的教育专业，如学生事务管理、心理咨询理论与实践、辅导员、班主任工作等。同时，开设与大学生思想政治教育工作相关的课程和内容，如学生职业生涯规划与指导、心理健康教育与咨询、网络思想政治教育理论与实践、就业指导与咨询等，通过以上方式增强大学生思想政治教育专业的社会适应性，更有利于大学生思想政治教育队伍的建设。二是增设"辅导员"专业。辅导员具有特殊的身份、地位和作用，他们的工作对大学生的生活和工作具有重大影响，这就需要对辅导员进行专业化的培养和培训，使其达到一定的资格水平。

3. 加强大学生思想政治教育队伍建设的科学研究

建设一支专业化、高素质的大学生思想政治教育队伍，必须进行深入的理论研究和实践探索，努力探寻队伍在建设中的各种规律，保证思政教育队伍科学、健康地发展。首先要提高认识，认真组织。思政教育队伍建设需要科学研究为其做理论支撑和实践指导，各级宣传和教育部门，要组织专家学者积极开展科学研究，为加强大学生思想政治教育队伍建设提供理论支持和决策依据。各级高校思想政治教育研究会等学术研究机构和团体，要加强自身建设，发挥自身在大学生思想政治教育队伍的科学研究、决策咨询、工作指导等方面的重要作用，积极组织专门的科研团队，进行重点、难点、热点问题的攻关。各校及其思想政治教育队伍，要从自身的实际和需要出发，积极开展思想政治教育队伍建设的理论研究和实践探索，为整个大学生思想政治教育队伍的建设提供成功的实践范例。其次要明确目标，突出重点。紧紧围绕大学生思想政治教育队伍的专业化、职业化和大德育队伍的形成为目标，积极探索大学生思想政治教育者的性质、特点和成长规律，研究新形势下思想政治教育队伍建设的管理体制和长效机制，研究思想政治教育队伍素质开发和提高的途径及措施等，努力为建设政治强、业务精、纪律严、作风正的高素质队伍提供理论支撑。再次是建立保障，加强激励。建立大学生思想政治教育队伍研究的保障机制，专项设立大学生思想政治教育队伍建设研究基金或专项经费，对大学生思想政治教育队伍建设研究项目给予重点支持和扶持，主动引导和吸引广大专家学者，积极投身于大学生思想政治教育队伍建设的研究中。同时，对大学生思想政治教育队伍研究的成果，在研究工作中取得突出成就的个人，要给予广泛地宣传、表彰和奖励。

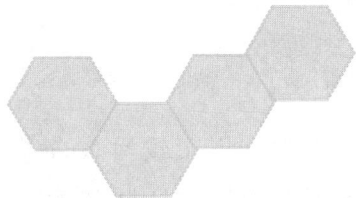

第六章 思想政治教育领域实践育人工作意识与管理理念

第一节 思想政治教育领域实践育人工作意识

一切人类实践活动无一不是在具体的工作意识的指导下进行的。思想政治教育领域实践教学组织工作首先是一项教育管理工作，思想政治教育领域实践教学组织工作意识是社会意识的一种，更是管理意识的一种，因此，要研究思想政治教育领域实践教学组织的意识就要研究教学工作意识、教育管理观念以及工作决策过程。

思想政治教育领域实践教学组织工作意识正确与否、直接影响到该项工作的效率和关系到工作活动的成败。因此，研究工作意识是深入考察思想政治教育领域实践教学组织工作的关键，也是对历史唯物主义社会意识论有益的补充。

一、意识和思想政治教育领域实践教学组织工作意识

意识是人脑对客观事物的主观反映，它在社会发展中又逐渐分化为诸如道德、艺术、哲学、科学等各个种类。

教育工作者需要面对的一个重要命题就是：有没有教育管理工作意识呢？如果没有，如何解释思想政治教育领域实践教学组织工作过程中的意识现象？如果有，又应如何规定其内涵、区别它与其他意识形式的不同之点？

意识作为与物质相对应的哲学概念，涵盖了社会领域的一切精神现象。既然思想政治教育领域实践教学组织工作是一种有目的有计划的特殊实践活动，这就意味着有一种源于思想政治教育领域实践教学组织工作实践又反过来指导思想政治教育领域实践教学组织工作的社会意识形态。

究竟什么是思想政治教育领域实践教学组织工作意识呢？思想政治教育领域实践教学组织工作意识同别的社会意识应有哪些区别呢？要回答这些问题，必须从教育管理工作意识的形成、作用、特点三方面加以分析。

首先，教育管理工作意识作为社会意识的一种，固然离不开一般的实践活动，追本溯源，它也是人们在改造自然、创造社会系统的实践中产生的。但是，培植教育管理工作意识的基础不是一般的实践活动而是人们的教育、教学工作实践，教育管理工作意识只能在教育、教学工作实践中形成而不能在改造自然改造社会的实践中形成。这就是说，虽然思想政治教育领域实践教学工作离不开社会一般实践，思想政治教育领域实践教学组织工作意识同其他社会意识保持着紧密的联系，但思想政治教育领域实践教学组织工作实践毕竟有别于一般实践，思想政治教育领域实践教学组织工作意识也不同于其他社会意识。因此，思想政治教育领域实践教学组织工作意识是对思想政治教育领域实践教学工作的直接反映。脱离思想政治教育领域实践教学工作的人，是无法形成思想政治教育领域实践工作意识的。

其次，在思想政治教育领域实践教学工作中，各种社会意识都发挥作用。但是不同形式的社会意识，其指向又各有侧重和区别。比如自然科学，它主要运用于指导改造自然的生产实践；政治法律思想，则主要运用来指导人们改造社会的实践活动；哲学，主要指向人们的思想，直接影响的是人的思想观念。思想政治教育领域实践工作意识略有不同，它不是直接指向具体的生产和社会管理领域的实践活动，而是指向高职院校育人实践活动，用于指导、组织、调整各类教学活动。

再次，思想政治教育领域实践教学工作是思想政治教育领域实践教学工作主体对客体的对象性活动，是教育工作者的能动性活动。因此，思想政治教育领域实践工作意识主要是教育工作者的意识，不是或主要不是大学生的意识。人只有作为一个教育工作者的角色进入现实的教学工作领域，才可能产生工作的冲动、形成相应的工作意识。对于在活动占大多数的大学生来说，也可能形成自己关于如何开展思想政治教育领域实践的观念或想法，但因置身思想政治教育领域实践工作决策之外，这种意识大多是模糊不清、片段零散的。所以说思想政治教育领域实践工作意识主要不是作为一般实践活动参与者的其他社会意识，而主要是思想政治教育领域实践工作中教育工作者所拥有的工作意识。

因此可以把教育工作者在思想政治教育领域实践教学工作中直接形成并反过来直接影响指导思想政治教育领域实践教学工作活动的工作心理、工作观念、工作理论、工作方法统称为思想政治教育领域实践工作意识。

思想政治教育领域实践工作意识作为一种相对独立的社会意识形态，具有不同于别的社会意识的若干特点：

第一，普遍性。社会意识的各类形式，都具有一定的普遍性。而思想政治教育领域实践工作意识则普遍存在于选修课教学工作实践领域，也具有普遍性。从各类社会意识形态发生的时间序列看，哲学、道德、艺术、法律和科学，都是在文明社会中先后从社会意识总体中分化出来的。法律随着阶级的消灭和科学的进步，还将归于消亡。而思想政治工作意识则随着思想政治工作的出现而产生，随它的发展而发展。从各种社会意识形态所反映的空间来看，哲学、道德、法律、思想政治工作意识普遍作用于社会生活的各个领域；艺术、法律则只对某一特殊实践活动起作用。科学是个总概念，不同的科学也只适用于特定的实践活动，这四者都不如思想政治工作意识普遍。所以说，思想政治教育领域实践工作意识在选修课教学工作领域具有普遍性。

第二，综合性。社会意识作为对社会存在的抽象把握和主观反映，都有一定的综合概括性，但各自的综合概括程度又有差别。其中，哲学是对各种知识的最高概括，具有最高的综合性。道德作为人们行为关系的总规范，对涉及人与人利益关系的方面做出规定，显然这只是从社会特定方面进行某种综合。政治法律也是人们的行为规范，所综合规定的方面比道德还严格。艺术是通过形象情感语言来传达表现作者的愿望，与概念综合离得较远，要说综合只是典型的塑造或人物性格的"综合"。各门科学对某一特定领域的特殊规律进行抽象反映，是一个方面的综合。思想政治教育领域实践工作意识则不然，它要依托思想政治教育领域实践活动对思想政治教育实践活动进行计划、组织和控制，就必须综合运用百科知识。思想政治教育领域实践工作需要综合运用尽可能多的各门知识，思想政治教育领域实践工作意识是各门知识的综合运用。在社会诸意识当中，如果说哲学是对各门科学知识最高的综合概括，思想政治教育领域实践工作意识作为思想政治教育工作意识的表现形式之一，是对各门知识最广泛的综合吸收和综合运用。

第三，应用性。各种社会意识，既是对社会存在某一侧面的主观反映，表现为特定的知识体系，又反过来影响和指导人们的某类实践，具有不同程度的应用性。一般来说，综合概括性越高的意识，距离现实越远，其间的中介越多，应用性越弱。反之，综合概括性越低的意识，离现实越近，其中介越少，应用性越强。思想政治教育领域实践工作意识作为一种特殊的社会意识，它既具有高度的综合性，又同时具有最直接的应用性。这是因为，思想政治教育领域实践工作意识是在教学实践中产生并直接服务于教学实践的意识，教学活动直接需要的不是远离现实的抽象理论，而是经过教育工作者加工过滤过的可以直接进入教学工作过程的具体意识。思想政治教育领域实践工作一方面必须广泛吸收诸如哲学、科学、政治思想、道德以至艺术等意识形式。另一方面这些意识又不能直接适用于思想政治教育领域实践工作，而必须通过教育工作者的过滤加工，选择综合，转换成可以直接用于指导思想政治教育领域实践活动的工作意识（如组织目标、决策计划、指导规则等），从而使思想政治教育领域实践工作意识具有鲜明的应用性。可以说，思想政治教育领域实践工作意识是由抽象层面的社会意识走向具体层面的社会意识的思想通道，在这里意识的抽象性和具体性得以对接。

二、思想政治教育领域实践工作意识的形式

对思想政治教育领域实践工作意识做纵向即从其发生形态分类，可以划分为工作心理、工作观念、工作理论和工作方法四种相互联系又彼此区别的表现形态。

在人类实践中最初形成的工作意识是工作心理，它大致包括需要、动机、意向、情绪、情感、意志、信仰、习惯等形式。思想政治教育领域实践工作理想状态需要是由教育工作者的职业本能和职责引发的工作欲望，它同人的其他需要相类似，既具有强烈的内在冲动但又缺少明晰单一的目的指向。处在思想政治教育领域实践教学工作需要的心理阶段，教育工作者主要受到在教学工作

实践中形成的潜化意识的支配，本能地生发出工作欲望。长期居于教育工作者地位、积累有大量工作实践经验的教育工作者，工作在不知不觉中已成为他的潜化意识，成为一种职业的习惯或"本能"的需要。

思想政治教育领域实践工作需要的定向化是工作动机和工作意向。当工作需要作为一种自发的职业内在冲动时，就会是意向不明、不断转移的心理活动。如果没有外部环境起作用，那么人将永远停留在这种躁动不安的环境中。事实上，教育工作者不可能将自己封闭起来，而是要受到外部环境各类信息的刺激干扰。一旦某一信息反复影响教育工作者而使他将注意力逐渐集中到解释这一信息的时候，这便出现"问题"或心理学上所说的"情结"。"问题"是指现实和需要的差异，"情结"是指反映问题的矛盾心情。这时，为解决问题或解开情结，原有的变动不定的需要心理开始平静下来，交错出现的不明晰的目的指向逐渐转移到问题上，从而形成有明确指向的动机和变成为解决某问题的意向。心理的动机和意向也具有不稳定性，与工作决策和计划中工作目的相比，决策计划是思想政治教育领域实践教学组织的理性化，是思想政治教育领域实践活动目的的原型。同时，动机和意向是意识形成的一个不可缺少的环节，没有它不可能产生出教学工作的其他意识。动机和意向引导教育工作者如何看问题，准备选择解决何种问题。如果在动机和意向上出了偏差，比如他所期望的目的根本不可能实现，教育工作者就会使教学工作走偏方向。

教育工作者作为人，还具有情感和情绪。情感是在人与人交往中形成的心理定式，它表现为对某些人的偏爱、信任、同情、感激以至于崇拜信仰。史上一些观点认为，思想政治工作者是制度的化身，不应有任何个人情感，将情感带入工作领域是很危险的。在他们看来，理想的思想政治教育工作者只能是一副冷面孔、铁心肠，唯其如此才可能看待问题客观、处理事情公正。事实上，在依托思想政治教育领域实践活动开展"大学生思想政治教育"工作的实践活动中，无论是教育工作者或大学生，绝不可能没有情感；任何一次具体的思想政治教育领域实践活动，也不可能完全摒弃情感。虽然，教育工作者如果仅凭情感而不用理性来处理工作活动中的人和事，或者将私人情感带到公共事务中，这对工作将是十分有害的。但是还应看到，情感对教学工作也有帮助。在教育工作者之间，多一些情感就少一分摩擦，情感在这里是决策团队的凝聚力。在教育工作者和大学生之间，情感是沟通上下级之间的心理通道，是了解情况、激励大学生必不可少的"柔性工作手段"。大量工作实践也证明，凡是情感丰富且善于控制情感的教育工作者，不仅能团结工作团队中其他工作人员，形成一个关系融洽、无话不谈的有战斗力的工作集体，还能在学生中树立良好的形象、使他们乐于听从他的意见和建议。相反，一个缺乏情感的教育工作者很容易成为一个孤芳自赏的人，他既不可能赢得同事的信任，更不会得到学生的理解和支持。可见，情感是教育工作者不可或缺的心理。事实上，思想政治教育领域实践工作不在有无情感，而在如何培养情感和正确投入情感。

同情感相比较，情绪是另一类心理活动。情感是一种外显的心理倾向，是指人们在长期交往中形成的亲和力；情绪则是一种内隐的心理定式，是由内外环境刺激产生的某种心境或心绪，主要表现为喜、怒、哀、乐。在思想政治教育领域实践工作中，不论是教育工作者还是大学生常常受环境的刺激，很自然地引起情绪的变化。所谓工作情绪，就是指这种心理态势。应当指出的是，情绪不同于情感，它对工作弊大于利，特别是对于教育工作者，千万不能为情绪所左右，更不能带着浓重的情绪来工作。情绪作为一种心理活动，是一种受环境左右的变动不定的无意识现象，它与理性不相容。尽管喜怒哀乐可能激起一时的激情，在工作中发挥出冷静时无法发挥的积极作用，但因它缺乏理智的支配而不可能持久且具有很强的随意性，任其发展不加控制就容易将教育工作者变成情绪的奴隶，导致工作失败。作为一个教育工作者，应当尽量避免将个人情绪卷入工作，做到范仲淹说的"不以物喜、不以己悲"。碰到困难不要气馁，取得成绩不妄自尊大、目空一切。要做到这一层很不容易，它需要在教学工作实践中经历长期的修养磨炼，掌握并熟练运用心理自我调节方法。

属于思想政治教育领域实践工作心理的还有意志、信仰和习惯。所谓意志，是指向明确行为目的的心理机制。所谓信仰，是对某人某事或某种最高存在的绝对信任和无条件服从。所谓习惯，本来指人们思想行为的常规或定势，这里专指思维定式或习惯思维。

思想政治教育领域实践工作作为一种组织目的性活动，决定参与教学工作的人必然形成实现工作目的意志。意志主要有三个特点：一是明确的目的性；二是判断是非的果敢性；三是迎战挫败的坚韧性。在思想政治教育领域实践教学工作中，教育工作者意志的积极作用是非常明显的。这是因为，教学工作是一个步步逼近目标又常常遭受挫折的风险过程，为使教学工作能按预定目标继续下去而不致中断，教育工作者必须具有坚强的意志。如果意志薄弱，在挫折面前就可能观望退让、对事业丧失信心。只有具备坚强的意志，认准了的目标决不改变，才有希望达到胜利的彼岸。当然，由于意志是一种缺乏理性自觉的心理机制，单凭意志并不能保证目的正确。如果意志很坚定而拒绝理性参与，那么就很可能出现当实践证明目的不对决策者还会顽固地坚持下去的现象。因此，意志在教学工作中虽很重要，但必须使之理性化。教学工作仅靠个人的坚强意志而不注意根据情况随时加以调整，那么顽强就会变为顽固、果断将会变成武断。

习惯是在多次实践基础上形成的行为定势和思维惯性，它以固定的经验为根据。当人们主要凭借经验而不是凭借理性来行动的时候，这就停留在习惯的心理水平上。所以，经验和习惯是难以区分的。教育工作者通过多次教学工作实践，不知不觉中就会形成一套自己的工作经验或工作习惯，其中所包含的难以用语言表达但又实际发生作用的意识为习惯心理。习惯心理在教学工作中的出现既具有必然性又具有诸多积极作用：首先，它作为一种感性经验，与工作实践最接近，反映工作实践的问题最快捷。思想政治教育领域实践教学工作中许多常规问题主要是通过教育工作者的经验习惯及时加以处理的。如果教育工作者缺乏经验而未形成惯性思维。就不可能对思想政治教育领域实践工作中纷至沓来的问题做出快速反应，必然事事请示或拖而不决。其次，习惯是理性的基础，教学工作经验则是教学工作理论的前提。大量事实表明，一切理论的产生，都不能脱离对工作经验的总结。教育工作者的工作经验越丰富，对其学习接受教学工作所需的理论就越有利。一个没有工作经验的人，尽管也可以从书本上学到思想政治教育工作理论，但一般很难真正理解这些理论，更不可能切实运用这些理论。所以，经验习惯对于教育工作者是十分必要的财富，特别是对于基层教育工作者。不过，工作习惯毕竟是非理性的工作心理，它也有局限性：

第一，习惯心理是一种心理惯性，它对教育工作者的创造性思维有一种天然的抑制作用。如果固守经验，由习惯来支配思想政治教育领域实践工作，教学工作方式只能简单重复；第二，经验习惯只是对过去教学工作实践的总结和重复，缺乏对思想政治教育领域实践工作发展新趋势的预见功能。如果因循经验习惯，就只能往后看而不会向前看，结果必然因目光短浅而无法应对当代多变的教学工作环境。

各类工作中的心理积淀就是工作观念。这里所说的观念是指在感性经验基础上形成的融入若干理性因素的固定看法或根本观点。在心理学上，观念即是表象。马克思主义所说的观念，是指反映实践并为指导实践所创造的体现目的计划的社会认识。工作观念作为工作意识的一种，是介于工作心理和理论之间的一系列关于工作的根本观点，主要包括价值观、决策观、人性观、组织观（团体意识）、教学工作效益观等。同各类工作心理相比较，工作观念不表现为纯感性而有一定的理性渗入，包含着对事物的深层理解，不是对客观对象的直接反映而是间接反映，表现为对过去的反思和对将来的向往，不是由刺激而引起的间发的、不稳定的心理活动，而是对根本问题的持久稳定的心态或倾向。因此，思想政治教育领域实践工作观念在教学活动中的地位特别突出，它潜在于教育工作者和大学生的意识深层，从根本上左右或影响着他们的行为。

依托思想政治教育领域实践活动开展"大学生思想政治教育"工作意识的第三类形态是教学工作理论，这是意识的理性表现。与工作心理诸形式和工作观念比较，教学工作理论具有如下特点：第一，思想政治教育领域实践教学组织形成的教学体系反映的不再是高职院校大学生思想政治教育工作的表象而是它的本质和规律，具有本质的深刻性；第二，高职院校大学生思想政治教育工作理论不像心理那样多变易逝，具有相对的稳定性和持久性；第三，与教学工作相关的理论是对教学工作实践的抽象概括，具有抽象性和普遍性。可见，教学工作理论是更高级的意识。教育工作者如果仅凭工作心理或工作观念去指导思想政治教育领域实践活动，终生勤劳也不过是一个经验主义者，不可能达到高度的自觉而做出新的贡献。只有学习科学的教育工作理论，自觉地以有关的理论来武装自己的头脑、指导自己的教学工作行为，才有可能成为一名合格的现代教育工作者。当然，像一切理论一样，教学工作理论也有它的局限性，这主要表现为任何教学工作理论只能是对教学工作实践一个方面本质或事物某一本质层次的抽象，它只能近似正确地反映对象。另外，由于教学工作理论是以纯概念的逻辑方式来反映教学工作实践的，二者之间横隔着层层中介，要运用它来指导教学工作实践，还必须将其转化为教学工作方法。

所谓思想政治教育领域实践工作方法，是教学工作意识的具体化、程序化，特别是应用教学工作理论的方式或模式。而按照方法的特性来区别，又可以划分为数学方法、系统方法、经济方法、法律方法、行政方法、伦理方法、心理方法等。

综上所述，教学工作意识按其发生发展的时间作阶段划分，可以区别为最初的心理，其次的观念和再次的理论，最后是方法。只有全面系统考察教学工作意识的发生发展规律，才能为大学生教学工作提供认识论的理论依据。

三、思想政治教育领域实践工作个体意识和群体意识

思想政治教育领域实践工作意识从横向结构考察，还可以区分为个体意识和群体意识。所谓个体意识，是指组织中个体成员特别是教育工作者个人的心理、观念、理论和方法，它是在个人的教学工作实践中形成的个性意识。所谓群体教学工作意识则指组织整体特别是教学工作主体群所共有的心理特征、工作观念、团体精神和价值取向。一些观点认为任何个性、主见都妨碍统一思想。甚至认为，既然思想政治教育是要树立共同的理想，就应在思想政治教育领域实践活动中首先统一大家的意志。在思想政治教育领域实践工作领域，这种观点是比较片面的，主要源于如下几点：

首先，这种观点割裂了个性和共性的关系，看不到个性意识的存在不仅是必然的，而且共性意识只有通过个体的理解才能发挥作用。无论在哪类组织中，由于各人的经历、出身、地位、职责、利益、环境的差别，决定组织成员的心理状态、价值追求、知识水平、理想情趣是不尽相同甚至截然对立的，思想政治教育领域实践工作既不可能也无必要消灭这些差别，集体意识也不是以消灭个体意识作为自身存在的前提。实际上，任何集体意识的产生都离不开个体的理解。如果组织成员缺乏自觉的个体意识，这种组织的集体意识也不可能形成。

同理，只有个性发展的群体才是思想活跃的组织。这种组织从表面看，人人都有自己的想法、个个都有棱有角，少有唯唯诺诺、随声附和之辈。但正是这样的群体，才可能产生自觉的集体观念，才可能深刻理解统一命令统一行动的意义，也才能上下同心去自觉地完成任务。所以，认为个体意识必然会阻碍集体意识的形成，认为只有消灭个性和个体意识才能统一组织成员的思想和行动，实际上是将组织看成同质要素的简单集合或机械拼凑，而不是将系统理解为异质要素的有机集合和辩证统一。

其次，这种观点颠倒了个体意识和工作共识的源流关系。个体意识在思想政治教育领域实践工作中的作用，不仅表现为工作共识必须通过教育工作者个人的理解才能起作用，还表现为个体意识是教学工作达成共识的基础和前提。一些观点认为，工作共识似乎是先于个体意识而产生的，恰恰颠倒源流关系。任何组织的工作共识，包括大家认可的指挥组织原则、共同追求的组织目标、人人遵循的行为规范，都是在各种个体意识的比较、争论、碰撞之中逐渐形成的。当然，一部分组织的领导也可以不做情况调研、不征求大家的意见、不考虑下级的感受，就只将个人想法通过行政命令贯彻下去，从表面上看似乎大家都在按命令行动，但由于命令只是领导者个人的一己之见，群众并没有从心里理解，也就很难形成集体意识，有的只是少数领导者的个体意识。相反，在开展思想政治教育领域实践教学工作中，只有通过有意地培育基层学生管理者和大学生的个体意识，让大家出主意想办法，鼓励大家为思想政治教育领域实践工作出谋划策，并允许不同意见展开争论、比较，然后才能求同存异，形成组织的共同观点。这样就可以培育师生同心、和衷共济的团体精神，增强组织的凝聚力和提高思想政治教育领域实践教学工作效率。所以，认为个体意识同教学点工作不相容是完全违背意识发生规律的。如果用这种观点去指导教学工作，很容易造成不尊重同事、不充分了解学生需求，以少数人的一己之见去对组织成员进行行政强制的现象。

再次，这种观点抹杀了个体意识的独特功能。在思想政治教育领域实践工作中，共识固然很重要，但个体意识同时又有不可取代的独特作用。这主要表现为：第一，教学工作共识一般属于求同思维，个体意识则多表现为求异思维，善于发现新问题，具有敏锐性和批判性。在组织中，要形成共同的集体意识，往往需要一个长期的过程，这种共识一旦产生，它又具有相对的稳定性。思想政治教育领域实践工作之所以可能，组织成员之所以能有所依归，正是以某种相对稳定的共识为其依托。如果共识缺乏这种特性和功能，指导组织行为的思想瞬息万变，教学工作就很可能无程序可言。但是又必须看到，工作共识又有一定的局限性，即缺乏对事物变化的敏锐性，对过时的思维习惯、规章制度的批判性。为弥补这一缺陷，就需要个体意识。与群体意识不同，个体意识是一种个性思维，是一种以求异为主要特征的思维方式，它可以在人们的习惯中敏锐地发现新问题，对旧有的大家所认同的某些不足之处提出怀疑、做出批判。其中有的看法可能是错误的，但常常有一部分是正确的。人类意识的发展规律都是由异而同、又由同而异。如果没有少数个人对多数人已有的习惯和共识提出怀疑和批判，就不可能有认识的进步。当用一种大家认可、形成习惯的教学方法进行教学工作时，教学工作虽然比较容易秩序井然，有章有法，但却只能周而复始、代代重复，不可能有新的进展。只有允许少数人在工作总体思路指导下，大胆提出新的改进意见，才能使思想政治教育领域实践工作不断有新的手段，为当代大学生的成长服务。第二，思想政治教育领域实践工作要想发展，以适应现代社会的发展，离不开创造性思维。而创造性思维的主体主要不是组织集体而是组织个体，特别是参与思想政治教育领域实践工作的教育工作者个体。因此，创造性是个体意识的另一个显著特点。以思想政治教育领域实践工作决策为例，决策可划分为常规决策和非常规决策两类。其中常规决策相当于程序化决策，通常是集体意识的具体化和定型化。但是，单纯的常规决策不能应付变化的决策环境，必须辅之以非常规决策。而非常规决策是没有常规可援的随机决策，它必须通过决策当事人根据具体情况快速果敢地加以判断，这就不得不充分发挥个体意识的创造性，不得不更多地借助参与决策的个人的想象力、直觉判断以至灵感思维。如果任何一项决策都按常规办，以为只有通过集体认同的意见才有科学性，那么就无法应付非常规的环境变化，也不能激发个体的主动积极性。相反，只有平时注意培养教育工作者的创造性思维，从制度到风气给少数人以决策自由，才能使决策具有应变性，不至于在突发性问题出现时束手无策。

个体意识尽管有着上述各种积极作用，但它也有自己的许多局限。因此，仅仅依靠个体意识是无法进行教学工作的。要使教学工作得以进行并使之富有成效，就应当特别注重对教学工作中的群体意识的研究。

首先，群体意识具有目的的统一思想功能。所谓目的，是指意识对行为的指向性或行为内涵的趋向性。开展教学工作的第一个前提就是要使不同方向的个体目的统一为同一方向的组织目的。只有当组织成员放弃或修正自己的目的并达成对组织统一目的的共识，教学工作才能步步逼近目标。显然，依靠个体意识是无法完成这个任务的，只有群体意识才具有统一组织成员目的的功能。

其次，群体意识具有团体凝聚功能。组织成员调整自己的行为目标转而接受组织的共同目的，这就使团队获得彼此配合、协作行动的思想基础，从而使相关人员能够聚集在一起完成教学工作。但仅有共同的组织目的意识还不够，还应有与目的相关的其他组织意识，如共同的信念、相同的价值观念。因为，作为共同目的意识虽然重要但毕竟还很抽象，而且目的性意识一般多停留在浅层而未及深入到信念、价值的深层。为使组织的目的性观念牢不可破，还需要使团体内部充分理解其意义，形成坚强的信念和明晰的价值观念，自觉地和衷共济，增强彼此之间的亲和力和凝聚力。

再次，集体意识具有抗干扰功能。这里的抗干扰功能主要是指防止组织环境对组织成员的各种情绪、心理上的干扰。组织既然存在于环境中，因组织之间的竞争或其他社会原因，外部世界对组织的各种干扰是不可避免的。在各种干扰下，组织成员可能会有情绪上的波动乃至信念上的动摇；要想完全避免干扰几乎是不可能的。排除、减轻干扰的手段，一是硬性的行政措施，如批评、处罚受干扰的成员；二是强化集体意识，不断培育团体精神，增强成员自觉的抗扰能力。这两种手段，前一种是治标，后一种是治本。只有当每一组织成员自觉树立起一种爱集体、愿同组织共患难的"团体精神"的时候，才能从根本上解决思想政治教育领域实践工作中出现的困难，让工作迈上新台阶。

最后，集体意识还有评价规范功能。组织成员作为活生生的个体，有着不同的个性和自主活动。但是思想政治教育领域实践工作是一种组织活动，需要协调组织成员的行为。要做到这一点，显然不能依靠个体意识而只能凭借集体意识。这就是说，不能按照各自价值观念而应当依据组织的共同价值观对组织成员的行为进行评价。在个人看来是正当可行的事如果对组织不利，就必须服从组织意见、严格按组织原则行事。虽然，有时组织的评价也可能不符合实际，个人的意见也可能是正确的，用组织的价值标准去评价并规范人们的行为并不能保证组织绝对正确。但是，如果不能以组织观念去评价并规范成员的行为，就会出现自以为是、各行其是的混乱局面，其结果无异于使教学工作陷入混乱。

总之，个体意识和群体共识作为教学工作意识的两个方面，是互为条件、相互促进、共生共长的辩证关系：一方面，共识存在于个体意识当中并通过个体而发挥作用，离开个体意识就谈不上真正的共识；另一方面，共识又制约着个体意识，个体意识也离不开共识。离开群体共识的制约，个体的意识就会失去作用。个体意识和群体共识的这种辩证统一关系要求教育工作者必须尊重每个组织成员的首创精神，启发他们的聪明才智，注意倾听同事和大学生的意见并力戒思想僵化和个人专断。同时也提示组织成员要服从组织决议、遵守组织纪律、领会组织意图、发扬团体精神，警惕自以为是和各行其是，自觉地将个人的思想行为融入集体之中。只有这样，教学工作意识才能从积极的方面对思想政治教育领域实践教学工作发挥能动的指导作用。如果割裂了共识和个体意识的关系，偏执一端，就可能会给思想政治教育领域实践工作造成不应有的混乱。

第二节　思想政治教育领域实践育人的管理理念

思想政治教育领域实践工作的工作目标归根到底是做好人的工作，既包括依托思想政治教育领域实践活动开展的大学生思想政治教育工作、也包括依靠思想政治教育领域实践活动开展的大学生素质教育工作，还包括为了做好这些工作作为教育工作者的教学工作素质和能力提升。因此，在对思想政治教育领域实践工作相关问题从哲学角度进行反思后，需要从管理学、教育学等角度进一步分析。本节首先分析思想政治教育领域实践教学工作涉及的管理理念。

一、人本管理与思想政治教育领域实践教学工作

把人本管理列为思想政治教育领域实践工作中使用的第一个管理原理主要理由如下：首先，人本管理原理的提出是整个社会发展的大趋势；其次，人本管理原理的提出，在管理学发展史上也是一次重要的变革，它对科学管理过分强调"物"的作用进行了必要修正；最后，思想政治教育领域实践工作必须把人本管理作为学生管理工作的根基来抓。人本管理的基本原理和基本理念对于学生管理工作理念进步显得尤为重要，这是由思想政治教育领域实践教学工作与大学生打交道的特点所决定的。因此，在阐述思想政治教育领域实践工作涉及的管理理论时，必须将人本管理放在首要位置。

人本管理主要是指一种把"人"作为管理工作的核心和组织的最重要资源之一，把组织内全体成员作为管理的主体，围绕如何充分利用和开发组织的人力资源，服务于组织内外的利益相关者，从而实现组织目标和组织成员个人目标的管理理论和管理实践活动的总称。

在思想政治教育领域实践工作中引入人本管理的基本观点，就是把人（包括教师和大学生）看成组织管理的中心和最重要的资源之一，组织的成员既是组织管理的第一客体，又是组织管理的主体，组织生存与发展的根本途径是提高大学生的综合素质，组织的宗旨和使命是服务于组织的利益相关者，协调统一地谋求组织目标和组织成员个人目标的共同实现。

任何一种管理理论方法或实践都是以一定的人性假设为基础，如何认识人的本质或本性，是管理学领域理论纷争及其发展的本源。人本管理是时代发展的产物，人本管理在 20 世纪的 50 年代提出后，经过不断地发展与完善，在 20 世纪 80 年代最终确立的，关键在于其对人性的假设与"以物为本""以技术为本"等传统管理思想有着根本区别。

主观理性人是人本管理人性假设基础，它认为人具有客观理性，即人的行为的客观后果有利于最充分实现自身的利益；还具有主观理性，即每一个人都依据自我偏好对各种事物做出独立的主观价值判断，并依照这种主观价值判断做出趋利避害的行为决策，力求能最大化地实现自己的利益。这种人性假设既承认个体主观效用的多维性，又认识到客观上满足需要的实际效果，实现了主

观与客观的统一。这样，就便于教育工作者在思想政治教育领域实践工作中对大学生采用多种激励方法，以非经济的精神手段为主并运用适当物质奖励手段，最大限度地激发大学生的主观能动性。研究当代的现实，不难发现人本管理"主观理性人"思维人性假设基础，更符合当代个人价值取向多元化的现状，体现个人目标理性与工具理性的辩证关系，从而为教学工作使用人本管理奠定了较为全面且真实的思想基础。

人本管理在不同的时代、不同的组织里表现出不同的形式，但其核心价值观即管理的基本原理始终围绕"以人为本"，重视人、尊重人、依靠人、发展人、服务于人、满足人的合理需要。这一点对思想政治教育领域实践教学工作意义十分重要。

在人类管理发展史上，管理的要素构成中，人的地位和作用是逐步被认识的。直到人本管理思想形成，人在管理中的主体地位才被揭示。这个过程大致经历了三个阶段。

第一个阶段，人是机器的附属物。基于"经济人"的假设，管理科学的鼻祖泰勒认为人只是为了经济上获得利益才去工作，缺乏主动性，因此，在工作中只能作为机器的附属物。泰勒的全部管理理论和研究工作的目的，都是致力于从经济激励的角度挖掘作为机器附属物的人的潜能。仔细研究工人操作的每个动作，精心设计出最合理的操作程序，要求所有工人严格地执行，而不用自己再去创造和革新。泰勒认为，工人只要按照规范程序去作业，就能实现最高的劳动生产率，从而获得最多的劳动报酬。这样对工人和企业双方都是有利的。

第二个阶段，人是管理的客体。是 20 世纪 30 年代在美国西屋电器（又译：威斯汀豪斯）公司的霍桑工厂进行的一系列试验，这些试验对人际关系学说和行为科学的创立有很大的作用。在此基础上，管理学家和心理学家对影响劳动者行为的因素进行了大量的分析、研究，结果发现在导致劳动者行为的动机产生过程中，需要来自多个方面，经济需要只是其中的一个方面。因此，管理学家认为：管理者要从多方面去激励劳动者的劳动热情，引导他们的行为，使其符合企业的要求。这一阶段的认识有其科学合理的一面，但其基本出发点仍然是把劳动者作为管理的客体。

第三个阶段，人是管理的主体。20世纪70年代以来，随着经济的崛起，社会各界对一些成功企业的经验剖析，进一步认为以具体员工为代表的人在企业生产经营活动中的重要作用，逐渐形成了以人为中心的管理思想。

人本管理的出发点和落脚点都是"人的目的"。人的目的即人的全面而自由的发展是人追求的最高价值。人本管理就是以谋求人的全面自由发展为终极目的的管理。在经济管理领域，人本管理通过人在管理活动中以尽可能少地消耗获取尽可能多的产出，来锻炼人的意志、智力和体力，通过竞争性的生产经营活动，完善人的意志和品格，提高人的智力，增强人的体力，使人获得超越受缚于生存需要的更为全面的自由发展。

人本管理在处理人与组织的关系时，并不否定和排斥组织的目标；而把人的自我发展和自我完善作为组织目标的组成部分，通过提高素质、发展人的才干、改善人的价值观念和人格系统、增强人的创造力和意志力，以及提高人的生活质量等来促进人类文明，加速组织目标的实现。以人为目的的人本管理是把人本身当作成就，奉行强者逻辑，认为人越强大，强大的人越多，管理就越有效。因此，人本管理致力于人的建设，把挖掘人潜在的创造力，并且将使其转化为贡献作为一个至高无上的目标来看待。

在思想政治教育领域实践工作中，引入人本管理理念，可以在教学工作中明确人的主体地位以及以大学生能力提升为目的工作核心，管理者通过实施适度分权、民主管理，依靠科学管理和更多师生参与，可以使个人利益与教学工作目标紧密结合，使参与教学工作的全体师生为了共同的目标而自觉地努力奋斗，从而实现高度的工作效率。

只有参与教学工作的全体师生共同努力，学校可以调动的各项资源才可能得到最合理的利用，才使教学工作更好地进行。所以，让更多的师生都有权参与教学工作是非常有意义的。

人本管理倡导服务于人，在思想政治教育领域实践工作中体现在服务教育工作者和大学生。为教育工作者服务体现在致力于教学工作队伍的建设，促进教育工作者的全面发展。服务于大学生则是现代教育工作对当代大学教学工作创新的要求。因此，为大学生服务，满足社会对人才的需要，是当代大学生实现其社会价值的基本条件。在人本管理思想的指导下，教学工作向着大学生思想政治过硬、专业能力满足社会需求、人的素质全面发展方向努力，高职院校的办学质量也将得到不断提升。

概括地说，在思想政治教育领域实践工作中实施人本化管理的意义包括如下几方面：

第一，有利于确保思想政治教育领域实践工作的顺利开展。在当代高校，大学生是最活跃最重要的资源，教学工作的其他资源只有和大学生紧密结合才能发挥作用。大学生的教育是大学工作的重要组成部分，在现代高等教育中发挥着重要作用。人的积极性和创造性不同，将产生截然不同的生产结果。教学工作中实施人本化管理可以实现人和教学工作中其他资源的最佳结合。

第二，有利于提高思想政治教育领域实践工作的效果。教学工作效果关键取决于教育工作者的工作意识、精神状态、心理素质、身体状况及工作艺术等。这些因素与学校针对教育工作者的培训、激励制度以及校园文化、发展环境密切相关。同时，教育工作者的工作不是孤立的个体工作，而是分工协作的社会工作，这就要求学校为教育工作者创造良好的工作环境，激发教育工作者的创造才能。实施人本管理可以有效提高教育工作者素质，激发教育工作者积极性与创造性，从而提高教学工作效果。

第三，有利于留住教学工作人才。教育工作者在高职院校中作用重大，历史上对其的激励主要来自行政级别的提升和岗位的提拔，这种机会在教学工作领域比例并不高，就容易导致教育工作者因晋升机会不多，感到前途渺茫，影响工作热情。因此，中国高校在教学工作领域迫切需要加强人本管理，以增强教育工作者的凝聚力和归属感，留住教学工作人才。

依托思想政治教育领域实践工作，实现人本化管理的方法包括如下途径：

第一，树立人本化管理理念。一方面，对大学生教育、引导工作树立"以人为本"的理念，从而在当代社会多元化条件下，吸引广大学生参与具体教学环节。这种人本化在教学工作中主要体现在教学活动的设计与实施上，充分考虑大学生的生理、心理的潜在需求以及个性化需求，设计符合教育工作方向、学生乐于参与的教学活动。另一方面，教育工作者管理人本化。正确认识教育工作者在现代高校教学工作领域的主导地位，人文关怀精神逐步从"教育工作者对大学生"延伸到"学校对教育工作者"。对教育工作者的管理体现人本化的理念可以体现为：教学工作领域以学校工作为第一，通过有效的激励与约束机制，培养教育工作者对教学工作的忠诚，加强教学工作队伍内部的凝聚力。

第二，在高职院校教学工作领域完善人本化管理组织。要想在高校教学工作领域实现人本管理，必须建立并完善与之相适应的管理结构。一方面重视教学工作领域人力资源开发工作。在具体工作中，强化原有的高校教学工作队伍人力资源管理职能，尤其要强化教育工作者人力资源规划、素质测评、激励、培训等开发性职能；同时，扩大普通教育工作者参与教学工作重大活动的决策，提高其归属感。另一方面在高校教学工作系统内部建立学习型组织。所谓学习型组织，是指一种按照人性化原则建立起来的、具有浓厚学习气氛的、能够自我管理的、不断创新和进步的组织构成单元。学习型组织是知识经济时代促进人本化管理发展的优化组织形式。首先，营造开放式的学习氛围，激励教育工作者自己学习、互相学习，在学习中认识自己，发现不足，增强能力。其次，塑造知识式的新型教育工作者，改变对教育工作者"重使用轻培养"的陈旧观念，加强对教育工作者的培训，特别是新知识、新方法、新技能的培训，使教育工作者得到全面发展。

在思想政治教育领域实践工作中实施人本化管理工作要做好如下工作：

第一，完善培训制度。首先，在培训目的上，着眼于提高教育工作者对外部环境的适应性和对教学工作的驾驭能力及竞争能力，同时扩大教育工作者的知识结构，提高教育工作者的整体素质。充分考虑教育工作者个人的发展规划，并使之与学校发展规划有机结合。其次，在培训内容上，从学校的实际需要、教育工作者的实际需要和社会的需求出发设置培训课程，既着眼于现在，又放眼于未来。同时充分考虑学校文化建设、发展方向、教育工作者个人素质、现存主要问题等因素。再次，在培训方法上，针对不同的内容采用不同的方法，尽量采取"启发式"培训方法，培养教育工作者的创新能力。

第二，优化激励机制。采取民主化、多样化的激励手段和方法，把以行政指令为主，让教育工作者被动地执行上级命令的工作方式转变为以激励为主，鼓励人们发挥主观能动性的管理方式。通过重大活动向更多相关人员征求意见等方式让所有教育工作者共同参与学生管理决策，强调学校的发展与教育工作者共命运的关系，调动教育工作者参加教学工作决策的积极性，增强教育工作者的责任感，使教育工作者感受到自己是学校的重要一员。在激励方法上完善日常交往中的融通式激励、布置工作时的发问式激励、委派任务时的授权式激励、令行禁止时的影响式激励以及评价功过时的期望式激励等。

第三，加强沟通。保持高职院校教学工作领域内部良好的沟通，通过信息分享，缩短教育工作者与大学生的心理距离，增强感情交流，让教育工作者参与决策，实现心理换位。长期坚持，可以增强教育工作者对学校的认同感，从而在确定目标、制定政策、做出决策、实施重大计划等方面与教育工作者取得共识。只有达成共识，才能实现和谐，才能增强学校的凝聚力和教育工作者的应变力。这就要求学校建立良好的信息传递渠道，真正做到"上情下达"和"下情上传"，使高职院校的意图和教育工作者的行动达到和谐统一。

第四，培育团队精神。团队精神是团队成员共同认可的一种集体意识，可以彰显团队成员的工作心理状态和士气。团队精神是团队成员共同价值观念和理想信念的体现，可以凝聚团队、推动团队发展的精神力量和共同意愿。教育工作者团队精神的培育要通过文化，尤其是教育工作者建设逐步实现，包括精神文化建设、制度文化建设和物质文化建设三部分。其中，精神文化是文化深层次的、具有隐性的内核，决定了制度文化和物质文化。

二、战略管理与思想政治教育领域实践工作

当今世界，教育水平领先的高校都具有长期的教育发展战略。思想政治教育领域实践教学组织作为辅助思想政治教育领域工作的一项战略性活动，对学生的成长具有深远意义。因此，教学管理部门需要立足思想政治教育领域实践教学组织工作长期目标，分析开展思想政治教育领域实践工作面对的外部环境和内部条件，以正确的指导思想，对思想政治教育领域实践教学组织工作主要目标、重大工作方针、策略和实施步骤做出长远的、系统的和全局的谋划。

思想政治教育领域实践教学组织工作战略管理是以课程建设指导文件为指南，根据外部环境和内部条件要素确定教学管理部门的工作目标，保证目标的

正确落实并使思想政治教育领域实践工作使命最终得以实现的一个动态过程，这是一种崭新的教学工作思想和工作方式，其关键是动态的管理。随着社会主义市场经济的发展，高校之间人才培养效果的竞争愈演愈烈。在这种情况下，思想政治教育领域实践教学组织工作战略管理理念越来越被一些勤于思考的教育工作者所关注，采用战略管理思想帮助教学工作领导者进行战略决策，已经取得了良好的效果。随着中国高等教育的发展，战略管理作为一种重要的管理方式也日益受到思想政治教育领域工作者的重视。

在开展思想政治教育领域实践教学组织工作中采用战略管理主要有如下几方面的意义：

第一，实施战略管理有助于实现思想政治教育领域实践教学组织工作资源的合理有效配置。实施战略管理可以让教学管理部门将思想政治教育领域实践教学组织工作的各项具体活动纳入日益变化的社会环境之中，将未来的环境变化趋势也考虑进来，有助于教学管理部门未雨绸缪。重视对学校内外部环境的研究，就能够更加准确地对大学思想政治教育领域实践工作的发展方向进行定位，从而规避可能出现的风险，进而合理有效地配置教学工作资源，提高具体的教学活动与内外部环境的适应性，实现思想政治教育领域实践教学工作的可持续发展。

第二，实施战略管理可以更好地开展思想政治教育领域实践活动常规教学活动。教学活动实施是教学管理部门进行战略管理很重要的一部分，在每学期必须开展的常规性教学活动中充分发挥战略管理纲领性的作用，就可以使教育工作者熟悉战略管理理念。当思想政治教育领域实践工作所处的外部环境和内部条件发生变化时，教育工作者就可以根据环境的变化调整和修改战略，逐步得到完善，再到战略实施的过程中加以检验，这种不断调整完善的过程大大增加了战略管理对常规教学活动的实践指导性。因此，实施战略管理可以帮助教学管理部门在变化的环境中抓住思想政治教育领域实践工作主动权。

第三，实施战略管理有助于教学管理部门将思想政治教育领域实践工作的近期目标和远期目标进行有效的结合。通过战略计划、战略实施、战略评价与控制等一系列流程，可以将教学工作的长远目标与近期目标有机结合起来，也有利于将教学工作的战略目标与战术目标统一起来，从而充分调动全体教育工作者的积极性和创造性，提高思想政治教育领域实践工作整体效果。

第四，实施战略管理有助于提高教育工作者的创新意识。开展思想政治教育领域实践教学组织工作战略是教学管理部门在思想政治教育领域实践教学组织总体框架下对自身总体和长远发展的分析和规划的重要组成部分，是在对教学管理部门所面临的内外部环境进行深入分析的基础之上制定的。同时，战略还会随着环境的变化而变化，这样就可以使教育工作者能够自始至终站在新的起点上对思想政治教育领域实践工作战略进行及时更新，从而提高教育工作者创新意识。

教学管理部门在开展思想政治教育领域实践教学组织工作中实施战略管理，具备如下特点：

第一，科学性。在战略设计阶段，教学管理部门选择何种战略才能更适合于本校教学工作特点，使思想政治教育领域实践工作方案达到最佳效果，都需要科学的论证，选择准确的角度，分析一个教学工作方案的可能性和可行性。实践表明，教学工作方案较高的决策成功率都是建立在科学的基础上。在教学工作方案总结阶段，如何科学地、客观地判断教学工作方案实施过程的成绩和不足，对于后续教学工作目标的确定关系重大。面对大量信息，思想政治教育领域实践教学组织工作的决策更加依赖于信息来源的准确性。分析过程的科学和准确，对战略实施关系重大，如果设计的目标没有建立在较科学的基础上，这样的思想政治教育领域实践教学组织工作目标注定是很难能够实现的。

第二，长远性。战略管理是教学管理部门对未来较长时间内思想政治教育领域实践教学组织工作问题进行的统筹规划，是以教学管理部门所处的现实外部环境和内部条件作为依据而对教学管理部门负责的思想政治教育领域实践教学工作未来发展方向进行的判断。这种决策不仅对教学管理部门当前的思想政治教育领域实践教学工作具有一定的指导作用，而且还能够对教学管理部门远期开展思想政治教育领域实践教学工作起到指导作用，这是因为战略管理理念是以教学管理部门长远发展作为出发点的。因此，可以说教学管理部门在思想政治教育领域实践教学工作中实施战略管理是面向广大教师和大学生的工作，可以帮助学生在迅速变化的环境里，迅速提高能力和综合素质。

第三，教学管理部门在开展思想政治教育领域实践教学组织工作中实施战略管理是一个过程，包括战略设计、战略选择、战略实施和战略评估等几个阶段。由于这几个阶段是相互联系、相辅相成、融为一体的，是不能被割裂的，战略设计是战略实施的基础，战略实施又是战略评估的依据，而战略评估反过来又为战略设计和实施提供经验和教训。只有通过这三个阶段的系统设计和衔接，才可以保证思想政治教育领域实践教学组织工作取得整体效益和最佳结果。

第四，复杂性。教学管理部门在开展思想政治教育领域实践教学工作中实施战略管理涉及大量资源的配置问题。这些资源，包括人力资源、实体财产和资金，或者在教学管理部门内部进行协调，或者由教学管理部门外部进行调配。这些都需要在一段时间内致力于一系列的活动，而实施这些活动需要有充足的资源作为保障。为保证战略目标的实现，就需要对资源进行统筹规划，合理配置。同时，教学管理部门在开展思想政治教育领域实践教学组织工作中实施战略管理需要考虑高校外部环境中的诸多因素。当代高校都存在于一个开放的系统中，可能影响教学管理部门开展课程建设工作因素很多。因此，教学管理部门负责人在思想政治教育领域实践教学组织工作方案决策过程中必须充分考虑相关的因素。

教学管理部门在开展思想政治教育领域实践教学组织工作中实施战略管理时，需要经历战略目标确定、战略实施、战略评估三个阶段。其中，战略实施主要表现为执行能力、战略评估一般由教学管理部门和其他相关部门联合完成。教学管理部门在实施思想政治教育领域实践教学组织工作战略管理时，需要坚持如下原则：

第一，环境分析原则。思想政治教育领域实践教学组织工作战略的制定与实施必须与教学管理部门所处的环境相适应，这里所说的环境包括外部环境和内部环境。教学管理部门必须重视自身与其所处环境的互动关系，这是为了思想政治教育领域实践工作能够更加适应和改造外部环境必须坚持的一项重要原则。

第二，系统性原则。思想政治教育领域实践教学组织工作战略管理包括战略制定、战略实施、战略控制等过程。整个战略管理过程的各个环节并不是相互独立的，它们是一个互相联系的系统。当代高校教学管理部门负责人应该将思想政治教育领域实践教学组织工作战略的制定、实施、控制、评价作为一个完整的过程来进行分析和决策。

第三，最优原则。最优原则是指教学管理部门在战略制定、战略实施过程中要着重强调思想政治教育领域实践教学组织工作整体价值的最大化。这就要求高职院校教学管理部门负责人在制定和实施战略的过程中将思想政治教育领域实践教学组织工作当作一个整体来看待，目的是要提高工作整体效果，不是只关注某一项具体教学活动的重要性，而是关注工作整体效果最优。

第四，全员参与原则。教学管理部门在确立思想政治教育领域实践教学组织工作目标时的全员参与原则主要包含两层含义。第一层含义，战略的制定过程要吸收尽可能多的教育工作者参与，并向大学生征求意见；第二层含义，战略的实施过程需要全体师生参与。这样在战略制定和实施的过程中才能发挥思想政治教育领域实践教学组织团队成员的积极作用，减少阻力，从而增强战略实施的效果。

三、现代管理新理论与思想政治教育领域实践教学工作

为了做好思想政治教育领域实践教学组织工作，教育工作者在掌握上文分析的人本管理、战略管理的基础上，还应当不断借鉴和吸收其他一些新的管理理论。思想政治教育领域实践教学组织工作中比较典型现代管理的新理论还包括如下几种：

（一）系统管理

思想政治教育领域实践教学组织工作具有区别于一般教学工作的特征，但是，也有很多特点是与一般教学工作相似的，如思想政治教育的无形性、长久性，这就更加说明系统管理原理在教育工作中的重要作用。如果将每一个学生思想政治教育工作流程都当成一个系统来看，无论是在教学工作队伍内部管理，还是在对大学生的教育上，都要充分发挥系统管理原理的作用。

系统是具有特定功能的、相互间具有有机联系的许多要素所构成的一个整

体。在自然界和人类社会中，一切事物都是以系统的形式存在的，任何事物都可以被称为一个系统。根据系统的不同属性，可以对系统的类型进行五种划分。第一种情况，按系统的自然属性分类。根据系统的自然属性，可以将系统分为自然系统和人造系统。前者是由自然物生成的系统，如猫科动物系统、水文系统等；后者是由人在一定的目的驱动下，按一定的需要组成的非自然系统，如社会管理系统、休闲产业系统等。在人类生活中，有时为了实现某一目的，会在系统设计中利用自然物，这样就形成了两者结合的混合系统。第二种，按系统的状态属性分类。根据系统的状态属性，可以将系统分为静态系统和动态系统。凡是系统的状态因时间变化而变化的系统就称为动态系统，相反的就是静态系统 a 系统的动态是绝对的，而静态则是相对的，它是动态系统的极限状态。第三种，按系统的物质属性分类。根据系统的物质属性，可以将系统分为实体系统和概念系统。前者是由物质实体组成的系统；后者则是由概念、原理、方法、制度等观念性、意志性的非特质实体组成的系统。概念系统是以实体系统为基础加以抽象化研究形成的，又进一步指导实体系统的动作。第四种，按系统的循环属性分类。根据系统的循环属性，可以将系统分为开环系统和闭环系统。前者是指系统的输出对系统的输入不产生任何反馈影响的系统，在现实生活中多数指在输出某种服务后，不再反馈给再输入的系统；后者则是具有反馈特性的循环系统，系统的输出影响系统的再输入。第五种，按系统的环境关系属性分类。根据系统与环境的关系，可以将系统分为开放系统和封闭系统。前者是指系统与环境不断进行物质、能量、信息等交换的系统；后者则相反，系统的物质、能量、信息等处于封闭的状态中，外界环境的任何因素都不能影响系统的运行。在现实生活中，封闭系统只是一种相对系统，一种理想系统，大多数系统都是开放式的。

教学工作系统是由人、物、信息组成的社会系统，任何学生管理工作实际上都是对教学工作系统的管理，没有教学工作系统，也就没有教学工作管理。系统原理为认识思想政治教育领域实践工作的本质和方法提供了新的视角 a 思想政治教育领域实践工作系统管理，就是指教育工作者依据系统论的思想，以确定的系统为研究对象，把所需要研究和管理的对象作为有机组合的整体，综合运用控制论、信息论、系统工程和运筹学的基本原理与方法，去实现教学工作的最佳效果。

（二）柔性管理

"柔性管理"是相对于以"规章制度为中心"的"刚性管理"提出来的一种人性化管理方法。关于"柔性管理"，中国古代以墨子为代表的先贤就曾有过论述。柔性管理是依据共同的价值观和文化、精神氛围进行的人格化管理，它是在研究人的心理行为规律的基础上，采用非强制性方式，在人的心目中产生一种潜在的说服力，从而把组织意志变为个人的自觉行动。在思想政治教育领域实践工作中实施柔性管理需要关注三大要素，即人、组织结构和信息。这三大要素在教学工作的各个环节都相互交错，其中人是最具柔性的资源，因为人是教学工作的主体，人通过自己的创造能力、选择能力和分析能力具备了柔性，同时人能够主动地感觉、学习和适应环境；合理的组织结构能够促进教学工作各个环节的柔性，适应外部环境的变化；信息是教学管理部门获取柔性、实施各项措施和行动的强有力支持，快速收集、存储、传播信息有助于教学工作系统在教学工作中迅速做出正确的决策并付诸实施。

（三）风险管理

风险管理理论提出在科学系统全面的风险管理措施保障之下，通过科学的实施风险识别、评估、控制与预防，以最小的成本实现最大的安全保障的管理过程。思想政治教育领域实践工作由于所处环境有较大的变数，因此风险在所难免。教学工作系统在思想政治教育领域实践工作中所面临的风险一般包括决策风险与活动实施中的风险，教学工作风险的大小主要是由其实际工作效果和预期目标之间的差距决定的。风险管理的目的，是对教学工作中需要面对的不确定性进行更为积极主动的管理，使教学管理部门以更加有效的方式，达到目标并完成其使命。虽然教学工作所面临的风险带有很多不确定性和偶然性，但是，应对风险的措施和步骤依然是有章可循的。这些措施主要包括：建立风险管理的机构、设定风险管理的目标、对风险进行有效评估、控制风险活动、进行信息沟通与反馈等。根据现代教育领域教学工作面对风险的具体情况，还可以将风险处理的对策与方法分为风险防范、风险回避、进一步减少风险等，也就是说，要尽最大努力将风险的影响减少到最低程度，从而保持思想政治教育领域实践教学的持续发展能力。

（四）管理信息化

信息时代的到来以前所未有的速度改变着当代中国高校教学工作方式，管理信息化正是应这一变化而产生的。随着网络技术的不断发展，它们为高校教学工作信息化提供了技术支持。教学工作的信息化也经历了好几个发展阶段，如电子数据处理阶段、综合数据处理阶段和系统数据处理阶段，目前正朝着网络化、信息技术集成化的方向发展。高职院校教学工作信息化实现了从个人计算机到群体计算机网络、从孤立系统到联合系统以及从内部计算机网络到跨部门计算机网络的飞跃。高职院校教学工作信息化对思想政治教育领域实践工作进步做出了重要贡献，它使教学工作能够突破传统模式的限制，更加灵活地安排高职院校内外部资源，高效率地完成工作目标。目前出现的云计算方法是基于信息技术而诞生的，是大数据信息化的最直接应用。高职院校教育工作者通过信息技术，把不同地区的现有资源迅速组合成一种超越时空约束、依靠信息网络手段联系和统一使用的教学工作资源库；当前高职院校在思想政治理论课课堂教学环节中引进"雨课堂"就是管理信息化的典型案例。

（五）项目管理

思想政治教育领域实践教学工作中一项独特的具有主体性的工作。具体的单项学生活动具有目标性、独特性、约束性、对象性、风险性、不可逆性等特点。这里根据单项学生活动与项目的相似性，引入项目管理理念。所谓项目管理，就是在特定的组织环境中，为有效实现项目的特定目标而制定的一整套原则、方法、辅助手段和技巧。在管理学研究领域，现代项目管理与传统的经验性项目管理有很大的区别，主要体现在管理理念、管理组织、管理方法和管理手段上。因为项目管理是在有限的资源条件下进行的，所以它具有复杂性、创造性、专业性等特征。基于这些特征，高职院校教学管理部门在实施思想政治教育领域实践教学组织工作项目管理时应该注意如下几个方面问题：第一方面，关注思想政治教育领域实践活动的资源基础；第二方面，努力建立规范化的工作执行程序；第三方面，建立具有团队精神的教学工作文化；第四方面，建设合理有效的授权体系；第五方面，建立有效的沟通渠道。思想政治教育领域实践教学活动，可以把不同活动主题分别归集成为一系列项目，这样就便于非设计开展实践教学指导。

（六）学习型组织

所谓学习型组织，是通过培养整个组织的学习气氛、充分发挥组织成员的创造性思维能力而建立起来的一种有机的、高度柔性的、扁平的、符合人性的、能持续发展的组织。这种组织具有持续学习的能力，具有高于个人绩效总和的综合绩效。学习型组织最初的构想是运用系统动力学原理，非常具体地构想出未来企业组织的理想形态——层次扁平化、组织信息化、结构开放化，逐渐由从属关系转向为工作伙伴关系，不断学习，不断重新调整结构关系。根据学习型组织，教学管理部门应该依托思想政治教育领域实践工作，要努力把教学管理部门及其领导学生会等学生团体从传统的"权力控制组织"改造成为"学习型组织"。并做好五项修炼：第一项修炼，建立共同的愿景目标。进行这一项修炼的目的是建立生命共同体，它包括教学管理部门开展思想政治教育领域实践教学组织工作愿景、教学管理部门开展思想政治教育领域实践教学组织的价值观、教学管理部门开展思想政治教育领域实践教学组织工作目的和使命以及具体目标等内容。第二项修炼，加强团队学习。主要目的是为了激发教育工作者和大学生智慧，强化团队的向心力，进而做好思想政治教育领域实践教学组织工作。第三项修炼，改善心智模式。这项修炼要求教学管理部门领导者和相关师生打破旧的思维障碍，用创新的视角去审视世界，激发青年人的创造力，为思想政治教育领域实践工作服务。第四项修炼，培养系统思考能力。这项修炼要求教学管理部门领导者和相关师生把思想政治教育领域实践工作看成一个系统，考虑问题既要看到局部，又要顾及整体；既要看到当前利益，又要兼顾长远利益。第五项修炼，追求自我超越。这项修炼鼓励教学管理部门领导者和相关师生人们不断挑战自我，挖掘潜力，实现人生价值，为思想政治教育领域实践工作登上新台阶而努力。思想政治教育领域实践教学活动的最大特点就是与时俱进，思想政治理论课教材内容是一个不断丰富的过程中，因此，教师要加强政治学习，第一时间领会党的政策，这样才能跟上教材更新的步伐；在马克思主义学院建立学习型组织尤为必要。

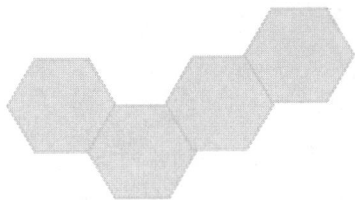

第七章 思想政治教育领域实践育人工作观念与方法

第一节 思想政治教育领域实践育人工作观念方法概述

思想政治教育领域实践教学组织属于教育工作领域范畴，教育工作者的观念和方法是实现思想政治教育领域实践教学组织重要保障。思想政治教育领域实践教学组织是一项系统性工作，确立教育创新实践工作思路就要在系统论观点指导下确定问题，树立正确的教育观念，选择正确的方法，然后才能将教育计划付诸实施。

为了深入研究开展思想政治教育领域实践教学活动的特征，就需要对教育工作中的观念方法进行分析。人性观念、价值观念两种观念虽不是教育工作观念的全部，但却从根本上影响着教育工作者的基本观念。

方法是主体实现目的的手段，或是主体能动作用于对象性客体的各种工具的总称。无论是认识世界或是改造世界，人们都必须借助一定的物质手段或精神工具，离不开相应的方法。没有方法或方法不当，人们就寸步难行、一事无成。

教育工作作为人类特有的一种对象性活动，自然也依赖一定的方法，这就是教育工作方法。什么是教育工作方法，不同方法之间有何联系与区别，以及如何正确选择和恰当运用众多的教育工作方法，一个十分复杂的方法论问题，需要首先做出哲学的说明。

一、开展思想政治教育领域实践教学活动工作中的人性观

无论什么类型的教育工作，本质上都是通过一些人对另一些人的教育工作，教育工作的核心是人不是物。这样，当教育工作者着手教育工作时碰到的第一

个问题便是：什么是人？由于对人的理解或对人性的看法各有不同，于是就形成形形色色的人性观念。而人性观念上的种种差异，又带来教育工作目的、教育工作方法和教育工作模式的区别。

考察人性观念和教育工作模式的内在同一关系，首先可以追溯到中国古代。在中国先秦时期的许多学者都对人性问题开展相当深入的专门研究，形成了"性善论"和"性恶论"两大对立的派别。以孟子为代表的性善论者认为，人之异于禽兽，不在于生物本能，而在于先天秉有与人为善的道德理念。居官治国的"王者"要想治理好国家，首要和根本的任务是培育弘扬人性中已有的各种"善端"，使之扩充为"仁、义、礼、智、信"这五种道德，用以调整各类社会矛盾，建立起稳定和谐的"仁政"社会和"王道"政治。以荀子为代表的"性恶论"则认为，人的本性并不是善的。要想治理好国家，既要注重道德教化，更要诱之以利、齐之以刑，建立严密的法制。如其不然，人性中的恶劣本性就会肆意泛滥，文明社会就会倒退到无法控制的远古"自然时期"。这两种观点，各自对人性的理解和由此而构建的政治教育工作模式大相径庭。秦始皇统一六国之后，选择的主要是后者，结果二世而亡。西汉直至明清，历代统治者在汲取秦亡教训之后不断融合二者，逐渐形成了一整套以礼为主、礼法并重的治国方略，从而使我国宗法封建社会相当稳定地持续了二千余年，成为以宗法伦理治理国家的一个典型。①

下面借助管理学的领域关于人性的理论对开展思想政治教育领域实践教学活动工作中的人性判断进行。

泰罗（Frederick Winslow Taylor）、法约尔（Henry Fayol）等学者认为，人是经济运动和物质利益的主体，人要谋求自身生存发展所需的经济利益，提出"经济人"假说。②

后来，麻省理工学院教授麦格雷戈（Douglas McGregor）的人性假设——"X—Y理论"。如果按X理论，人的本性被设想为天生的，不诚实、不爱承担责任、缺乏远大抱负、仅把自身安全放在第一位，这样，就必须通过行政强制来进行。如果按Y理论，人的本性恰恰相反，他们并不厌恶工作而是乐于负责，不愿接

① 席瑞，郭晓蓓. "性善论"和"性恶论"的解读及其现实意义 [J]. 魅力中国，2021，（第14期）：285.
② 李家鸿. 泰罗与法约尔的管理哲学及其比较 [J]. 管理观察，2009，（第16期）：25-26.

-206-

受别人控制而愿进行自我控制。这样，就不应当是强迫命令而应是激励他们的献身精神和创造才能。[1]

在此基础上，马斯洛（AbrahamH.Maslow）提出需求层次理论。该理论认为，人性是善是恶，或懒或勤都不符合人的本性，人之为人，是因为人人皆有多层需求，首先是生理需求；其次是安全需求；再次是社交需求；再次是尊重需求；最高的是自我实现的需求。任何人只有满足了低一级需求，才会产生高一级需求。[2]

后续学者就马斯洛理论提出许多新的观点。一种观点认为：马斯洛提出的逐级上升，在许多情况下是有特例的，有些人可以在低层次需求没有满足的情况下，实现了高层次的需求。另一种观点认为：人的需要心理逐级上升，这只是一种理想状态，事实上，由于外部条件的限制，需要经常得不到满足而遭受挫折。当人们提出高一级需要但又得不到满足之时，他们就会产生失落感，并将需要心理调整到低层上来。在一个相当长的时期，支配人们行为的不是高一层的需要心理而恰恰是稳定的低层心理。这种理论在也被称为"挫折—回归论"。

从被大多数学科认可的马斯洛层次理论学说看，人有高层次追求是教育和开展教育创新实践的基础。相信教育可以使人向善是"思想政治理论课选修课"的前提。

二、开展思想政治教育领域实践教学活动工作中的价值观

在哲学中，价值是一个含义广泛的关系范畴，凡是涉及客体对主体的意义关系，就包含人们常说的价值。具体地说，凡是对主体有用的东西，就叫有价值；无用或有害的东西，就叫无价值或负价值。

价值按其客体满足主体的属性，可划分为功用价值、道德价值和审美价值三类。功用价值相当于马克思说的物的使用价值；道德价值是指人的德行对于他人的精神感召和对社会的积极影响；审美价值是指主体所创造的对象反过来给予创造者的愉悦感，是人对人类自由本质的确证和审视。无论哪类价值，都反映了主体需要和客体功能的肯定关系，都是主体对他所创造的客体的认同或评价。

---

① 赵冬燕．基于 X-Y 理论推进中等职业学校教学诊断与改进工作的思考 [J]．学园，2021，（第 20 期）：46-48.
② 晋铭铭，罗迅．马斯洛需求层次理论浅析 [J]．管理观察，2019，（第 16 期）：77-79.

　　所谓价值观念，即人们在实践中形成的对客观对象意义的看法或观点。在实践中，人们对客观对象的看法可分为两类：一类是关于客观对象的本质和规律的看法或观点，也被理论界称"事实真理"或"事实判断"。另一类即关于对客观事物有无意义、有无用处的看法或观点，这即是所谓"价值真理"或"价值判断"。价值观念同事实观念相比，后者侧重于对事物真理的客观性探讨，回答对象是"什么"以及"为什么"一类真理问题；前者侧重于对事物意义的主观评价，回答对象对我"好不好"以及"好在何处"之类的功用问题。人在实践中所形成的各种观念（包括世界观和自然观、历史观、人生观、教育工作观等各类观念），无一不是由这两类观念组成，如通常所说的哲学世界观，既包括人们对世界本质和发展规律的客观探讨，表现为一个知识体系或说明体系；又包括人们对现存世界的主观体认和评价，对理想的未来世界的设计和追求。人生观也是如此，既包括人生本质规律的理性探索，又饱含对现实社会的主观感受和对理想人生的追求。人们的观念既不可能是对客观事物的机械反映，其中必然渗透着人的意向目的、定向选择和主观评价；又不可能是纯粹主观任意的，必然以客观事物为对象，以事实为基础。因此，事实观念和价值观念是互为条件的辩证关系。人们为了研究问题的方便，可以而且必须将二者分开来看，但在事实上，二者是分不开的，任何具体的观念系统都是由二者有机组成的。

　　所谓教育工作价值观即教育工作者关于价值取向和价值评价的观点的总称，它是在教育工作实践中形成的教育工作主体对教育工作环境、教育工作目标、教育工作客体、教育工作现状、教育工作结果，以及教育工作未来的体认、选择、态度、倾向、评价和期待等各种观念的总和。认为教育工作价值观是教育工作主体的价值观，并不意味教育工作系统中作为教育工作客体的人没有价值观。因为教育工作是教育工作主体作用于教育工作客体的特殊实践或主体性活动，因而教育工作价值观是指导教育工作主体的观念而有别于教育工作客体的价值观念。当然，在研究教育工作的价值观念时，不能也不应回避受教育者的价值观念，因为凡是人都有自己特定的价值原则和价值判断。不过，教育工作过程实际上是用教育工作者的价值观影响受教育者价值观的复杂思想过程，或者说是主体价值观和客体价值观之间的求同过程，在此意义上，又可以将教育工作价值观规定为教育工作中占主导地位的教育工作主体的价值观念。

　　首先，教育工作价值观表现为教育工作者对教育工作环境的体认。教育工作系统存在于一定的社会环境中，教育工作要正常进行以维持并发展组织系统，就必须了解、适应环境，同环境进行物质、能量、信息、人员的交换。而在了解适应环境的过程中，教育工作者一方面必须搜集整理环境的信息，力求使自己的认识符合外在环境的本来面目；另一方面又要根据自身的目的和需要去筛选信息，并按自己的价值方式去整理信息和评价信息，从而对环境做出好或坏的价值判断。所谓对环境的体认，指的就是教育工作者通过多次教育工作实践而形成的对环境好坏的辨识能力和判断标准，而这种辨识能力和判断标准，即是教育工作价值观的一种表现。任何时代的教育工作或现代任何一类教育工作，教育工作者首先要考虑的对象不是自身所处的系统而是系统所面临的组织环境。只有对环境有尽可能详尽的了解并对之进行了一番"审时度势"的价值判断之后，才可能进行别的思考。

　　其次，教育工作价值观表现在组织目标的选择确立领域。当对外部环境有所了解并确认环境对组织有无意义之后，接下来教育工作者便要根据组织的需要和环境的可能，确立组织行为的目标。任何一类组织目标的确立既不是任意选定的，也不是自发产生的，而必须依赖可能和需要两个条件。一是目的要有实现的可能性。如某种目的尽管很有意义但在现实中缺乏根据、无论如何都不可能实现，那么这种目的就是空洞无边的幻想，注定不能实现；二是目的要符合教育工作者或教育工作系统的需要。如果不适合需要，尽管在现实中有实现的根据，教育工作者因其对自身需要无关甚或有害，也是不会将其确立为目标的。可见，在确立教育工作目的的过程中，也有两种观念在同时起作用，分析目的有无可能、能否转化为现实，这依据事实观念；而确认目的有无意义、哪种目的符合组织的主观需要，这依据价值观念。总之，组织目的既然不是环境强加给组织系统的，而是组织的教育工作者在分析环境的多种可能性之后进行价值选择的结果，这样，在同一环境中，不同的组织因有不同的价值观念从而产生不同的组织目的，就是很自然的现象。相反，以为同一环境只能产生同一目的则是形而上学的机械决定论。

最后，教育工作价值观表现为对教育工作结果的评价和对组织未来的期望。教育工作过程的终结，必形成一定形式的教育工作结果。教育工作者必须对结果进行评价。如果结果符合预设的目的，便做出定性评价；而不符合预设的目的，就要做出否定性评价。不过在实际教育工作过程中，参与评价的人存在价值观念上的差异，而教育工作结果一般又不可能与预期目的完全符合，所以评价教育工作结果并不像上文所述的那样简单，必然充满歧见和争议。当某一教育工作过程结束而对未来教育工作进行设想的时候，因人们价值观念的差异和理想期望不同，人们对教育工作前景的设想和所期待的东西也必然不一致。这种不一致即人们常说的目光有远近之分、境界有高下之别。

通过以上分析不难看出，所谓教育工作价值观，绝不仅限于人们常说的某种观念，而是贯注在教育工作各方面和全过程的各类教育工作意图、教育工作目的、教育工作态度、教育工作倾向、教育工作评价和教育工作理想的总和。不同的人，由于出身经历、文化素质、道德修养、阶级地位、职责权限、利益关系、理想情趣各不相同，价值观念是存在差异以至对立的。教育工作要能够有效进行，就必须设法使这些不同的价值观念大致统一起来。

三、开展思想政治教育领域实践教学活动过程中的教育工作方法与艺术

（一）教育工作方法及其系统结构

教育工作作为一种特殊的实践活动，有其独有的方法。如何认识和界定教育工作方法的问题，是一个需要认真探讨的话题。

首先，教育工作方法不是教育工作活动中人们所采用的一切方法，只是教育工作者进行教育工作的方法，特别是教育受教育者的方法。教育工作作为一种社会组织活动，是教育工作主体和教育工作客体的互动过程。在教育工作过程中，教育工作者和受教育者都在活动，二者都有自己作用的对象，同时也都借助于一定的方法。但是，绝不能认为教育工作活动过程中人们所采用的方法就是教育工作方法。因为，受教育者在教育工作过程中虽然也在活动，但他们从事的不是教育活动，其方法不具有严格的教育工作方法。而教育工作者的活

动才是教育工作活动，是教育人或通过教育人来实现教育相关目标的特殊实践活动。因此，只有教育工作者的行为方式才具有教育工作的属性，其方法才是严格意义的教育工作方法。如果将教育工作过程中所有成员所使用的方法都看成教育工作方法，就会混淆模糊教育工作者同受教育者的界限。

其次，在研究教育工作方法时，还有注意一种观点。有人承认教育工作方法是教育工作者的方法，但又认为只有教育工作者在教学活动中的教育工作实践方法才属于教育工作方法，而将教育工作者进行教学准备、教学方案设计与决策等思维活动所采用的教育工作认识方法排除在教育工作方法之外。这种观点是很片面的，教育工作方法不仅包括教育工作者的实践方法，也包括他们的认识方法，这是因为完整的教育工作活动不仅包括教育工作主体对教育工作客体一系列的教育活动，还包括教育工作主体对教学目标的设计、论证、择优和计划的制定，这两类活动都需要借助一定的方法，而这两类活动也都具有教育工作的性质。如果将教育工作者的认识方法排除在教育工作方法之外，这不仅是教育工作的片面理解，也与现代教育工作特别是当代教育工作丰富的内涵明显不合。在现代教育工作中，教育工作者常常既是教学计划（即便是在基础教育和社会教育领域教育工作者也会参与教学方案与计划设计）的制定者，同时又是计划的执行者，他们所采用的方法既具有教育工作实践的属性，又具有教育工作的认识属性。所以，将教育工作方法仅仅看成教学工作的实践方法是不正确的，教育工作方法应当包括教育工作者为达到教育目标、实现教育工作职能、确保教育工作活动顺利进行的各种手段、工具、措施和方式的总称，在本质上它属于教育工作主体的精神性工具。

既然教育工作方法是教育工作者进行教育工作所采用的各种工具和手段，这就说明教育工作方法不是一种而是多种。

教育工作方法作为一个系统，是由多层次多侧面的不同方法按照一定结构有机组成的。从方法的总体特征来分类，教育工作方法可以划分为教育工作者的认识方法和实践方法；按教育工作方法的普遍性程度，又可划分为哲学方法和教育技术工作方法；按教育工作方法系统的历史形态划分，还可划分为传统的教育工作方法和现代教育工作方法。下面重点介绍教育工作涉及的哲学方法、一般方法和技术方法及其关系。

所谓哲学方法，是指教育工作者运用某种哲学观察教育工作世界和指导教育工作活动的方法，它包括教育工作者如何理解教育工作的社会本质和一般规律，如何确立教育工作的最终目标和进行价值判断，怎样评价自身和受教育者的能力以及二者的基本关系，怎样在宏观上把握教育组织和环境、教育单位和社会之间的关系等等。在涉及教育工作的根本路线、战略决策、基本原则和思路等重大问题，大都需要借助哲学方法，有关基本信仰的一系列思想价值教育工作涉及的问题，也离不开哲学方法。这种方法具有最大的普遍性也最抽象，初看起来似乎不能直接解决教育工作中任何具体问题，因而常常被人们所忽视，好像哲学与教育工作无关。实际上，教育工作者是离不开哲学的，哲学决定教育工作者的思维方式和行动路线，自觉或不自觉地影响着各种教育工作活动，并在一定条件下决定着教育工作的成败，为教育工作者提供了必不可少的方法论原则。

与哲学方法相关但又不同的另一类教育工作方法是一般方法。同哲学方法相比，这类方法没有哲学方法那么广的普遍性和形式上的抽象性，显得比较具体，容易操作、但与更具体的技术方法相比，又具有相当大的普遍性，可以为不同的教育工作所共用，这就是一般教育工作法。

教育工作者特别是基层教育工作者常用的教育工作方法是具体的教育技术方法。这里的"技术"不是指工程技术，不是人们常说的各种技术工具（如计算机、打字机、现代通信设备和各类电子监测仪等），而是指各教育工作者进行教育工作的具体方法和技巧。教育技术方法是最具体最易操作的方法，同时也是最直观最丰富的教育工作手段，为教育工作者提供明确的教育工作工具和具体的教育工作手段。

教育工作方法之所以成为一个系统，正是由于教育工作者所采用的不是一种方法或一类方法，而是综合使用上述三类方法。一方面，这三类方法分属于教育工作的不同层次，各有自己的特点和功能，彼此不能取代。另一方面，这三类方法又相互制约、相互影响、互为补充，综合运用于教育工作。一般来说，属于最高层次的哲学方法，因为它侧重于宏观决策和总体设计；属于中间层的一般方法，因其通用性和一定范围的规范性，是教育工作者最常用的。技术方法因为具体而实用性强，往往成为教育工作者在具体教育工作中的手段。因为教育工作方法是一个系统，各类方法单独使用都不能发挥最佳的组织教育工作效用，只有三者兼用、互相配合共同作用于受教育者才能更好地实现教育目标。因此，教育工作者应当树立系统教育工作观念，既注意克服方法上的单一化倾向，又杜绝不同方法的混淆和错位。

（二）教育工作艺术

艺术的本义是指运用形象思维把握外部世界的一种社会形态，具有一系列不同于科学思维的特点。当教育工作者面临常规方法不能解决的问题而需采用机动、灵活的方式和使用创造性思维时，常常用"艺术"一词来描述这类行为方式。在教育工作方法系统中，上述各类方法因各有其特点、功能和运用的常规程序，但只是对教育工作方法一种大致的分类和定型的描述，没有也不可能穷尽教育工作方法的一切方面。而在具体运用这些方法时，教育工作者还需掌握一种方法，这就是教育工作艺术。

所谓教育工作艺术，既可以说是如何选择运用教育工作方法的方法，也可以说是创造性进行教育工作的一种应变能力和教育工作技巧。对同一教育工作对象，不同的教育工作者可能选择不同的教育工作方法，这种选择就包含着教育工作艺术；不同教育工作者选择同一教育工作方法运用于同一教育工作对象，但结果大不一样，这说明运用方法也有艺术。在教育工作的整个过程中和诸多环节上，教育工作者需要遵循一般的教育工作法则来进行教育工作。但因教育工作过程变幻万端，教育工作对象复杂多样，教育工作也不可能死守某一范式，或是机械照搬某一方法，教育工作者应当机动灵活地进行教育工作，"艺术"地使用各类教育工作方法，掌握有关的教育工作艺术。

教育工作艺术外化表现在教育工作者的讲话技巧方面。语言是表达思维的工具，在教育工作实践中，教育工作者的教学活动必须要运用讲话的艺术或技巧。

在教育工作实践中教育工作者的语言艺术是非常重要的，稍有不慎就可能前功尽弃或半途而废。同样的内容不同的教育工作者以不同的方式讲出来效果便大不一样。教育工作者如果没有丰富的科学知识、足够的信息量和感染力就不能抓住人们的思想，就会使自己失去吸引力，教育工作也就无效果可言。

第二节 思想政治教育领域实践育人工作逻辑思维方法

思维是开展教学工作的基础，要开展思想政治教育领域实践教学活动，掌握必要的思维方法很重要。在开展思想政治教育领域实践教学活动活动中，保证思维逻辑的严谨十分关键，下面就分析逻辑思维及其在开展思想政治教育领域实践教学活动工作中的表现。

世界上任何事物都有其内容和形式，内容是构成事物的一切内在要素的总和，形式是把内容诸多要素联系起来的结构和表现内容的形式。思维也是这样，既有内容也有形式。思维内容就是思维所反映的特定对象及其属性，思维形式就是指思维对特定对象及其属性的反映方式，如概念、命题、推理等，这些思维形式又具有一般的形式结构，我们称其为思维的逻辑形式。

一、逻辑思维的概念

（一）"逻辑"思维的含义

"逻辑"一词是由希腊文音译过来的。其原意是指思想、言辞、理性规律性。"逻辑"是一个充满歧义的词，几乎每一个逻辑学家、哲学家以及自然科学家都有他们各自所理解的"逻辑"，对逻辑的定义众说纷纭，没有共识的。总体上看，逻辑研究的是理性思维，即是人们通过大脑的抽象作用对客观内在规定性的认识，是认识的发展的高级阶段。对逻辑有广义和狭义上的不同理解。

广义的逻辑泛指与人的思维和论辩有关的形式规律和方法。逻辑思维与形象思维相对，通常是指人们思考问题时，从某些已知条件出发，借助概念、判断、推理这些思维形式，推出合理的结论的规律。广义上的逻辑可包括以下几个层次：

第一层次，指客观事物发展的规律性。

第二层次，指思维的规律性。

第三层次，指某种理论，观点或说法。

第四层次，逻辑就是方法论，就是处理人生中许多事情的方法，就是基于已知的事实或条件运用科学的思维过程，利用最合理的技巧，做出接近于真实的判断方法。

第五层次，逻辑学是研究思维及其规律的科学。

狭义的逻辑主要研究推理，是关于推理有效性的科学，形式上表现为用特制的人工符号语言和公理化方法构造的形式系统。逻辑思维也叫抽象思维。所谓抽象就是在思维过程中撇开事物的具体形象而取其本质，逻辑思维的抽象特征与形象思维整体性特征正好相对。因此可以说，逻辑思维是一种比较简单的直逼事物本质的"线型性"思维。逻辑思维通常分为形式逻辑思维和辩证逻辑思维。形式逻辑思维又分为归纳思维和演绎思维。

（二）逻辑思维的基本形式。

逻辑思维的基本形式是概念、判断和推理。概念、判断和推理这几个思维形式是互相联系的。概念的形成往往要通过一定的判断和推理过程，判断是肯定或否定概念之间的联系关系，而判断的结论是通过推理获得的。

1. 概念

概念是人脑对事物的一般特征和本质属性的反映，是在抽象概括的基础上形成的。概念不反映事物的非本质属性，例如人这一概念只反映人是有思维能力的高等动物，有五官、四肢、直立行走等本质属性，而不反映是黑人还是白人，是男人还是女人等非本质属性。概念和词有不可分割的联系。每一个概念都是由于词的抽象性和概括性的刺激作用而在人脑中产生和存在着，并以词的意义或含义的形态在人脑中形成表象和巩固（记忆）下来，也就是说概括是用词来标志的，每一个词都代表着一个概念。

2. 判断

判断是指人脑凭借语言的作用，反映事物的情况或事物之间的关系，并通过判断的过程达到某种结果（或结论）。可见判断一词具有两种含义，一种是指人脑产生判断的思维过程；另一种是人脑经过判断过程产生的思想形式。判断是通过肯定或否定来断定事物的。肯定或否定是判断的特殊本质。事物的存在、价值或事物之间的关系，都是通过肯定或否定作出判断的。人在判断的独立性和机敏性方面会表现出很大的个体差异，差异性取决于判断主体的性格、相关知识和经验等。判断可以分为简单判断和复合判断。

3. 推理

推理就是人脑凭借语言的作用，通过某些判断的分析和综合，以引出新的判断的过程。所引出的新的判断叫做结论。在进行推理的过程中所依据的已有的判断称为"前提"，也就是说已有的概括性认识和有关材料或事实是人在头脑中进行推理时所必须依据的前提，对过去的推断或对未来的预测是人经过在头脑中经过推理所得到的结论。很多判断都是推理的结果，所以，推理是思维最基本的形式之一。推理可以分为归纳推理和演绎推理。归纳推理是从特殊事例到一般原理，演绎性推理是从一般原理到特殊事例。

（三）逻辑思维在创新活动中的作用。

逻辑思维是人类揭示客观世界的本质和规律的极其重要的思维活动形式。逻辑思维包括形式逻辑思维和辩证逻辑思维。随着科学技术的发展，机械论自然观已被辩证论自然观所取代，辩证逻辑思维，使人们对自然界有了更为深刻的了解。创造、创新活动中，紧张—松弛—紧张的循环，也标示了灵感—顿悟的心理机制。顿悟是紧张思索，"能量"积蓄在松弛期间，潜意识活动中的突发。因此其简单的模式可以归结为积累一突发。积累的过程，正是人们面对问题用已有知识和经验冥思苦想的过程。这一过程不仅有过去的记忆，也有大量针对问题和占有资料的分析、运演、判断、归纳，形成新的形象的过程，因此我们断言在创造、创新过程中的中间阶段，同样有逻辑思维的不可取代的作用。联系逻辑思维在创造、创新过程中，前期和后期的作用我们可以清楚地认识到，逻辑思维几乎渗透到人类获取所有新理论和新知识的每一个过程。具体说来逻辑思维在创新活动中的作用有以下几点。

1. 发现问题

发现问题是创新过程的起点，发现问题的方法很多，通过逻辑思维来发现问题是一条重要途径。在现实生活和社会科学领域中，矛盾就是问题，问题本身也蕴涵着矛盾，在某种意义上讲，矛盾与问题是同一的。矛盾在现实中是无处不在无时不有的，如理论与理论的矛盾，理论与检验的矛盾，理论与实践的矛盾，需求与现实的矛盾等。要发现矛盾就要对现实进行考察，考察中又会发现新的矛盾。

2. 直接实现创造创新

并非逻辑思维根本就不能创新，有些问题的创造性解决就是直接用逻辑思维的结果。

3. 筛选设想

不管采用哪些新思维的方法，都可能提出两种以上的新设想或创新途径，这就需要根据可行性、价值和社会效益等进行筛选。筛选的过程，主要用的就是逻辑思维。对每种设想进行分析、比较，做出判断、决定取舍，这都是逻辑思维的任务。

4. 评价成果或验证结论

创新成果完成之后要进行鉴定或验证，给出正确的评价，评价过程一般要进行逻辑比较，判断其水平，验证也要符合逻辑常规的程序。

二、归纳思维

（一）归纳思维

人们对客观事物的认识，一般多是从认识个别事物开始的，即先认识一个个单独的对象，然后才能进一步把握其一般规律。归纳思维是一种从若干个同类个别事物或经验知识，概括出一般性认识或结论的思维方法。这种概括常常由部分推论到全体，它能够扩大人们的认识范围，并对已有理论提供一定程度的支持。

归纳思维是根据个别知识概括出一般性知识的思维 a 这种思维的方法称之为归纳法，这种思维的形式称之为归纳推理。其主要特点是：

1. 从个别到一般

从个别到一般就是人类由事物的个别知识概括出一般认识的过程。归纳思维所依据的个别性知识的可分为两种类型。一类是人们通过观察或实验所获得的关于思维对象自身属性的经验知识；另一类是人们在思维过程中积累起来的关于"方法"的若干次使用情况的经验认识。

归纳思维之所以能被人们大量运用，是因为人们的认识总是离不开从若干分散的实际情形到一般性概括的过程。而这种从个别到一般的概括遵循了以下原则：如果大量的情况 A（A1、A2……An）在各种情况下被观察到，而且如果所有这些被观察到的 A 都毫无例外地具有性质 B，所以，所有 A 都有性质 B。这一原则在逻辑学上称为"归纳法原则"，它是人们进行归纳思维所依据的原理。

2. 从部分到整体

在归纳思维中，从个别性知识得出一般性结论，除了极为有限的完全归纳概括外，一般的归纳思维过程都拓展了认识范围，也就是说结论所断定范围超出了前提所涉及的范围，即由部分扩展到了全体。正是由于归纳思维突破了前提所断定的范围，人们的思维才能够突破当前情境的局限而扩大了认识领域，并获得新的知识。需要指出的是归纳思维从部分推论至全体，虽然扩大了认识范围，但其结论不具有必然性。

从上述分析中可以看出归纳思维是容易发生"以偏概全"的错误的，也就是说把部分对象所特有的属性，推广到其他对象上，而其他对象又不具有这种属性。因此，在归纳思维中应尽量扩大考察的对象数量及考察范围，注意分析被考察的属性是否为部分对象所特有，以提高概括的结论的可靠性。

3. 扩展认识范围

归纳思维根据对部分对象的认识推论到该类事物的全体对象，所得出的结论不具有逻辑必然性；但它能弥补人的认识能力的有限性，扩大人的认识范围，拓展知识。应用归纳思维来扩大认识范围、升华知识层次，不仅有其必要性、也有其客观可能性。归纳思维是以同类事物为基础的，是在同类事物范围内的扩大。客观世界中，同类的若干事物，尽管有其特殊性和差异性，但都存在着共性和普遍性，而且共性中还包含有本质属性。如果我们在经验中反映出该类事物的共性，那么所做的推广就有了可靠的基础；如果已知的关于部分对象的经验认识中反映了该类事物的本质属性，那么所做的推广就更可靠。

4. 支持理论原理

理论正确与否是要靠实践活动来检验的。一个理论是怎样得到支持的呢？一般来说，当一个理论（或观点）提出来以后，首先要以该理论为出发点推导出大量可以进行实践检验的事实，这些事实包括该理论所能解释的已知事实以及所能预测的未知事实，然后根据这些事实来支持该理论，说明该理论成立。

归纳思维因其注重个别性事实,它能够利用事实给理论提出支持;同时,因其结论不必具有必然性,因而给理论支持不是充分的,只能是一定程度的支持,即不足以完全证明一个理论。

(二)演绎思维

演绎思维是一种从一般性知识推演到个别性知识,得出新结论的思维方法。在演绎思维中一般性知识(如理论性知识、规律性知识等)起着重要作用,它既为人们的思维推演提供依据,也为人们的行为提供规范。思维推演活动既不同于归纳概括,也不同于横向类推,它借助于一般性的理论知识,来推论某类个别性事物所具有的属性。

思维推演中所依据的理论知识,是相对于经验而言的,它是以全称命题形式表述的关于概括经验事实共性的经验定律和反映事物间普遍性的理论原理。理论性知识都概括了一类事物的普遍性特征或普遍性规律,它涵盖了该类所有个体的共同性,因而适用所有个体事物。理论性知识为人们推断它所涉及的具体经验事实提供了依据。

理论性知识具有普遍性特征,因而具有规范和指导作用。在一切政治、经济活动中,政策法则为人们提供了规范和指导性政策,是创新活动中必须遵守的原则。

1. 演绎思维的特点

(1)从普遍性到特殊性

演绎一词来自拉丁文 deductiol(引申),后来它泛指从一般到个别的指论,即以某些一般性(普遍性)的知识为前提,推出个别性(特殊性)知识的结论。

(2)结论受到前提的严格限制

所谓结论受到前提的严格限制,就是演绎思维从一类事物理论到该类的部分对象,结论所断定的范围决不会超出前提所断定的范围。

(3)推断的必然性

演绎思维从一般到特殊,结论所断定的范围不超出前所断定的范围,结论也就被前提所蕴含,即前提与结论有必然性联系。真前提必然能推出真结论。前提与结论这种必然联系或称作结论的必然性是就其逻辑形式而言的,而不是指结论的真实性。结论真实性，既依赖逻辑形式的正确又依靠于前提的真实。

（4）深化认知领域

演绎思维因从一般到特殊，可以依据客观事物联系的普遍性和层次性，做出层层递进，连锁推导，从而不断深化认知领域，也为创造扩展了途径。

2. 演绎思维的方法

从一般推导特殊的演绎思维，有多种具体方法和形式，大致可分为直接推理、三段论选言推理、假言推理等。演绎思维结合科学探索活动的思维实际，还有演绎解释法、演绎预测法、演绎论证法和公理证明法。下面仅就几种常用的基本方法介绍如下：

（1）三段论法

三段论法是指从两个含有一个共同性质（概念）的判断推出一个新的性质（结论）判断的演绎推理方法。

应用三段论方法时应遵守以下几项原则：

首先，两项前提中的共同项应是同一个概念，防止同一词语不是表达同一概念，而引起判断模糊或错误，例如群众是真正的英雄，某人是群众，某人是真正的英雄；这里的两个群众就不是同一概念。因而也就不能判断某人一定是真正的英雄。

其次，两前提中的共同项（中项）至少周延一次。

再次，前提中尚未断定一类事物全部对象的项，在结论中不得扩大。

最后，结论否定，当且仅当两前提有一否定。

（2）假言推理

假言推理是根据假言判断所断定的前后条件的逻辑关系而进行的推理。这里的假言判断是断定一事物情况（称为前件或大前提）是另一事物情况（称为后件或小前提）的条件的判断。而前件与后件的条件关系，有充分条件、必要条件和充分必有条件三种。假言推理就是根据不同前后件的逻辑关系（条件关系）来进行的。假言推理也是确实可靠的推理。

（3）选言推理

选言推理是以断定若干个可能情况的选言判断作为前提，并依据选言判断的逻辑特征来进行的推理。常见的选言推理是前提中断定了若干事物可能情况并且排除了其中部分情况，结论中断定未被排除的其他情况的存在。在实际运用中假言推理与选言推理也常常结合在一起使用。

选言推理，可用以下公式表示。

或者 A，或者 B 或者 C，

非 C

所以，AB。

运用选言推理应注意以下问题：

第一，前提应穷尽有关事物的所有可能情况，以确保至少有一种情况存在。否则推出的结论不一定是存在的。如"二人对弈，甲未赢"，就不能推出甲输了的结论。因为可能弈成平局。

第二，运用选言推理，还要注意前提中选言判断所反映的若干可能是否可兼容。如果它们是可兼容的，那么不能肯定一部分而否定另一部分。例如某案件有两个嫌疑人甲与乙现已查明甲作了案，但不能必然推出乙一定没作案。

三、分析与综合思维方法

分析思维与综合思维是形式逻辑和辩证逻辑思维共同研究的方法。在形式逻辑思维中只是作为处理一般经验材料的方法进行探讨的，矛盾分析思维法则是辩证逻辑思维中研究的重要问题。

（一）分析思维

分析就是人们在思维活动中，把研究对象由统一整体分解为各个组成部分、各个方面或独立特征的要素，并对它的各个组成部分或各种要素分别进行研究，揭示出它们的属性和本质，也即从未知追溯至已知的思维方法和研究方法，简称分析，也称分析思维或分析方法。

任何一个客观事物都是由各个部分或各种要素组成的复杂的有机整体，同时任何事物都构成一个独立系统，它们通过自身的运动、变化和发展过程中所表现出来的各种各样的现象表现出来的。同时，任何一个客观事物或现象又与其他事物或现象处于相互联系之中。对于呈现在人们面前的复杂的、有机整体的自然事物或现象，仅凭直观是无法认识它们的各种特殊的属性和本质的，也更无法认识它们的根本属性和规律。因此，为了从总体上揭示和把握研究对象的性质及其规律性，首先必须了解复杂事物的各个部分或各种要素的性质和特点，也就是分析各种矛盾及矛盾的各个方面的特殊性。

运用分析的思维方法研究事物，必须把被考察的事物的各个组成部分或组成要素在思维过程中暂时的从总体中抽取出来，抛开无关紧要的因素和相关影响，以对各部分或要素的单独作用进行深入的研究。

分析的任务就是对事物的各个部分或要素进行研究，了解研究对象的属性和本质、并使人们对事物有比较清晰的认识，为进一步把握揭示事物总体的性质与规律奠定基础。分析的初期目标是要考察研究对象的各组成部分或要素，在运动变化中的各自的地位，所起的作用以及他们之间的相关联系与制约关系，为进一步寻求判断事物的各种属性的基础"情报资源"提供前提条件。

分析方法的基本特点有以下两点：

第一，暂时的分割，孤立地进行研究，变整体为部分、变复杂为简单、化难为易，加深对事物的理解和掌握。

第二，深入事物或现象的内部了解和掌握各个细节，揭示内部的各个方面，各个因素的本质。

从不同的角度看分析的种类，有多种形式，其侧重点也各不相同，具体说来有以下几种分类方法。

第一种，从分析要达到目的来看，可分为定性分析与定量分析。定性分析是择取对象的某种特定性质，确定对象的某种特征，使之与其他事物区别开来，也可以说定性分析主要解决有没有的问题。定量分析则是为了确定对象各种要素，成分的数量、规模、大小、速度等。也就是说定量分析要解决的是有多少的问题。

第二种，从分析方向来看，可分为单向分析、双向分析及矛盾分析。单向分析，即分析一事物的影响和作用，研究单向因果联系。双向分析，即不仅分析单向因果联系，而且分析作为结果的现象是否反过来对于原因产生作用，是研究双向因果联系。矛盾分析，则是专门研究具有对立统一关系的事物，对其矛盾着的各个方面加以对比，以便把握对立双方的性质，数量和相互关系。

第三种，从分析的客观对象来看，可分为要素分析和结构分析。要素分析即分析构成对象整体的各个要素成分或方面。结构分析主要是分析各要素间的关系，如因果关系、互动关系、反馈关系等，是把握构成对象的基本手段。

分析方法着眼于研究对象内部的各个细节，因此有助于分辩真相和"假象"，以及哪些是无关的因素，从而可以摆脱假象和无关因素的影响。使用分析方法可以透过事物的现象去研究其组成部分的结构、特点和属性，掌握它们的相互关系及作用方式，进一步认识研究对象的性质与规律。

应当指出，分析方法主要着眼于局部的研究和分割孤立的考察，容易忽视事物间的有机联系，因此，在工作中必须对此问题予以充分注意。

（二）综合方法

1. 概述

综合一词有多种解释。从创造性思维角度出发，综合可以被理解为是一种以问题为中心的按一定的规律和模式有序地组织材料和整合材料的思维方法。

综合方法就是在分析的基础上，通过科学的概括或总结，在思维中把研究对象的各个组成部分或各种要素，再组合成有机整体。它是从整体上揭示和把握事物性质和根本规律的科学思维方法和研究方法，从已知引导到未知、从局部引导到全局。

综合思维是通过对所得到的与某个问题、任务、计划相关的全部认识加以比较、分析、组合、归纳、类比，从总体上、宏观上透视找出各要素、各部分、各层次之间的内在联系，按一定的方式和要求予以整合，使之形成整体性、系统性的认识。

综合的任务和目的在于它不是局部创新的叠加，而是对局部创新的扬弃，是从有机整体上揭示和把握研究对象的根本性质和根本规律，变局部的合理性为总体或全局的合理性，以解决生产实践、科学实验或人们日常生活中所提出的急需解决的问题。

对于复杂的事物对象，综合思维还必须注意到综合的多元性、层次性和复杂性，综合是一个复杂的历史过程，也是一个不断更新的过程。

2. 综合的作用

（1）综合是研究领域贯穿始终的基本思维方式或方法

随着研究工作的发展，每个学科领域都形成自身完备的系统，系统的内部的各个组成部分（分支）是彼此联系、相互制约的，具有历史性、现实性和未来发展的内在联系。随着横断科学的发展，一个学科领域或一个学科又与多个学科领域产生更为广泛的联系，而构成更大的系统。因此，对这些学科的研究必须具有系统综合的观点为指导，用综合的方法解决问题。

（2）综合是对多种思维结果的扬弃

在创新活动中，广泛运用发散思维、类比思维、直觉，想象等思维形式和方法进行思考，思考过程多半是以具体问题为诱导，所产生的思想观念往往是局部的、分立的、"就事论事"的，由于缺少系统的全局的指导因而可能是不完全的、不精确的，是针对特殊矛盾而产生的，有时彼此是相互对立的，这一切都必须以整体观念，用综合方法去粗取精、去伪存真进行合理的有机合成。

（3）运用综合方法有助于克服分析方法的局限性

分析方法是对局部认识，而非最终的目的，它是探索自然奥秘过程中所采取的一种手段和环节，是为综合做准备的；综合则是对分析结果进一步的理性认识，是在分析基础上的科学组合和扬弃。

（4）运用综合方法弥补演绎法的不足

演绎法在从一般推理导出个别事物的属性时，无法反映具体事物属性的多样性。综合是在分析研究具体实践而积累起来丰富而真实经验材料的基础上进行的，它得出的一般性结论能够反映出研究对象的多样性本质，因而，所得出的一般性结论比较全面，也更可靠，从而弥补了演绎法的不足之处。

3. 分析与综合的辩证关系

分析综合就是对立统一，既区别又相联系不可分割。

分析与综合的区别是：分析是理论思维把研究对象分解为各个部分并加以研究的方法，它是化整体为部分，化整体为单元，由未知追溯到已知；而综合则是理论思维变部分为有机联系的统一整体，化单元为整体，由已知引导到未知。分析与综合又是统一的，相互联系、相互依存的，两者有着不可分割的切实联系。

主要表现在以下几个方面：

（1）分析是综合的基础

要使研究的结果能够正确地反映事物多样性的统一，就必须以客观事物多样性的统一为基础。人们研究事物，一般是先分析、后综合，这就是说正确的综合必须是先分析研究对象多样性同内部各个方面的本质及各种因素的特点，而后进行综合。问题是一种表象，而问题的实质是事物内部的矛盾；解决矛盾才是解决问题的根本。矛盾是由事物内部各个方面本质和特点在事物内部各个部分相互联系与作用的内因，因而只有了解事物内部的联系进行周密的分析，才能使问题的"面貌"明晰地呈现出来，才能做综合工作。全面的了解整体的特性与规律，从而达到解决问题的目的。从以上分析可看出分析是综合的基础，没有分析也就没有综合的前提。思维既把相互联系的要素联合为一个统一体，同样也把意识的对象分解为它们的要素。没有分析就没有综合。上述论断也反映了分析是综合的基础这一辩证关系。

（2）综合是分析的完善和发展

分析本身不是科学研究的最终目的，而只是认识事物的一种手段，分析本身也有一定的局限性度因此，对事物或现象的研究和认识，还必须进一步深入，通过综合，以便揭示出研究对象最根本的性质和规律。

（3）分析与综合矛盾双方在一定条件下可以相互转化

分析与综合在统一认识过程中，各自行使与这一总的认识过程一定阶段相适应的职能。在认识过程前期，分析是矛盾的主要方面；在认识过程的后期，当对研究对象的分析已达到一定程度，对研究各个方面的本质有了充分的认识，积累了一定的经验和科学事实之后，分析便转化为综合而成为主要矛盾。当综合得到一般原理、结论，并以此去分析未知的客观事物或现象则分析又转化为主要矛盾方面，而综合又降为次要矛盾。这种螺旋式的循环往复，使人们对客观事物的认识不断地扩大和加深。

在自然科学中，人们对客观事物的认识，就是一个不断分析和不断综合的辩证发展过程，可以概括为：分析——综合——再分析——再综合……的不断深化的发展程式。

综上所述,分析与综合是对立统一关系,是相辅相成的两种思维和研究方法。只有从对立统一关系去认识分析方法,才能深刻理解把两者结合起来的重要意义。

第三节 思想政治教育领域实践育人的心理调适激励方法

要实现开展思想政治教育领域实践教学活动目标,教育工作者必须洞察受教育者的心理活动和思想情绪,学会运用心理沟通和思想激励等心理教育工作方法。

一、心理沟通

在教育工作活动中,人是首要的起主导作用的因素。充分调动人的积极性和创造性是教育创新实践的一个重要内容。要解决这个问题就需要借助心理学。在教育工作中运用心理学方法,就是从改变人的精神状态入手来调动人的积极性和创造性,以提高整个教育工作系统的工作效率。

心理沟通是在教育工作活动中经常运用的心理教育工作方法。在具体的工作中心理沟通侧重于通过心理疏导解决问题。正确的心理沟通有助于教育工作者内部以及教育工作者与受教育者交流思想、彼此了解,消除分歧和误解,做到互相信赖,统一思想,以加强群体意识,发挥整体效应。具体而言,心理沟通在教育工作活动中具有以下几点作用:

第一,心理沟通是实现教育工作目标的保证。教育工作中很多活动都是以沟通为基础的。整个教育工作过程,就是沟通过程,都离不开心理沟通;如果沟通发生障碍,教育工作者与受教育者沟通中断,教育工作过程必然无法继续进行。

第二,心理沟通是加强思想工作的重要手段。为了使教育工作者统一思想,协调一致,为实现共同的目标而奋斗,必须通过各种沟通形式,宣传教育目标,使之在全体教育工作者中产生心理共鸣,达到理解和认识,从而使教育工作决策者的思想和决心,化为每个教育工作者的实际行动。

　　加强教育工作决策者与普通教育工作者的心理沟通，建立多形式、高效率的沟通渠道，有助于转变工作作风，克服官僚主义，提高工作效率。

　　心理沟通十分重要，教育工作者要成功运用这一方法，必须在长期教育工作实践中逐步提高自身的沟通水平和学会运用沟通的艺术。

　　提高教育工作者的沟通水平，首先是提高教育工作者自身的心理水平，它主要包括提高教育工作者的思维水平，以保证心理沟通的效果；提高想象力，设身处地为对方着想，以便引起共鸣，使对方积极接受沟通的内容；提高记忆力，以便传输和接受各种信息及时、准确；养成良好的沟通习惯，集中注意力，稳定情绪，端正态度，以使沟通能顺利进行。

　　教育工作者需要掌握的具体沟通艺术包括：

　　首先，正确运用语言文字的技巧。语言文字是心理沟通的基本工具和基本手段，不善写作和不善言辞会使沟通受到限制。所以，提高语言文字技巧，是提高心理沟通效果的一个关键因素。具体说有这样几点：文字语言要亲切感人，防止简单的"命令式"，以提高接受率；教学中布置任务要求准确简练，不拖泥带水，不模棱两可；讲话谈心要注意区分不同的对象，使对方心理接近，创造良好的心理气氛，并以表情和手势加强语言的感染力。

　　其次，注意聆听技巧。掌握聆听技巧，是提高沟通效果的另一重要方面。要以平等友好的态度聆听他人讲话；待人要有礼貌，耐心地听他人讲话；听到赞同的话要冷静，不要轻易顶回去，更不要轻易地批评；要富有同情心，注意少讲多听，并记住不轻易表态和许诺。

　　再次，注意心理效应。与人谈话要注意心理效应，使人产生好感，乐于接受，具体做法是：注意环境因素对人的心理的影响；注意掌握和选择与人说话的时机；要有准备地与人交谈，不打无准备之仗；要注意必要的反馈，一是要"察言观色"，留神对方的反应；二是要对对方的谈话进行适当的反馈。

　　最后，提高非语言沟通的能力。人们的动作、行为、表情，是人们的思维和情绪的反映和表现，具有较强的沟通作用，如点头表示同意，摇头表示不同意或不满，沉默表示正在考虑或犹豫不决，在关键时刻，教育工作者的一举一动，一个手势、一个眼色，往往都能给接受者以鼓舞和力量，增强克服困难的勇气，以无声胜有声。不过，动作、表情常常缺乏识别的固定标准，往往易使沟通受到干扰，产生障碍。因此，教育工作者要注意举止、表情的常规化，提高非语言沟通的艺术。

二、精神激励

心理教育工作不仅包括上述的心理沟通和心理调节，还包括现代教育工作经常采用的多种激励手段。随着人性的研究越来越深入，心理教育工作法普遍推广开来，"激励"也因此而成为教育工作的一大重要职能。

在教育工作中，所谓"激励"，是指教育工作者借用各种手段去激发受教育者的学习热情，具体而言，是指教育工作者运用一切有效的手段，去改变受教育者的心理状态，激活他们潜在的主动性和创造性，引导他们自觉参与到学习活动中来，以完成预定的教育目标。

激励的手段和方法多种多样，不一而足。不过依据激励手段的性质来分类，激励大致可以划分为物质刺激（物质激励）和精神激励两个大类，在现代教育工作领域主要使用精神激励方法来实现教育目标。

实行精神激励的第一种方法是实行参与式教育方式。具体做法是让受教育者部分参与组织目标和计划的制定。它有助于增强受教育者的自主意识和责任感；能使受教育者迸发出一种内驱力，想方设法、全力以赴地保证计划和目标的实现。

实行精神激励的第二种方法是增强学习兴趣。兴趣是个人对客体的选择性态度。人在实践过程中常常伴随着一种积极的情感体验。当人对某一事物或行动感兴趣的时候，就会感到喜爱和满意，集中精力于感兴趣的对象。而对学习感兴趣就会热爱学习，在学习中充分发挥主动性和创造性。概括起来，增强学习兴趣可以从三个方面入手：首先，改善学习条件，在不影响教学目标的前提下，对教学内容进行必要的重新组合，尽量使学习内容丰富些；其次，增强对工作意义的理解，使受教育者了解"思想政治理论课选修课"的社会意义，培养受教育者的学习兴趣。最后，尽可能根据受教育者特点安排教学，力求教学安排适合其性格、知识、愿望、特点，并调整不适当的教学安排。

实行精神激励的第三种方法是进行经常的思想交流和情感交流。这种方法能够满足受教育者受尊重和归属感等心理要求，从而激发他们的积极协作精神，最大限度地释放出自己的能量。思想交流对于教育工作者与受教育者都具有非常重要的作用。思想交流不但能集思广益，为教学方案设计提供有价值的依据，同时也能使受教育者理解教育工作者的意图，有助于齐心协力地完成教学的任务。情感交流是指教育工作者要多同受教育者进行交谈，了解他们在学习中的困难，在力所能及的范围内帮助解决。教育工作者的关心，能使受教育者得到愉快的情感体验，从而产生感情共鸣。进行思想交流和情感交流还要尊重、相信受教育者，使受教育者增强自尊心、自信心，这样可以提高受教育者对自我价值的认识，增强工作的兴趣、勇气和力量；反之，如果挫伤受教育者的自尊心、自信心就会使受教育者自暴自弃，打不起精神，影响学习效果。

实行精神激励的第四种方法是精神表彰。此方法可以对积极行为起强化作用，对消极行为起弱化作用。教育工作者在具体工作中要注意以下几点：

第一，要通过调查研究把对象掌握准，弄清楚哪些人应该表扬，哪些人不应该，保证精神表彰的严肃性；第二，精神表彰要及时。及时表扬才能发挥表扬的最大功效，增强受教育者对表扬的重视。第三，要注意精神表彰的场合，要弄清楚哪些应公开表扬，哪些在一定范围内表扬，哪些在若干人面前表扬或单独夸奖几句。第四，精神表彰要具体，即人要具体、事要具体，越具体越生动，越有感召力。第五，精神表彰要讲究语言艺术，要热情、诚恳，有感染力，同时还要掌握分寸。

三、理想培养及其激励功能

在心理教育工作活动中，除去上述的心理沟通和精神激励等方法外，还不能忽视对受教育者进行理想的教育培养。如果说，心理沟通和精神激励主要还停留在教育工作者对受教育者外在"激励"的层次上，那么，通过理想教育，外在"激励"就将转化为内在的自我"激励"，受教育者的素质有可能得到普遍提高，预定教育的目标也才可能得到实现。

理想作为人类特有的精神现象，是人们对社会发展趋势的一种超前反映和对未来世界的设计、向往和追求。人不同于动物的重要区别之一在于动物没有理性更无理想，因而它们永远生活在现存的物质世界之中；而人是理性的动物，他们既生活在现实中。又企图超越现实，既生活在物质世界当中，同时又以理想的精神方式享受生活。自有人类以来，理想逐渐成为人们的一种生活方式，构成人类精神生活的一个重要方面。如果做人无理想，这就意味着人格的变质和人性的退化。

但是必须看到，理想并非古今一体、千人一面，而是形形色色、多种多样的。从理想的指向上分，有所谓社会理想（理想的社会）、群体理想（理想的组织群体）和个人理想（即理想人格）；从理想同现实的距离分，有所谓长远理想中程理想和近期理想；从理想形成的途径分，有个人或群体在生活中自发形成的理想和通过理性思考及系统学习形成的自觉理想；从个人理想、受教育者理想同社会理想的关系度分，理想又存在境界高下的区别。此外，假想、空想、幻想也是理想的不同表现形式，甚至宗教也充满虔诚的理想色彩，它们与科学的理想构成了两类不同的理想类型。由此可见，人人虽都有理想，但理想各有不同。以为理想只有一种或认为理想一定高尚伟大，这是对理想的狭隘理解。其实，只要是生理健康、理智未泯的人，都有各自不同的理想信念，而且都以不同的方式追求着自己的理想目标。

由于教育工作和理想存在不可分割的内在联系，从而使理想培育成为现代教育工作一种必不可少的手段。在现代化教育工作中，理想培育具有如下两方面的激励功能：

一方面，通过理想培育，可以将人们不自觉不系统的理想上升为自觉、明晰和稳定的信念，收到持续激励人们主动性的心理效应。在教育工作中人们不难发现，未经理想培育的多数受教育者，虽然各有其理想，但这些理想多因自发产生而显得幼稚、天真、不切实际，甚至缺乏实现的可能性，有的还可能是一时冲动引起的信誓旦旦，有的纯粹是空想、迷信造成的精神故障或心理情绪。面对这些理想，教育工作者既不能大惊小怪，也不能听之任之、视为自然，而应进行理想教育，以便使自发的变成自觉的，使空谈、幻想变成切合实际的科学理想，使一时的冲动变成稳定的信念，将种种心理故障转化为理智支配的执着追求。当然，这个工作相当艰巨，它是一个比一般精神激励更复杂的心理工程，需要的是耐心、持久和科学的方法。但是如果坚持去做，方法又得当，一旦受教育者树立了自觉的理想，其自觉能动性就会被挖掘出来。那时，为自觉理想所支配的人就无须别人来激励，他们自身就能激励自己，而且历久不衰、愈挫愈奋。这显然是别的精神激励无法与之相比的。

另一方面，理想培育的核心和实质是社会理想教育，离开社会理想及其教育，理想培育就失去教育的价值坐标和理想的社会意义。这里所说的社会理想，包括内容和形式两个方面。从内容上说，社会理想就是超越现实社会的理想社会。在形式上，社会理想是某一社会大多数人对未来社会设想的共识，表现为各种理想的共同面和彼此之间的沟通点。一般来说，由于受个人视野和团体利益和局限，个人在形成自己的理想和组织对其成员进行理想教育时，往往局限于个人和群体的将来而容易忽视整个社会的前途命运，这样就造成个人理想，群体理想同社会理想的偏离，产生诸如个人奋斗和各种狭隘的集团意识，显然这是与社会理想冲突的，到头来这些理想注定不能实现。为改变这种情况，教育工作者在进行理想教育时，一定要超越团体界限，放眼社会未来，将社会同群体、环境和组织联系起来通盘考虑，向受教育者灌输社会理想。只有当受教育者不仅爱团体也爱国家，既关心自己团体的前途更关注民族命运的时候，个人和团体的理想才能溶入社会理想。也只有这样的理想教育，才能有效克服团体的狭隘和短视，使理想成为激发人们内在心灵活力。凝聚所有受教育者、实现理想目标的精神激励手段。

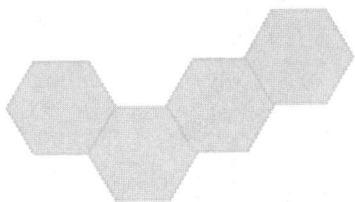

第八章 思想政治教育工作中的实践育人

第一节 育人实践——基于社会主义核心价值观

在党关于大学生教育方面的指导方针中，最关键的一环就是要求生活与课堂、理论与实践相结合，让大学生多方面成才。让大学生能够跟随中国梦的脚步前行，是高校工作的一个重要目标。高校育人的实践教育过程中，要以社会主义核心价值观为基础，通过党建、团建、班级建设等一系列活动，锻炼大学生的心理素质，培养大学生的思想品德，使大学生形成与时代相符的精神思想，促进大学生全面发展。

我国要坚持育人为本、德育为先，围绕立德树人的根本任务，把培育和践行社会主义核心价值观融入国民教育全过程。在这个过程中，要将大学生的思想品德教育放在重要位置，要联系社会主义核心价值观，贯彻实施党的方针政策，让高职院校学生能够德智体美劳全面发展。

一、育人：以社会主义核心价值观指引青少年追寻中国梦

一个国家的强盛离不开精神的支撑，一个社会的发展有赖于文明的推动，一个人的进步需要文化的哺育。世界各国的教育理念普遍认为，育人是教育的首要目标，德育是育人的根本内容。在大学期间，学生处于世界观、人生观、价值观定型的关键时期，形成什么样的世界观、人生观、价值观，教育的导向性至关重要。在当前社会中，尤其是在市场经济的环境下，教育日益受到工具理性的影响，专业教育、技术教育等因适应市场需求而为人们所重视，人文教育、道德教育却因投入产出不明显而渐趋边缘化。在"应试教育"模式下学生的人文精神培养力度明显不足。这就要求高校应以社会主义核心价值观引导学生树

立正确的"三观"。

在当今经济全球化发展的大潮流下，面对外来文化和不同思想的冲击，高校应该以社会主义核心价值观和马克思主义思想为指导，以实现中国梦为目标，促进大学生健康发展。青年是祖国和民族的希望和未来，我们应该深切地意识到，只有教育好青少年，践行社会主义核心价值观，才能使青少年不走歪路，才能实现国家富强的梦想。

大学生价值观的教育与引领并不是一个简单的问题，因为大学生的价值判断容易受到社会各方面因素的影响：在各种思潮的冲击下，在各种社会不良现象的影响下，教育也面临着前所未有的挑战。学生从单纯的接受灌输转变为自我思考，从单纯的需求取向转变为选择性的需求取向，从单一的书本知识的接受者转变为多源信息的处理者，这些转变都强烈地冲击着传统的教育模式。诚然，我们从不否认大学生思想政治教育的艰巨性和复杂性，但应该将这样的挑战作为教育学生、引导学生的有利契机。学生接受多元文化和思潮，正说明他们具有理性的思考和现实的理解，这个时候就需要我们的教育和引导更加科学，更加具有说服力。社会主义核心价值观的提出，为我们提供了强大的支撑力量。

教育是需要双方进行沟通的一个过程，我们不能够单方面地将知识灌输给学生，而应该根据大学生的思维方式和发展需求，进行引导式教育。思想政治教育工作是一项艰巨的工作，其艰巨性在于它不是简单的课堂教育能够实现的，在于它是和经济社会发展的现状和思想文化的变迁紧密相连的，这样的联系绝不是简单的课堂说教能够应付得了的。如果简单地在课堂上说教，不考虑学生的实际感受和所处环境，非但不能实现既定的教育目标，还会适得其反，引起学生的反感和抵触。我们遵循马克思主义基本原理，本身也是要动态地适应时代的发展。用马克思主义本身的思想魅力来影响学生，一定要克服僵化思想和教条主义的束缚，领会和学习马克思主义关注现实、改造社会、真理至上的精神实质，体现其时代性、真理性、批判性，立足中国特色社会主义建设的生动实践，真正说服学生，让马克思主义真理"入脑""入心"。

长期以来，高职院校遵循这样的规律，建立了课堂教学、社会实践、校园文化多位一体的育人平台，这样的育人平台有效地在培育和践行社会主义核心价值观方面、激发大学生追寻中国梦方面发挥了作用。实践与教学相结合、课堂育人与实践育人相结合已经成为时代赋予教育的艰巨使命。

二、用实际行动培育和践行社会主义核心价值观

实践是培育和践行社会主义核心价值观的有效途径。我们的学习应该是全面的、系统的、富有探索精神的，既要抓住学习重点，也要注意拓展学习领域；既要向书本学习，也要向实践学习；既要向人民群众学习，向专家学者学习，也要向国外有益经验学习。

（一）实践是引导学生坚定理想信念的基本途径

中国梦是全国各族人民的共同理想，也是当前青年一代应该牢固树立的远大理想。高校育人实践要积极引导大学生将自己的个人目标和伟大理想同我国提出的中国梦结合起来，让大学生在接受教育的同时树立与群众紧密联系、与责任和使命结合起来的意识。另外，学校还要建立青年党员个人成长与服务社会的平台，为其他大学生树立榜样，让学校出现更多的优秀代表。

中国特色社会主义是我党带领人民历经千辛万苦找到的实现中国梦的正确道路，也是广大青年应该牢固确立的人生信念，大学生要展示出中国学生朝气蓬勃的状态，拥有激情和热血，具备良好的道德理论素养，展示自己的优秀才华，甘愿为社会服务和奉献。

（二）实践是激励学生练就过硬本领的有效载体

青年人正处于学习的黄金时期，应该把学习作为首要任务，作为一种责任、一种精神追求、一种生活方式，树立梦想从学习开始、事业靠本领成就的观念，让勤奋学习成为青春远航的动力，让增长本领成为青春搏击的能量了这段话体现出了国家对新时代大学生的殷切期望。

我国国际地位在不断提高，科技每天都有新变化，经济也在高速发展，人民的需要也随之增加。为了跟上时代的发展，大学生必须不断学习，不断完善自己，不断成长。高职院校为大学生健康良好的成长提供了很多平台，并指导他们未来的发展方向，让大学生在学校中既学到知识，也在未来的道路上有明确的目标，成长为社会需要的人才。

（三）实践是鼓舞学生勇于创新创造的精品课程

时代在发展，科技在进步，人才在增长，生活在丰富，当今生活的快节奏也显示出如果人一旦满足现状不努力更新知识，按部就班地工作只会落后他人，尤其是缺乏创新思维更容易被社会淘汰。生活从不眷顾因循守旧、满足现状者，从不等待不思进取、坐享其成者，而是将更多机遇留给善于和勇于创新的人们。青年是社会上最富活力、最具创造性的群体，理应走在创新创造前列。创新是国家发展的不竭动力，所以，高职院校要注重大学生创新精神的培养。学校教育不是培养像流水线一样的人才，而是要大学生在不断学习和实践的基础上，勇于创新提高自身创造力。高职院校要建立大学生创新和创造的教育平台，并鼓励大学生勇于创新，这是保护创新创造火花，支撑好学生创新创造所需的实践平台。

（四）实践是教育学生矢志艰苦奋斗的重要平台

中华民族儿女素来具有艰苦朴素、吃苦耐劳、勇于牺牲的奋斗精神以及团结友爱、奋发图强的实践精神，是这些精神创造了今天具有五千年灿烂文化的中华民族。而所有今天的美好生活都是通过世世代代的中华儿女勇于实践、敢于牺牲的奋斗而来的作为新一代的接班人和祖国的建设者，大学生必须秉承中华民族伟大的奋斗精神，勇于创造祖国未来的强盛面貌，我们的国家，我们的民族，从积贫积弱一步一步走到今天的发展繁荣，靠的就是一代又一代人的顽强拼搏，靠的就是中华民族自强不息的奋斗精神：当前，我们既面临着重要发展机遇，也面临着前所未有的困难和挑战。梦在前方，路在脚下。自胜者强，自强者胜。实现我们的发展目标，需要广大青年锲而不舍、驰而不息的奋斗。所以，为了更好地传承中华民族的奋斗精神，就需要高职院校为学生提供展示的机会和舞台，使其亲身实践体验拼搏的乐趣，在文化传承中感受传统文化的伟大，增强爱国热情。

（五）实践是鼓励学生锤炼高尚品格的有效路径

青年学生是中华民族未来的希望，更是中华民族未来的接班人。他们的精神面貌决定着未来中国的精神面貌，因此塑造青年学生高尚的品格，能够影响社会的风尚。中华民族历来重视青年学生的道德培养，要求他们从小就要学会尊老爱幼、尊师敬长、爱国爱民、孝敬父母等。而培养青年学生的高尚品格，需要与社会实践相结合实践是检验青年学生道德品质的试金石，也是塑造青年学生高尚品格的第二课堂。学校要鼓励青年学生在社会生活中关注身边的人，用自己的能力和行动帮助他人，塑造他们乐于助人的品格；要鼓励青年学生参加服务性的社会活动，如到敬老院探望孤寡老人，到社会福利院帮助困难人士，培养青少年的奉献精神；要鼓励青年学生多了解国家动态和社会时事，并参与到国家社会的建设中来，培养他们的爱国情感其目的是让青少年认识到国家的兴旺、社会的和谐离不开每个人的努力。

第二节　育人实践——坚定理想信念

中国共产党走过百年的风雨历程，其中有数不尽的艰难困苦和道不尽的荆棘载途，是什么鼓舞着中国共产党人走到了今天，那就是钢铁般的坚强意志和崇高的理想信念。中国共产党拥有今天的辉煌成就是历史的必然结果，更是源于中国共产党人永不言弃的坚定信念。没有过不去的火焰山，没有过不去的通天河，中国红军曾经在长征的过程中，在缺衣少食、缺医少药、山高路险的条件下，飞夺泸定桥、四渡赤水河，一次次的艰难险阻都没有阻挡红军胜利的步伐。这是因为在中国共产党带领下的军队和人民坚信正义和胜利都属于我们。坚定的理想和信念更能指导中国在未来的建设中一次次走向辉煌。

高职院校必须传承中国革命领导人和中国共产党留下的伟大精神，尤其是在大学生党员中间广泛传播。因为大学生党员是中国共产党的重要储备人才，是中国社会主义建设的后备力量，他们在学生中间具有领导模范作用，能够用自己的行为影响身边的人。所以，坚持以社会主义核心价值观为指导，发挥大学生党员的先锋模范作用，是高职院校对学生进行理念信念育人实践的重要途径。

一、大学生与中国梦的关系

（一）国家与人氏：中国梦内涵主体

中国梦是习近平提出的建设中国特色社会主义道路的指导思想和执政理念

它的实现涉及全中国十几亿人口，是一项惠民、为民的伟大决策。同时，中国梦也承载了中华民族伟大复兴的历史责任和光荣任务。中国梦的根本任务是达到国家富强、民族振兴、人民幸福的具体要求。社会和谐、人民幸福是国家持续发展的基本要求：

（二）责任与使命：中国梦思想基础

青年是国家的希望，更是未来的希望，需要培育青少年肩负国家繁荣富强的责任与使命。大学生有着良好的教育背景，是最具活力的一个群体。时代的发展离不开青年大学生，除了给予其优质的教育外，还要培育和锻炼大学生的坚强意志，继承中国共产党的优良传统。青年大学生需要拥有不怕苦、不怕累，勇于创新、实践，胸怀天下、志存高远的坚定理想，把实现中国梦与自己的理想奋斗目标相结合，在学习和实践中创造未来。国家要鼓励青年大学生创新，激励青年大学生为"国家繁荣富强、人民幸福安康"而奋斗。

激励青年大学生肩负实现中国梦的热情，要求青年大学生把中国梦的实现与自己的奋斗目标相结合。中国梦是关系每个中华民族儿女的梦，青年大学生肩负着实现中华民族伟大复兴的历史责任和义务：青年大学生的强大关系着整个中华民族的未来。大学生要把自己的奋斗目标和中国梦的目标相联系。祖国是我们实现美好生活的基石，祖国是我们未来的希望，所以祖国的强大也关系着每个人的幸福。中国的发展离不开青年大学生，青年大学生更要以祖国的强盛为目标。中国梦就承载了中华民族的希望和未来，青年大学生要肩负实现中国梦的历史责任和使命。

激励青年大学生肩负实现中国梦的热情，就要培养大学生正确的世界观和价值观。每个人都有自己的世界观，每个人对世界的看法都不同。世界观就是个人站在什么样的角度和高度，用何种眼光去认识世界和分析世界。大学生不能用以自我为中心的世界观和唯利主义的世界观去认识世界和分析世界，也不能将这两种世界观作为衡量一切事物的标准。要坚持社会主义核心价值观，并使其起到引导作用，以爱国、敬业、诚实、友善的行为准则，激励大学生在实现中国梦的道路上不断前行。

激励青年大学生肩负实现中国梦的热情，就要激励大学生继承中国特色社会主义事业发展的坚定理想和信念理想信念是中国共产党发展中国特色社会主义事业的精神支柱，是国家发展的向导，更是实现中国梦的基石。习近平对青年提出要"勇做走在时代前面的奋进者、开拓者、奉献者"①。当今中国正处于社会的转型时期，面临着许多机遇和挑战，同时青年学生也会受到世界多元思潮和多元价值观、世界观的干扰，以至于对祖国和自我的发展缺少认知。若不对青年学生进行爱国主义和社会主义的教育，他们很可能会以他国的价值观来进行自我发展的判断，所以，要加强对青年学生的教育，将老一辈艰苦奋斗、勇于奉献的革命精神传递给未来的接班人，让他们坚信中国特色社会主义的道路是发展自我、强大祖国的有力基础，让青年大学生认识到中国共产党发展到今天所走过的路程是坚定的信念所引导的。所以，中国梦的实现就是要坚定走中国特色社会主义道路和理论体系，坚定中华民族伟大复兴的信念。

（三）大学生中国梦的实践教育

在帮助大学生正确认识中国梦的内涵和意义之后，需要进一步探索实践路径，通过有效的平台和各类载体，激发并引导大学生群体实践中国梦。

1. 发挥主渠道作用，将中国梦教育贯穿于思想政治课堂教学

理论是实践的基础，大学生践行中国梦需要以完备的理论知识为基础，第一课堂专业课教育和政治理论课教育是高职院校开展中国梦教育的主渠道和主阵地。尤其是在高职院校的思想政治课堂上，要加强大学生对中国梦基本内涵的学习，使他们了解中国共产党的历史，了解中国共产的发展进程，了解今后中国共产党的发展方向。中国梦涵盖了党未来的发展目标和任务，大学生要把中国梦的理论内涵转化为自我发展的行动指南，把中国梦与我的梦相结合，以中国梦为大的目标和方向，脚踏实地地去奋斗。

此外，高职院校还要邀请专家学者对中国梦进行分析和解读，分析党的政策和发展路线，引导大学生在正确的思想道路上去践行中国梦。

2. 发挥党建平台，把中国梦教育引入大学生入党培训

高职院校加强大学生的入党培训工作，加强大学生党员的思想教育工作，目的是为国家、为党培养一批优秀的共产党员。他们能在未来的社会主义事业

---

① 出自《三论学习领会习近平总书记在纪念五四运动 100 周年大会上的重要讲话精神》。

的建设中担起接班人的责任，并在社会工作中树立榜样。高职院校要将中国梦的教育融入大学生入党培训的各个环节中，如刚入学时对大学生开展中国梦的思想教育，让大学生认识到自身的学习关系着国家的建设和发展，使其肩负起推动国家发展的责任和义务。同时，在大学生中间选拔优秀的人才，集中进行积极分子的培养，加强党的教育理论学习。比如定期开展讲座学习，要求积极分子定期进行思想汇报，定期宣传国家的最新政策。待积极分子考核结束进入预备党员的储备中时更要加强他们的思想教育工作，防止不良思想的产生。在其进入正式党员阶段，要强化他们的党员意识和党员义务，使其在未来的学习和工作中充分发挥党员的模范带头作用，从而引导更多的学生把自我发展融入中国梦的实践当中。

依托高职院校党建平台对大学生进行中国梦思想教育工作，是中国共产党对党员教育工作的具体实施和执行措施。目的是让党的思想教育工作落实到每个大学生党员身上，使大学生党员积极配合国家的思想建设和党的重要指示，充分发挥他们的先锋模范作用。

3. 加强实践教育，培养大学生中国梦践行观

高职院校要为大学生提供实践中国梦的平台和机会，鼓励大学生参与社会实践，参加社会志愿服务活动，引导他们用实际行动为实现中国梦而努力、奋斗。大学生的主要生活和学习的地方是校园，这往往使得大学生脱离现实的社会生活，造成大学生对国家建设的不了解等情况。高职院校开展大学生社会实践活动有助于大学生了解国情、民情、社情及国家发展动态，是锤炼大学生意志的重要途径。

社会实践活动可以多种多样的方式进行，如社会调查实践、社区走访实践、爱国教育基地实践等。目的是让大学生走出校园，走入社会，将课堂上了解到的民生问题、国家发展政策与社会中的百姓生活、政府机构相结合，检验他们是否掌握了课堂上所学到知识。社区走访实践，是要大学生了解所在社区的区属划分，了解国家基层组织的构成方式，了解作为社区中的一员如何更好地加入社区的建设中，把自己的学习和未来的发展与社区、家乡的建设结合起来，学校可组织大学生去爱国主义教育基地学习，体会革命先烈勇于牺牲和勇于奋

斗的伟大精神，激发大学生的爱国热情，使他们将自己的奋斗目标和祖国的复兴相结合，积极投身于国家的建设中。

学校要利用大学生的课余时间，开展一系列的志愿服务活动。这也是高职院校开展大学生德育建设的有力途径。它既能够锻炼大学生的动手能力，又能丰富大学生的课余生活。大学生志愿服务活动包括：专项志愿服务计划，即开展大学生参加支援"西部计划"；"三支一扶"，即大学生在完成学业后志愿参加农村的支教、支医、支农的计划等。这些都是国家对大学生志愿服务的专门性平台和政策。专业型的志愿服务就是大学生根据自己的专业特点和能力去选择自己所能够进行志愿服务的项目，如"科技、卫生、文化三下乡互动""大学生支教"等。公益型的志愿服务包括国家或者社会举办的国家会议、国际赛事、大型庆典等活动，这是锻炼大学生能力的有力平台，能开阔大学生的眼界。

4. 开展高职大学生就业指导工作，鼓励大学生将自己的事业与中国梦相结合

开展大学生就业指导工作，让大学生将在学校里学到的知识与国家建设的需要相结合。要求大学生从社会发展、国家建设、实现中国梦的角度出发，在学校期间完善自身的专业理论知识，毕业之后积极投身于祖国的建设，从而在实现中国梦的过程中完成自己的人生理想。

高职院校必须开设大学生就业指导的课程，指导大学生在未来的人生规划中实现自己的人生抱负和职业理想。那么，高职院校如何开展就业指导工作呢？一是在完善大学生专业理论知识的基础上，鼓励他们多参加社会实践，将自己学到的知识用到实践过程中，以更好地适应工作岗位；二是鼓励大学生到祖国需要的地方，如到西部边远地区，在艰苦的环境中锻炼自己的毅力，把国家的发展融入自己对职业的追求中，用自己的力量为祖国的繁荣富强添砖加瓦；三是要鼓励大学生创业，用丰富的创业知识武装大学生的头脑，并帮助其解决在创业中遇到的困难，使其少走弯路；学校是大学生免受社会不良信息干扰的庇护所，但由于过好的保护，让大学生失去了走入社会谋求职业发展的激情，所以开展就业指导，是激发大学生职业追求热情的有力措施。

5. 利用新媒体，拓展中国梦教育形式

新媒体是一种新的交流环境，即以数字化的形式，将信息的传播方式变得多样化。数字化的形式包括网络媒体、移动终端、数字报刊等，主要通过数字和网络技术的强强联合，改变信息传播的传统模式。网络是新媒体发展的重要载体，在网络中世界变小了，人与人之间的距离变得更近了，信息的交流也更加便捷了，实现了"秀才不出门，便知天下事"的理想社会。新媒体的发展既是机遇也是挑战，这些皆源于信息交流的便捷和迅速。大学生易于接受新媒体，并且十分擅长运用新媒体进行学习和交流，如微博、微信等工具。高职院校要教育大学生正确使用和接触新媒体，并将大学生的思想道德建设和爱国主义思想教育与新媒体环境的建设结合起来，给大学生创造一个健康的网络环境。

大学生学会了健康使用网络之后，就要对其进行中国梦的教育。要将中国梦主题的教育活动以专题的形式在网络上展开。比如在某大学的官网上，开设中国梦学习专题，通过问卷、知识竞赛、访问等形式。除了学校外，政府也要加强网络宣传力度，让老百姓都能利用新媒体网络接触到中国共产党的最新政策。具体来说，利用新媒体平台开展中国梦的教育有以下途径：

一是开辟中国梦主题教育专栏。专栏主要以中国共产党的指导思想为行动指南，即以马克思列宁主义、毛泽东思想、邓小平理论、"三个代表"重要思想、科学发展观、习近平新时代中国特色社会主义思想为指导，宣传中国梦的理论内涵和实践意义，把社会主义核心价值观和中国梦的实现相结合，指导大学生坚持做"四有"青年，树立正确的"三观"，二是拓宽网上教育的形式。高职院校要建立一套完备的网络教学体系，把有关中国共产党的历史、发展、建设、政策等学习资料上传至网络，形成详细的数据资料库，以供学生学习。三是加强教师与学生的网络交流。教师可通过网络了解学生的思想动态、学习情况，学生也可利用网络随时向老师汇报学习情况。

大学生是社会发展中最具活力的群体，更是实现中国梦的重要践行者，提高大学生对中国梦的认知、认同，激励大学生同心共筑中国梦是当前高校思想政治教育的主题。在激发大学生追逐"中国梦"的过程中，高职院校应该充分发挥思想政治课堂教学的主渠道作用，扩展网络教育阵地，依托党员创先争优

长效机制的建设，以社会实践和志愿服务为载体，用就业引导连接成才梦和报国梦，积极开拓中国梦的育人实践探索。

二、培养优秀的大学生党员

（一）自我与超我：大学生党员身份特征二重性

大学生群体是接受高等教育的高素质人才群体，他们接受的是最新的科研文化成果和教育，作为社会新技术、新思想的前沿群体和国家培养的高级专业人才，他们代表着最先进的文化。大学生的年龄普遍在 18 ～ 22 周岁，他们从生理到心理上基本上已经发展完善。在生理上，他们已经具备了成年人的体格和特征，在他们具有强烈的自我意识但还不够成熟，无法分辨和统一自我意识和超我意识，容易陷入自我意识中，对自我情绪无法控制，尤其是意志水平还有待提高。另外，大学生还容易脱离群体环境，追求新颖刺激的体验，而这种种因素都能导致大学生在成长过程中迷失自我。

大学生党员是大学生和党员二重性的统一，是自我个性和集体意识的均衡统一。本我、自我、超我是弗洛伊德提出的三种对自我认识的境界。本我即本能的我，包括能满足自身欲望的内驱力，它是自然发生的无意识的认知；自我带有对自身理性认识的因素，能够根据规则形式，对周围的认知能够进行理性的判断；超我则是对自身人格的高级要求，即能超越本我和自我，追求至善的目标，能用更高一级的准则要求自己。对大学生的要求就是能够在自我的基础上，用超我的意识进行自我监督和控制，并且能够将个人意识与集体意识有机结合与统一起来。高职院校要以《中国共产党章程》中对党员的要求和标准引导大学生党员，要求其以身作则，发挥模范带头作用。

（二）历史与传承：激发大学生党员使命意识的意义

使命即为重大的责任，每个人生活在世界上都肩负着一定的责任和义务。大学生的责任就是好好学习，报效祖国。大学生党员作为大学生中的代表，更需要起到模范带头作用。大学生党员的行为影响着身边的每一个同学，大学生党员只有具有刻苦学习、勤劳朴实、乐于助人、甘愿奉献的精神，其身边的同学才会潜移默化地深受影响。因此，大学生党员要能够将党员培训的理论知识运用到实处，并和人民群众紧密联系，听取身边同学的建议和意见，以身作则走入同学中间，发挥自己的模范带头作用，更好地服务于同学，服务于学校。

（三）责任与使令：大学生党员使命意识的培养

大学生党员要有自我和超我的意识，在学习中以至高的标准去要求自己，将中国梦与我的梦相结合，肩负起民族伟大复兴的历史责任。大学生党员在学生中间有着标杆的带头作用。不仅如此，大学生善于自我反省，觉悟较高，能够自觉地将组织的思想和自我的思想相统一，能够积极为共产主义事业的发展贡献自己的力量。而党和国家的发展不是一朝一夕即可完成的，它是一个长期且艰巨的历史任务，大学生党员要有坚定不移的理想和信念，坚信中国共产党的共产主义事业能够实现。他们在长期的实践中需要从三个方面严格要求自己。首先，在学习上发扬不怕苦、不怕累、艰苦奋斗、认真钻研的精神，学精、学好专业知识，用自己的专业和特长去实现中国梦的伟大抱负。其次，大学生党员一般在校内都会担任一定的职务，如班长、委员、团支书等，高职院校要培养大学生党员的管理能力，同时他们自己也要多阅读相关的书籍，提高自身的管理能力。再次，在社会实践和社会工作上，大学生党员大多也是高职院校各类学生组织的骨干力量，在积极参与到社会实践的过程中既要通过自己的言行发挥党员的表率作用，又要通过组织和开展富有内涵、形式多样的校园文化活动，对学生群体进行思想政治教育。

1. 以社会实践为服务路径，发挥党员的榜样示范作用

实践是检验真理的唯一标准。大学生党员不能只会纸上谈兵，要把自身的理论和思想运用到实践活动中去，发挥自己的模范带头作用，从而影响身边的普通学生，培养他们为党奉献的精神。可以社会实践为服务路径，从学生党员历史使命的传承和社会责任的培养两方面开展。

要想培养大学生党员的服务意识，就要培养大学生党员肩负社会发展的责任感。

首先，要端正党员的态度。在以往的校园实践活动中，大学生党员会出现不积极、不主动参与和随意应付的态度，这是错误的也是不认真的办事态度。拥有如此态度的学生党员只会起到消极的作用。培养大学生党员的责任感就要

求他们在实践活动前、活动中、活动后时刻警惕出现思想懈怠、疲于实践的态度，提高思想意识，及时向组织汇报实践心得体会，并且在社会实践活动后，开展主题演讲，或者以辩论的形式将互动的参与情况和心得体会进行宣传，这样做的目的是为了更好地发挥大学生党员的模范带头作用。

其次，大学生党员要能够走入社会，走进社区，参与社会实践互动。比如高职院校可以在其所在的社区内或者校园内开设"党员服务区""党员责任区""党员服务站"等义务为学生、社区人民提供服务的站点，增强大学生党员的服务意识，为社会建设提供力量。同时，这些活动也使大学生党员的责任意识和自我修养得到了进一步提高。

2. 层层把控高职院校党员发展入口关

高职院校在发展学生党员工作中，从一开始就要严格筛选，把握好入关口。大学生党员的培养不是一朝一夕即可完成的事情，需要一个长期的观察和培养过程。从刚入学的大学生中间要选拔能够积极参加学校活动、学习成绩优异、思想端正、思想觉悟较高的学生进入积极分子的行列中来。其成为积极分子后，还要经过半年或者一年的考察和选拔，若出现考试挂科、破坏组织规定、不听组织教导、不参加组织活动的人员一律取消积极分子的身份，不能让不合格的人员进入预备党员的行列中来。预备党员是在学习、思想、行为上都能与党的准则相符合的学生，他们善于把党的标准作为自身的行为准则，能够将党的发展融入自身的发展中来，能够在学生中时刻起到优秀模范作用，只有具备如此素质的学生，将来才能够为党的发展奉献自己的力量，才能成为中国共产党未来事业的建设者和接班人。

3. 创新发展高职院校内学生党组织生活

党员在加入党组织后，都会被列入党内的一个支部或者小组内。学生党员在进入党组织后就要时刻接受党组织内和党组织外学生群体及群众的监督在高职院校的党组织中，学生党组织是其最基层的党组织，这个组织是对新党员进行思想教育的平台。这一平台与学生党员紧密联系，也是上级党组织与学生沟通的桥梁。学生党组织平台要发挥好学生党员的模范作用，以班级或学院为单位，开展一系列丰富学生党员的组织生活，如班级主题会议、学雷锋活动等，并在学期末或者学年末的时候，组织党员开展总结大会，总结自己一年当中的学习和思想成果。此外，党组织还要充分发挥老党员的带头作用，让他们当新党员的介绍人和联系人，肩负起新党员的思想教育工作。

第三节 育人实践——勇于创新

中华民族是富有创新创造精神的民族。当前，我国要加快建设创新型国家，对创新型人才，特别是青年创新人才的需求日益迫切。青年是国家和民族的希望，创新是社会进步的灵魂，创业是推动经济社会发展，改善民生的重要途径。

一、强化实践教学：搭建创新展示的平台

近年来，教育部门和各高校在创新人才培养机制的方向上进行了一些探索，启动实施了基础学科拔尖学生培养试验计划、卓越工程师教育培养计划、科教结合协同育人计划，开展了试点学院综合改革等，取得了积极进展，积累了有益经验。特别是在实践教学促进创新教育方面，各地各校积极搭建平台，为大学生提供了呈现、展示创新思维、创造能力的良好平台。

（一）加强实践教学，促进创新人才培养

创新人才培养机制，其目的是推进素质教育，着力提升学生的社会责任感、创新精神和实践能力。教育部要求各地各校下大力气落实好七部门联合下发的《关于进一步加强高校实践育人工作的若干意见》，进一步推动高校强化实践教学环节，增加实践教学比重，加强学生实习实践基地建设；加强生产劳动、志愿服务、公益活动等社会实践活动；探索建立完善学生实习实践的相关制度。归纳起来，创新高职院校人才培养机制的基本思路，就是在科学的人才培养理念的指引下，通过深化教育教学改革，激发高职院校人才培养的潜力和活力，特别是通过创新应用型、复合型、技能型人才的培养机制，着力突破实践能力这个薄弱环节。在教学育人实践上，要在教育教学改革过程中不断积累经验，因地制宜地探索推进素质教育的有效途径和办法，在课程设置、内容选择、教学组织形式、课堂形态和考试评价等方面进行前瞻性探索和试验，不断拓宽人才培养途径，优化人才知识结构，提高人才培养的质量和水平，努力形成各类

人才辈出、拔尖创新人才不断涌现的局面。

（二）高职院校实践教学工作的内容和问题

高职院校实践教学的内涵主要包括实验实训体系、实习体系、综合设计体系、社会实践体系和创新创业体系。为了培养创业人才，高职院校开设开发实验课、科技竞赛、创业大赛等环节。具体做法如下：

1. 组织开展课余科研实践活动

由学校发起，各院系、实验中心共同组织，根据制定的课题开展课系科研实践活动。该活动的课题必须经过专家讨论通过才能实施，再由学校立项公布。学生可以对课题项目进行投标，也可提出与学校拟定课题相关的课题。一般情况下，参与学校组织的科研实践活动，最好由3～5个学生组成一个小组，共同参与科研实践活动。每个小组的学生都由专门的教师进行指导，在规定的时间内完成课题。一般情况下，学校开设的课题活动期限为3个月或4个月，最长期限为半年。学生提交完课题之后，由专家小组对课题报告进行验收、检查、评估、计分，最后根据专家小组对学生完成课题的计分、评比情况，选出优秀项目、优秀论文、优秀指导教师。

2. 组织兴趣小组活动

学校可以按照学生的兴趣开展活动，例如英语演讲、数字魔方、法律辩论等，这样可以充分调动学生参与活动的积极性，也能锻炼学生的能力。在此次兴趣活动中从全校范围内招生，学生可以自行申请，教师也可以推荐学生参与活动。教师设置一系列的考题，学生通过考试，达到及格标准线后才有资格参与兴趣活动小组。

3. 开展各项比赛

学校可以开设专业比赛，学生也可以参加市、省乃至全国性质的比赛，通过这些比赛展现学生的才华与能力。学校设置奖励机制，对优秀学生给予物质奖励或精神奖励。

（三）创新高职院校实践教学体制的路径探析

面对竞争日趋激烈的市场，高职院校人才的培养成为当下的重点。我国的教育主管部门与高职院校非常重视创新人才的培养。高职院校在教学、实践等方面不断加大人才培养投入，其做法如下：

1. 建设实践教学基地

实践教学基地建设是推进高职院校实践教学改革的基础工程和基本保障，应将实践基地建设作为重要的基础设施建设来抓，通过理顺体制、加大育人、加强管理，使实践基地在创新人才培养中发挥重要的作用。高职院校在专业建设过程中，要同时将与该专业相关的实验室建设和实习基地建设等作为重要的专业建设内容，落实建设经费，制订切实可行的建设计划和师资培养、引进计划。实验室建设要统筹规划，优化配置，要按功能设置实验室，同一个实验室能承担不同专业、不同课程的实验教学任务，增强学科专业的适应性，提高使用效益。要加大校内实践教学基地建设力度，建设一批直接服务于学生创新实践能力培养，集实践教学、科学研究及技术推广示范为一体的"产学研"创新实践基地。校外实习基地是实习教学的主战场，高职院校应通过多种渠道建立足够数量的实习基地，以满足创新人才培养的需要。在校外实习基地建设和运行过程中，要吸引和聘请行业企业的专家、工程技术人员和管理干部一起参与实习教学环节的管理和指导，增强实习教学的指导和管理力量。

2. 对外开放实践基地

高职院校建设的实践基地主要向学生开放，而对外开放有时间限制。针对目前的培养创新人才目标的计划，高职院校实践基地要加强对学生开放的力度。实践基地共享、开放有助于教学资源的利用，提升对学生实践能力的培养。高职院校在开放实践基地方面要有一定的计划，不能盲目地对外开放，要针对实际情况开放实践基地。另外，高职院校建设的实践基地可以向校外人员开放，如采用建立收费标准、享受补贴等措施促进教学基地的开放共享，这样既锻炼了校内人员，又能满足校外人员的使用。高职院校要鼓励学生参与实验，将实验加入课堂专业的教学中。例如，在理工类专业教学计划中，为了提高学生的综合能力，开设设计与创新实验的课内讲座，增强学生的实践能力。

3. 加强师资队伍建设

教学是学生在学校期间学习知识的主要途径，为了创新实践教学体系的建设，学校必须全面提高教师的理论知识和职业素养，学校要不定期地采取一些措施，鼓励教师参与实践教学工作以及实验室组建工作，让教师从实践中得到教学经验，使教师能更好地为学生授课。要抓好"双师型"实践教学师资培养工作，通过各种培训、培养途径，使他们既具备扎实的基础理论知识、较高的教学水平，又具有很强的专业实践能力。加强青年教师教育教学能力培训，健全新教师岗前培训制度，通过校内校外两种培训，促使青年教师尽快适应新角色，融入新环境。制订并实施青年教师提升计划，通过科研资助、继续教育、出国研修、拔尖人才支持等措施，提高青年教师的科研能力、教育教学及管理水平。鼓励青年教师到企事业单位挂职锻炼，到国内外高水平大学、科研院所访学，担任本科生导师、兼职班主任等，促进青年教师在教学科研、社会实践中增长能力。

4. 加强学习指导

培养学生创新实践能力的关键是积极主动地参与实践，制订实践目标计划，参与实践、分析实践、总结报告等。在这一系列的过程中、教师作为学生的引导者，参与指导，将实践理念贯穿于学生的实践环节。教师针对学生的不同情况提出要求，有针对性地指导学生，并给予一定的帮助：

二、深化创业教育：提供创新实践的支撑

近年来，大学生创业成为院校宣传的重点，也是高职院校培养人才的目标。我国许多高职院校将大学生自主创业当成了实践育人工作的重点，积极响应国家政府或地方机关的号召，努力培养大学生的自主创新精神，开展一系列的引导大学生创业的计划，加强创业教育与实践，提高学生的综合素养和综合水平，为大学生自主创业提供保障。

（一）创业实践：多方参与，促进大学生有主创业

国家号召转变就业观念，鼓励选择多种渠道多形式就业，促进创业带动就业。作为国家的栋梁，大学生更是培养的重点，应多方参与来促进大学生自主创业。

（二）高职院校创业教育的现状和瓶颈

我国提出"大学生创业"是教育的根本，是高职院校育人的战略目标。大学生创业教育是一种教育模式，它是在个性化教育发展体系中形成的，也是对

传统教育体系的冲击与考验。大学生创业教育冲破了以往单一的、死板的教育模式，注重创新人才建设，推动高职院校发展，解决大学生就业难的问题。另外，大学生创业教育还能促进地区经济的发展与增长。

高职院校要培养学生的自主创业能力，就要把创业理论融入日常的教育中，全面培养学生的创新意识和实践动手能力，提高人才培养质量。高职院校创业教育体系包含的内容比较丰富，既有高职院校创业教育所面对的各种外部情况（如各级各类区域政策、区域经济发展程度、区域的创业文化、区域科技发展水平等），又有高职院校根据自身实际和特点，开展创业教育的具体做法，还包括高职院校开展创业教育带来的成效情况。各地各高职院校因地制宜，结合自身资源优势和侧重方向进行了多样有效的探索。

1. 各所高职院校企业教育体系的做法

（1）开设创业课程

学生在创业教育教学课程体系教育中，既要掌握专业的理论知识，又要掌握灵活的专业技能。学生在接受创业教育过程中，既要了解创业的流程和方法，还要熟知创业法律和政策。我国教育部明确规定，各高校要把创业教育纳入教学改革体系，纳入学校培养人才体系，纳入学校教育目标。各高职院校要积极配合教育部的号召，为在校大学生开设创业培训课程讲座，有能力的学校可以将学生创业培训课程划为主修课行列，能力稍弱的高职院校必须将学生创业培训课程列为选修课。目前，我国的多数高职院校已经逐渐实现创业培训课程规划要求。

（2）举办创业活动，增强创业实践

高职院校开设各种创业实践活动，如创业计划竞赛、创业讲座、企业名家入校指导、校企合作等活动，让更多的企业以及企业名人、创业名人直入校园，用他们的亲身经历向学生传授创业秘诀，与学生分享他们的经验教训，避免学生在创业时出现类似的错误。高职院校在培养创业教育时要不断地培训校内的精英骨干，为其开设培训班，指导创业课程讲座等，深度挖掘学生的创业能力和精神。高职院校针对能力较强的学生开设"一对一"辅导，使学生能够获得更多的知识。

（3）宣传创业成功的经验案例

目前，我国涌现了不少成功创业的典型人物，这也激发了大学生投身创业的热情。这些成功创业的人物也是高职院校引入校内演讲的目标。许多高校整理了近五年成功创业的典型案例，搜集人物和材料，借助名人校友、校企合作等模式，吸引创业成功人士进入高校，通过与这些人士面对面的交流沟通，激发大学生的创业激情。高校开展这样的活动取得了很好的成效。

（4）通过提供创业服务孵化创业企业

地方政府、地方大学生创业基金会、地方创业工业园区、地方经济开发区与高校紧密合作，建立了创业实践基地。各项基能完善且实力较强的高职院校建立了大学科技园、创业孵化园，对在校大学生和社会人员提供创业培训、园区管理等多项服务，为大学生创业提供实际帮助。

2. 高职院校企业教育体系问题

鼓励与培养大学生自主创业意识是我国高职院校义不容辞的责任和义务，各高职院校要积极开展自主创业教育，毕竟这是一条需要我们不断摸索的道路。高职院校在创业教育过程中会遇到各种困难和问题。

（1）高职院校创业教育师资数量不足

高职院校创业教育是新兴的教学科目，没有完善的教学体系，创业教育的教师由相关专业的教师组成。近些年，高职院校不断加强创业教育的师资力量，已经初步形成了一定规模的创业教师队伍。创业师资的培训周期较短，为 $1\sim2$ 个星期，多数教师缺少实践中的真知灼见，他们在创业教学过程中难免"纸上谈兵"。

（2）高职院校创业教育课程体系建设乏力

创业课程体系是创业教育的关键要素之一，这是教师授课的主要内容。针对我国的文化传统以及创业教育的形势，设置一套完整的创业教育课程是极为重要的事情。否则，学生即使在创业课堂上学到了理论知识，也应用不到实际当中。

（3）创业实践不足

我国高职院校创业教育依然以课堂教学为主，虽然学校邀请创业名人来院校演讲，现场看似激动热烈，但几天之后，学生的情绪便有所减淡，创业激情不复存在。另外，各方面的原因造成学生创业实践心有余而力不足。如何解决这些问题，是高职院校所面临的主要问题。我们不能一时兴起，就开设创业名人演讲活动，却不能为学生带来实质性的希望。高职院校开设创业讲座活动的最终目标是激发学生的创业热情。学生能够从中学到实质内容，通过努力去实现创业目标，这才是高职院校创业教育的成功所在。

（4）创业比赛本身存在局限性

参加大赛的学生只占在校学生的很小比例，绝大多数学生并没有参与到创业计划大赛中来。同时，针对大学生参赛者的此类创业计划大赛本身也存在着"重技术，轻商业""重评比，轻转化"等缺陷。由于对创业计划书主旨存在认识的偏差，大家往往片面强调项目的技术先进性，甚至有些评审专家也比较青睐技术上具有明显优势的作品。

（5）创业成功率低

大学生创业并非易事。成功率低也是大学生创业积极性不高的原因。从区域性创业分析看，北京、浙江、上海、广东等地大学生创业的成功率比较高。

3. 高职院校创业教育的创新思路

根据多年的探索，高职院校创新教育的培养可以从以下几个方面着手：

（1）加快创业教育师资队伍建设

我国众多高职院校将师资建设作为当时教学体系的重点，制定教师培养计划，对教师提出评价标准。许多大学通过建立职业教师小组，使职业教师在实践技术当中可以充分发挥专业的特长，更好地给授课学生。首先，大学要引导教师树立良好的风气与创业教育的理念。其次，学校从内外两方面加强教师队伍建设。一方面，学校利用校内教师资源的便利性进行系统培训；另一方面，教育部每年会组织全国创业教育骨干教师培训班，学校应积极推荐校内的优秀教师参与培训班，提升自己的教育素养和专业知识。第三，教师在课堂上要向学生灌输创业教育的思想理念，通过课程教学、竞技比赛、案例讲座、课题讨论等多种形式，使学生参与其中，扩展学生的视野和创新精神。第四，学校可以力邀企业管理人员入校讲座，使创新教育实践化，比如组织学生参观地方创业园区以及产业孵化园区，让学生亲身感受到创业的过程。

（2）完善创新创业教育课程体系

学校要向学生宣传创新教育的重要性，全面推进创新教育课程。通过创业课程教育，学生能够初步了解创业活动的理论知识，认识创业的基本要求和注意事项，并从中学会分辨创业项目的选择、创业时机、创业资源。学生通过创业教育课程，掌握创业资源整合和创业计划书的编写，熟悉企业的管理与运作，同时在学习过程中，学生要树立正确的创业人生观，学会控制自己的心理，适应社会的变化。

（3）强化创业教育实践实战环节

学校可以通过在校内组织创业项目设计、开展创业设计比赛，在校外组织学生参观优秀的创业企业，鼓励学生将理论与实践结合起来，从而锻炼学生发现问题、分析问题、解决问题的能力。例如，某所高校从三个方面进行创业实践。第一，在校内成立创业组织，在专业教师的指导下完成设定项目。通过创业活动、学生进入市场调查，走访企业，得到分析结果。第二，学校搭建实践平台。学校根据自身的实力，搭建应用型人才实践平台，培养学生社会交际能力、专业技术能力。第三，学校可以跨省跨区域寻找合作企业，与其建立合作基地。

（4）拓展创业教育受益面

学校开展创业教育是为所有学生提供培训服务，要纠正只为少数创业学生培训的错误态度。因此，学校开展创业教育的主要目的是扩展创业教育受益面，面向全体学生开展教育活动，培养学生的创新创业精神和意识，培养高素质、高技术、高要求、高品质的社会尖端人才。

（5）加大自主创业帮助扶持力度

我国众多企业在政府的帮助下，在经济开发区建立了科技园产业基地；这一方面可促进企业的发展，另一方面也可促进当地的经济发展。学校可以看准时机与这些科技园产业基地建立合作关系，鼓励学生加入产业基地，并落户于此。校企合作为大学生创业提供资金支持，国家也为大学生创业提供创业资金支持，帮助学生创业。因此，学校要为大学生创业提供法律、工商、税务、项目融资等方面的咨询和服务。

三、鼓励科研创新：激发创新思维的活力

（一）作为创新教育平台的科研实践

21世纪，现代化大学教育模式全面爆发，传统的、守旧的教育方式远远不能满足当代大学生教育的需求。因此，现代化高校的功能目标是：人才培养、科学研究、社会服务和文化传承创新。其中，人才培训是重中之重，其他三点都是在人才培养的基础上发展起来的，这四个功能相互作用、相互依赖，为创新教育提升提供了更广泛的空间。科学研究有助于提升学生的专业知识水平，为学生创新创业能力提供前提条件。可以说，每一个人才培养都是从科学研究中形成的，人才培养、科研创新两者应同步进行，缺一不可。高职院校要科教结合，使教学与研究形成互动机制，鼓励学生参与实验课题研究，加入创新团队，从而提高学生的动手能力和实践能力。我国众多高职院校为了加快科研创新采取了一系列的做法；

1. 鼓励科研实践

高职院校教师要多支持的学生参与科研项目。学校的重点实验室、各学科的科研机构应融入创新教育，并编写科研论文、课题报告，比如鼓励师生一起发表论文、申请专利等。

2. 推动产学研合作

产学研合作是培养创新人才的机制，也是引进创新人才的动力。产学研合作的形式有：校企合作共同培养人才；共同建设研究中心或实验室；为创建科技园做好前期准备。

3. 加大教学科研互动

高职院校现在不断与国家级、省级等科研项目合作，并将科研项目转化为教材以供学生使用。高职院校教学工作者将研究理论、研究方法、研究成果引入课程，把理论与实践结合起来，将实践应用于教学当中编写成教材，使教学内容与现实状况紧密结合，从而使学生能够得到最有效的知识。

4. 搭建学术交流平台

学生愿意参加高水平的讲座活动，这是因为学生能够在这样的活动中开拓

学术视野，把握学术的前沿性，从而有助于提高个人的综合素质。有实力的高职院校可以积极建立学术讲座，通过校企合作不断加强品牌论坛平台搭建，开设不同形式的学术活动，丰富校园文化，提高学生的人文素养和科研素养。

科学研究与创新人才培养强强结合，高职院校从人力、物力、财力各方面投入进行内部管理机制改革。高职院校在培养人才中依然存在着各种问题，如政策单一化，政策与教学系统联系不够紧密；学生只停留于表面的学习，并没有深入性地学习；科研利用率较低。科学研究是一个系统的工程项目，包括项目、平台、团队、产学研合作等多个元素，每个元素又有不同的层次。科学研究有助于培养全面发展的高素质创新人才，但是目前的科学研究和创新人才培养主要以科学研究为主，学生只能参与初级的项目。科学研究项目中的平台、团队、产学研关系复杂、运行复杂，高职院校在这些重要的环节中依然会选用经验丰富的人员参与其中，学生很少能够参与，这样就不利于高校内部创新人才的培养。

（二）大学生科研实践的创新思路

面对上面出现的情况，结合我国高职院校研究创新人才培养工作，提出以下建议：

第一，让学生参与科研项目。学校积极鼓励学生参与科学研究活动，这是发展科研项目以及培养创新人才的好方法。学校要营造宽松的科学研究氛围，使学生不会因为参与科研项目而感到过大的压力，然后根据学生个人的基本情况合理地划分科研小组，使学生能够充分运用自己的专业特长来研究项目。同时，学校可以通过大型科研项目吸引学生主动参与，通过这些重大的科研项目可以全面提升学生对待项目的认真态度，使学生对大型科研项目有全面的认识与了解，增长学生的见识。许多学生接触不到大型的科研项目，如果有机会接触，学生会百分百地投入其中，为自己的学习和研究投入万分努力。总的来说，学生在大型科研项目中既能学会尖端的科学研究方式，也能学会先进的科学技术，还能从团队合作中锻炼自己的团队精神。另外，学校还要鼓励学生参加一些符合自己知识水平结构的一般性科研项目，使学生在自己的学业能力范围内增长知识。

第二，充分借助企业资源，促进产学研合作纵深发展。为了进一步完善人才培养方式，学校要将人才培养过程中不适应社会现实需要以及脱离经济社会发展的现实情况进行改善，要对人才培养的自我封闭模式进行改革。人才培养需要在社会经济科技教育的社会大环境中进行，以"产学研"结合作为切入点，通过对高层次人才进行联合培养，力求为高新人才创新发展提供一个更广阔的发展空间。学校需要做到的工作内容有以下几点：首先，以"产学研"发展模式为载体研发合作平台来进行创新人才的培养。例如，学校可以和企业一起合作建立实习平台，学校的师生也可以在平台的建设过程中参与到其中，这不仅可以使学生对当代社会经济的现实情况以及社会所需求的创新人才与创新技术的实际需求进行了解，而且可以在建设平台的过程中将遇到的难题进行沟通与交流，以提高其自身的实践能力与创新能力，另外学校可以在人才培养的过程中更加有针对性地进行培养。其次，通过产业集群以及学科集群相融合的发展模式来对创新人才进行培养。学校可以把研究生和优秀教师资源作为具有竞争优势的学科群，通过与社会现实中的经济市场支柱行业的优势产业群进行集中对接，从而形成一个具有强大核心竞争力的优势技术群。在此过程中，学校可以在经济市场的实践过程中整合优秀教师与研究生资源，在科学研究上形成一种集成化的发展道路。再次，通过引进社会经济大环境中的专家、学者来对学校优秀教师以及师生团队来进行指导，从而对创新人才进行加强培养。学校可以对现实社会中各行业的权威专家、研究员以及高级管理员进行调查研究，并且聘请其在校担任兼职导师或兼职教授，从而将现实社会中的实际性问题、行业的发展方向、具有前瞻性的实践性技术经验以及社会迫切需求的科学技术的发展方向带进学校的教学中，使在校师生团队可以对现实经济市场的显示、需求与发展方向得到一个全方位的了解，并且对现实的前沿技术进行近距离地学习与接触，通过这种模式可以使在校师生团队参与到国家重大科研发展项目当中，从而使学生的眼界进一步拓宽。最后，通过对行业中关键性的共性技术难题的解决来对创新人才进行培养。以优秀教师团队和科研发展平台为载体，在指导老师的带领下，优秀研究生团队参与到行业共性技术难题的解决与破解过程当中。

第三，认真实施创新能力提升计划，促进协同创新平台建设。学科建设、科研创新和人才培养三者结合的发展模式作为对人才创新能力培养的核心问题，始终沿着高水准、高起点、具有自身特色的发展道路，对学校现有的基础性资源以及社会多方汇聚的教学资源进行充分利用，再加上高等院校、研究院、地方政府、企业以及国际社会对深度融合的大力推进，通过此模式来对创新人才培养的发展模式进行探索并逐步完善，力求培养适应社会不同需求的新型创新型人才。另外，通过市场机制与政府主导相融合的模式，对高等院校在创新能力培养的过程中出现的内部机制问题以及其他影响创新主体间的体制问题进行突破，从而将创新人才培养作为学校协同创新的重中之重。总之，通过对系统的改革使人才、资本、技术、信息等方面的活力充分释放，有利于建设一个协同创新的新型校园环境。

第四，大力加强校地合作，促进创新科研成果转化。学校可以与地方进行紧密性的合作，通过对学校创新活力的激发以及人才培养模式的改革，从而实现"产学研政"相融合的发展模式，进一步对创新人才的培养质量进行提高。下面以华南理工大学为例来进一步阐述。该学校通过对校内科研项目以及人才培养模式进行改革来发展学校创新机制，具体表现在以下几个方面：首先，学校可以通过具有市场前瞻性的科技项目来激发校内师生群体的技术创新思维与活力，从而对教师的科技创新能力进行调动并使其积极地发挥作用，力求将纯学术型教师逐步培养成为一名具有创新创业能力的实践性创新型教师，并且在此基础上为在校师生提供一个转化行为基础的平台。其次，坚持以协同创新理论为基础，将学校的科技成果以及学科建设转化融合发展，使学校可以把国家科技发展战略规划作为学科研究的指导方向，把社会生活中人们迫切需求的民生重大问题的解决方式以及如何促进社会经济的发展作为研究的主要目的'最后，学校聘用在现实社会中具有突出性学术成就与贡献、创新型技术发展意识以及丰富企业经验的复合型高端人才来校担任兼职教授，对高端技术项目进行转化，从而为学校教学改革的发展注入新鲜血液，推动高职院校教学的改革以及校园文化氛围的营造，同时促进学生的创新创业实践技能与素质的培养。

第五，注重学生创新团队建设，促进科研创新合作意识培养。高职院校的科研创新团队的目的主要是科技创新，通常由愿意相互承担责任的若干技能互补的科研发展人员组成。高职院校的科研创新团队是学校学科突破以及技术创新的重要发展力量，并且也是学校中创新人才的汇聚地以及培养创新人才的重要发展平台。可以看出，在高职院校建设学生创新团队，可以对学生创新能力的发展以及积极性进行调动，从而在广大的学生群体中加快创新思维的传播。

第四节 育人实践——练就过硬本领

在学习的过程中，大学生需要不断地对自我进行充实，不断地提高自我实践能力。这就是说在实践过程中，学生的实践技能要进行不断地激发，学生学习的白主能力要不断提升，而且学校要为学生建立更多的实践学习发展平台，从而使其具有改造社会以及适应社会的创新能力。

一、快乐学习

随着社会的快速发展，学生的思想面临着巨大的冲击与挑战。在现实社会当中，科技在不断地向前发展，这可以为学生的学习发展提供一个条件优越的社会环境以及发展平台，但是高强度、快节奏的生活方式以及社会竞争性的增强也会使大学生内心承受着强大的冲击，因此学生们的心理问题也日益突出。随着社会的不断发展与进步以及教育体制的深入改革与发展，学生的身心问题越来越受到广大学者和研究人员的重视。在未来的社会发展进程中，我们需要越来越多的高素质人才资源储备，所以学校需要坚持以快乐学习、快乐成长为教学理念，来对学生进行培养，使其成才，从而为发展我国社会主义建设做贡献。

另外，心理健康教育在高校的需求也越来越受到重视。我国许多省市均在高校开展了心理健康教育的实践与研究项目，他们的活动方式丰富多彩，活动内容极其丰富。例如，在我国开展的"5.25中国大学生心理健康节"主要是通过社会媒介等媒介来进行宣传，在大学生中普及心理健康知识，为大学生进行心理测量，并且在高职院校中设立心理咨询中心，还通过为学生们开通心理热线的方式来提高大学生的心理健康素质，这充分说明学校对于大学生的心理健康教育是非常重视的。学校不仅对学生发挥主体作用更加重视，同时对于培养其成为新形势下满足社会需求的创新人才实践进行了积极的探索。在此过程中，涌现出了许多具有特色实践教育精神的高职院校。在以社会主义核心价值观为指导思想的引导下，这些高职院校的心理健康教育特点主要表现为以下几个方面：

第一，心理健康教育课程的内容越来越丰富以及完善的课程体系的建立。例如，将心理健康教育与思想政治理论课相融合的教育模式，在进行思想品德修养与法律基础的课程教学时，将《健康的心理与成才》作为主要的教学内容来进行讲解，从而对大学生的人生观、价值观以及世界观的教育进行具有针对性的教授，使学生逐渐形成具有优良心理素质与品质的新型创新人才。此外，学校还组织编写了《大学生心理健康教育概论》，并在全校将此作为必修课程进行教学，其目的主要在于在大学生中普及心理健康教育理念的同时，还可以将心理健康教育专业的老师组成一个心理健康教研组并组织开设其他的心理健康教育的选修课程来进一步在学校普及大学生心理健康教育。

第二，学校为学生构建创新教育与沟通交流的平台，以服务育人的理念有效地在学生中进行心理健康教育实践活动。院校可以通过成立心理阳光协会、进行团体心理辅导以及构建网络心理咨询沟通平台等措施，在大学生群体中开展心理健康教育。

第三，在高职院校中开展心理健康教育，不仅可以更加贴近学生，而且可以使学生迫切需求的实践技能心理得到满足。大学生的心理健康教育主要是解决大学生所面临的人际关系、学习、适应性、经济就业压力的问题。可以看出，学校在对大学生进行心理健康教育实践活动当中，可以以实践活动为学习契机来对大学生进行心理健康素质教育，使其逐渐成为一名具有良好心理素质以及健全意志品质的新时期优秀大学生。

第四，将传统的矫正性咨询心理逐渐转变为积极的发展性心理健康教育实践活动。在我国，心理健康教育的实践活动起步较晚，因此老师主要将目光集中在一些有心理问题的少数学生上，并对其进行矫正性心理咨询活动。但是，随着近些年来心理教育实践活动的发展以及实践能力的不断提升，大学生的心理品质与素质的提升及其自身潜能的发挥已经逐渐成为社会迫切需求的一项基本技能，主要表现在以下几个方面：首先，从积极心理学的角度看，在高职院校中构建心理健康教育实践基地，培养学生日常生活中需要的基本技能、以新生适应校园的能力、提高人际交往积极性的能力等作为培养目标对在校大学生进行心理健康教育，同时相关老师可以通过情境的创设来对学生进行实践性教育，进而对学生积极培育自我形象、树立积极的理性的价值观、开发优良品质进行引导，以达到实践育人的最终目的。其次，从在校开展实践性活动看，学校可以通过开展全员性网络化的心理健康教育，在新生中进行全员心理辅导以及心理测量，并将学生反馈信息以心理档案的形式建立存档。与此同时，学校还要加强院校两级的合作，不断地开展心理健康教育实践活动，在学生中普及心理健康教育和自我教育相融合的教学理念，从而逐渐形成学校心理健康教育网络体系，通过对社会主义核心价值观的深入贯彻以及在学校中进行心理健康教育，实践活动取得了非常喜人的教学成果。但是，在此过程中，还存在着许多不足之处，各大院校也应针对自身的问题进行进一步的改革与探索。

第一，以超前思维开展高职院校心理健康教育实践活动，清扫盲区。近年来，在国家和教育部的重点课题研究中，有许多涉及心理和心理健康咨询等方面的研究课题。但是，在高职院校的实践教学中并未凸显出许多问题，这主要是因为教育理论的滞后性，即现有的心理健康教学理论与社会现实的具体问题不符。在我国，心理健康教育课程的起步稍晚，在具体的教学实践过程当中，总有许多微观问题没有得到足够的重视，产生了我们所说的教育盲区，这导致了在教学活动过程中，学校没有稳定的参照目标以及明确的教学目标，指导老师和在校学生很难将其做出明确的判定，也不知如何去进行操作。基于此，在高职院校心理健康教育实践活动当中，高职院校应具有超前性思想来进一步加强心理健康教育的实践性研究。

第二，大力开展健康教育宣传和实践性服务方式，进一步提高大学生自我心理维护意识。近些年来，虽然高职院校心理健康教育的宣传密度逐渐提高，学生们对于主动寻求心理咨询以及心理辅导的帮助也逐渐具备主动性，但是大学生对于心理健康的界定标准仍不是很明确，大学生对于自身心理健康的维护性意识仍然不强。在校期间，如果大学生遇到心理问题，例如人际交往问题、环境适应问题以及情感问题等，有一部分同学不能适时地意识到这是心理行为问题，而仅仅是把它当作对于在校生活的不适应，或者将其原因归为自身能力的不足等消极片面的思想，这一类学生往往不能主动去进行心理咨询辅导来寻求解决方案和化解方法。

第三，构建学校、社会、家庭三方融合性实践性网络，共同对大学生心理素质的提高提供帮助。在大学生心理问题的表现当中，除了环境适应问题以及自身素质问题，有很大一部分原因是来自社会发展的产物。其中，家庭对于学生的影响有着不可替代的意义，有许多心理问题是在家庭环境当中日积月累浮现出来的。构建学校、社会、家庭三方融合性实践性网络系统可以对学生的心理健康教育起到促进作用，主要表现在以下几点：首先，在家庭方面，应更加注重家庭教育对学生的影响。这就需要学校通过对家庭教育的引导，为学生和家长提供沟通交流的平台，为学生构建一个良好的生活环境和成长环境。其次，在学校方面，广大教育者要达成统一共识，通过与各部门的协商合作，共同构建一个交流沟通的平台。这样学校不仅能够通过该平台收集到更为广泛的学生心理健康信息，而且能针对学生反馈出的具体问题做出适当的解决方案。

第四，对社会各方面的多元化资源进行充分利用，寻求利于网络心理健康教育的实践优化路径。学校可以借助社会的多元化资源并将其充分运用到心理健康教育的实践环节中去，通过对社会资源的利用来搭建教育实践活动的平台，为学生进行心理实践性活动寻求多元化方式与多种渠道，从而构建出一个快乐、健康以及和谐的实践环境。当今时代下，网络心理学健康教育实践活动是信息时代发展下的新型实践形态，但其并不是在传统的心理健康教育课程下的延伸。网络作为一种新兴的媒体形式，不仅具有自身的时代特色，而且带来了与"网络"相关的心理健康问题。但是，学校网络心理健康教育的实施还远远不能与大学生的心理需求相适应。基于此，网络时代大学生心理健康教育活动的实践性研究还需要进行更进一步的探索。

二、就业引导：练就过硬本领的目标

（一）培养学生志在四方的就业观念

我国教育部以及各省市相关部门对大学毕业生的就业问题的关注性不断升

高，如何拓宽大学毕业生的就业领域与地域性问题是其关注的主要方向，同时是高等院校进行可持续发展的必然选择。

在当今社会，大学毕业生是我国地方经济发展、建设的主力军，是最为宝贵的人力资源。政府通过对大学毕业生就业进行积极指导与鼓励，不仅有利于学生自身的成长与锻炼，而且可以促进高等教育不断发展，进一步深化改革教育问题。此外，这对于促进城乡区域的协调发展以及社会主义和谐社会的构建也具有重要意义。

（二）引导学生走向职业生涯发展的舞台

当前，高职院校毕业生主要的择业渠道是通过市场机制的调节来进行的。在此机制下，往往越是高素质人才越容易找到高收入或经济发达地区的岗位就业。

帮助学生选好发展的舞台是当下高职院校开展就业引导育人工作的主要目标。主要体现在：对学生选择适合自身发展、实现自我价值的社会事业进行正确引导，进而使学生可以对未来的人生和事业进行规划。在我国的高职院校，其重要的就业引导任务即将优秀人才输送到国家、社会迫切需要的地方以及关系到企业、单位进行就业工作。这些重点单位可以为优秀毕业生提供施展才华的发展舞台，使具有才能的优秀毕业生在实际的工作岗位中有所作为。与此同时，学校应该针对学生的发展问题，为学生走向现实社会的第一步进行正确引导，使学生规划好未来的发展目标，引导学生到国家和社会需要的地方去，使其未来的事业发展越做越广，从而为社会、国家的发展进步做出贡献。

（三）创新就业引导育人实践的举措

学生的理想信念是其报国的重要精神源泉。只有将理想信念不断内化为学生自身的科学认知，才能使学生在实践过程中产生强大的精神动力。今天，高职院校可以通过科研讲座等方式来对学生的思想理论体系进行深入的引导，并且在此过程中，将自我成才、报效祖国与学生的学习生活相融合。

成才择业观教育可以推动大学生事业起点的合理选择。学校对于毕业生引导的关键性任务是对学生的目标确立以及未来发展方向的选择指引，而成才择业观教育对学生事业起点的选择有促进作用。在目标教育中进行就业引导工作，其目的在于使顶层设计的规划合理化，对鼓励引导的政策进行完善，同时进一步扩大就业引导的投入，使组织机构保障力度得以加强，以加速导向性就业指导及信息服务建设进程，最终使基层就业渠道拓宽。在重点地区、行业以及企事业单位设立就业布点，为学生提供一个良好的外部环境以促进其成长。根据相关部门的有关文件，政府应与高职院校实际情况相结合，确定学校重点就业引导区域，使学生到国家、社会所需要的地区发展事业。

对学生的择业观进行教育、指引，为学生走向社会的第一步提供一个正确的指导作用，这是就业引导育人实践的根本问题。

学生进入社会的初期，往往会受到多元化信息的影响与冲击，其价值观与理想信念等因素也会随着学生的认知而产生影响。在这个阶段，学校方面要通过提供一系列常态化、个性化以及专业化的职业咨询服务于学生，以帮助学生解决在这个特殊时期所遇到的问题，通过相关的咨询老师以及辅导员的帮助，学生不仅可以了解社会的现实状况，而且可以对其事业起点的选择提供帮助。

校企结合模式是长期为社会输送优质人才的重要渠道。在优秀学生与重点合租企业、单位之间搭建沟通的桥梁，是高职院校进行就业引导的首要任务。只有不断建立并完善这种长效机制，才能为社会的优质人才输送提供保证。

在毕业生招聘会期间，各大高职院校会对重点企业以及单位进行要求，鼓励学生参加学校举办的专场招聘会，通过此种形式来为学生宣传介绍相关重点企业、单位的发展方向以及其在社会经济发展与建设过程中的地位。

除以上措施之外，就业引导育人的实践还可以为学生提供到重点单位进行学习实践的机会，从而使到岗学生亲身体会到重点单位对优秀人才的具体要求。

三、社会训练：练就过硬本领的路径

大学生进行育人实践活动的重要形式之一是社会训练，其目的是为在校大学生提供社会锻炼与学习的契机，进而使其进行贴近社会环境的实践性训练。在高职院校学习期间，大学生不仅要学习书本知识，还需要掌握社会实践的基本技能，从而发展成为一个适应社会发展、掌握过硬技能、具有核心竞争力的优秀人才。

（一）社会训练育人实践的重要意义

在社会主义核心价值观的指导下，学校在社会训练育人实践活动中首先要明确大学生成才的目标与方向，对其精神以及规范行为进行激发，进一步促进大学生人生观、价值观以及世界观的正确树立，这对大学生正确价值取向的确立以及正确思想与道德观念的引导具有重要的指导作用。由于国际与国内的形式不断地发展与变化，一些学生存在着不同程度的政治信仰迷茫，有些甚至还存在着价值取向、理想信念、社会责任等方面的负面问题。这就需要发挥社会主义核心价值观对学生道德行为进行正确的要求与指导的作用，使正确的价值观始终贯穿于社会实践训练育人过程的始终。除此之外，学校还要在实践活动的过程中，强调学生对社会实践工作职业的价值、意义以及责任感的正确认知高度，进一步提高学生的情感体验积极性。在团队合作的过程中，要营造出一种和谐、友好的人际关系；在实践过程中，要锻炼过硬的实践技能，以提高学生的综合实践能力。

（二）社会训练育人实践的目标

社会训练育人实践的目标是要提高大学生思想道德修养、专业理论知识以及综合能力水平。通过社会育人教学实践的方式，学校可以将学生逐渐培养成一名富有责任感和不断进取的新时期人才，提升学生解决问题的能力、创造能力、观察能力以及社会的适应能力等。

作为一种新型教学模式，社会训练育人实践是包括校内、校外的多元化社会实践活动在内的模式，这可以帮助学生更加了解社会现实情况，从而使学生真正接触到社会的前沿信息。在训练的过程当中，学生既可以丰富自身的理论知识、开阔眼界，又可以通过实践来提升自身服务社会的技能，从而增强其对社会的责任心，主动自觉地将国家的发展与自身的发展融合起来。除此之外，学生还可以在训练过程中体验创业的辛苦与生活的意义，进一步养成勤俭节约的优良生活作风。

社会训练育人实践模式的主要目标是对大学生专业理论知识水平的提升。通过社会训练，大学生可以将其在训练过程中学习到的知识应用于社会实践当中去解决一些实际性问题，并不断提高自我的认知水平。这样一来，学生不仅可以巩固自我理论知识并在社会实践中加以检验，而且还可以提高日常生活和工作的实践性能力。

社会训练育人实践模式的另一目标是对大学生综合素质能力的培养。实践性训练可以提高大学生解决实际问题的基本能力，这也是一种高层次的学习表现。大学生在运用自身所学知识解决实际问题的过程中，不但可以对社会贡献出一份力，而且可以提升自身的自信心，从实践中找到灵感，提升其自身的创造能力。除此之外，学生可以利用假期时间去参加社会实践活动，进入到工厂、基层单位中进行具体的实践性工作，从中发现问题，并找到解决问题的方法，在这一系列过程中，通过不断的观察与分析，学生的观察能力以及实践能力可以得到提高。可见，通过社会实践活动，大学生不仅可以直接与社会的现实生活进行交流，还可以从中不断确立自我价值，培养自身的自立能力，进而提高其与工作伙伴团结协作的能力。在良好的人际关系以及团结协作能力提高的共同作用下，学生可以从中发现自身的人际交往弱点，并逐步寻求解决方案，提高自身的人际交往能力，从而不断提高自我的社会适应能力。

（三）社会训练育人实践的探索和创新

通过对社会训练育人实践活动的认知的不断加强，我们可以认识到高职院校素质教育的重要实施路径是大学生的社会实践性活动，而且社会训练育人实践模式的主要形式也是社会实践活动，实践活动更是我国高职院校教育必不可少的重要教育内容。因此，高职院校应该对学生参加社会实践活动的必要性和重要性有一个正确的认知，主要体现在以下几点：

第一，社会训练育人实践活动可以使学生在学习实践过程中不断提高自身的综合素质和能力。为了达到这一目的，学校必须将社会训练育人项目纳入学校的基础教育工作当中。例如，在高职院校设立专门组织管理大学生社会实践训练实践项目的机构，并根据学生和学校的自身特色来制定实践活动的指导系统。除此之外，学校中的老师与相关部门的领导也需要参与到社会实践当中，从而对学生的能力培养以及活动的评价效果起到关键性的促进作用。

第二，高职院校社会训练育人实践活动的开展需要各个部门的统一协作与配合，将具体的社会实践活动融入社会主义事业建设中，将社会实践活动项目做到实处。学校可以通过马克思主义理论和马克思主义中国化最新理论成果、社会主义核心价值观等相关课程，与相关学术讲座和课堂形式的教学相结合，从而让学生明确社会实践的目的与意义，以推动学生的社会实践和训练活动。

除此之外，学校需要对社会训练育人实践模式的组织进行强化。在社会训练活动过程当中，若要使大学生能取得好的成绩，就必须对整个实践育人过程进行严谨的、科学的计划制定。在此过程中，学校需要创建一支拥有丰富实践经验、优秀思想素质、艰苦朴素的具有综合指导能力的优秀团队，其中包括相关专业的老师、学生思想政治教育工作者等高职院校教工、经过筛选的接收学生社会实践训练的社会企业、单位等相关的工作人员。在训练实施过程中，学校要将老师的科研能力、理论修养以及决策优势进行充分的利用，使其能够指导大学生解决在社会实践训练当中所遇到的难题，并帮助学生提高解决问题的能力。

由于国家政治环境和社会经济的变化发展，创新社会实践人才培养中部分单一的实践模式已经无法满足新的发展趋势的要求，所以我们必须持续丰富和发展大学生参与社会实践的培训内容与形式，使其拥有更加丰富的生机与活力。

社会实践活动不只是纯粹的实践教育活动，也是学生形成正确的价值观、人生观、世界观的有效方式。对于大学生来说，仅仅依靠学校号召和提倡中华民族自力更生、艰苦奋斗的思想与精神是非常没有说服力的，必须让大学生身临其境，进入一种可以亲身体验并自我教育的氛围中。这些年来，很多大学都有目的地举办了一些活动，以实地参观走访的方式使大学生近距离接触革命老区，或者是有纪念意义的地区，或者是精神文明建设方面突出的地区，让学生经由一个个鲜活的事例获得切身感受，从而增强他们的社会主义信念。

高职院校大力促进职业教师将自身科学研究项目与社会实践活动有机结合。一方面，积极寻找有关企业进行合作；另一方面，直接将科学研究与生产实践结合起来。社会实践有了职业教师的加入，可以有效指引大学生的社会实践，在大学生面临无法解决的问题时及时提供帮助，促进学生的进步与提高。另外，社会实践活动可以进一步协调师生关系，促进良好的教育环境的形成，更好地指导学生高效运用所学知识为地方提供服务，并加大所属院校的影响力。

在进行相关社会实践活动时，学校要注意和用人单位构建联系，从而为形成社会实践基地奠定良好的基础，并拓展高职院校社会实践市场，随着社会经济和劳动用工制度的变革，人才流动越来越活跃，工作和就业变得更加灵活和多样化。在社会实践中，学生可以作为工人参与社会生产部门，在相应的劳动力市场中实现社会分配。大学也应该考虑到这个层面，为大学生开辟新的路径，让大学生可以在社会实践过程中全面锻炼自己，发展自己，并进一步提升技能，以满足社会的需求和市场经济的发展，从而在社会市场竞争中立于不败之地。

第五节 育人实践——艰苦奋斗、创业型

人类社会的历史就是艰苦奋斗的创业史，中华民族五千年的奋斗历程创造了辉煌灿烂的中华文明。艰苦奋斗精神作为中华民族的传统美德，是激励我们继往开来、开拓创新的动力源泉。

一、学艺与修身：弘扬艰苦奋斗的传统美德

中华民族历史悠久，拥有丰富多彩的文明，给世人的印象一直就是勤劳勇敢、不屈不挠、不畏艰险、自力更生、艰苦奋斗，这种精神早已深深融入中华民族广大人民的骨血中。年轻群体不仅是中华文化的继承者，还是中华文化的传播者和创造者。因此，这就要求大学生必须在日常的学习和生活中，一方面认真"学艺"，另一方面注重"修身"，并始终保持艰苦奋斗精神，传播中华文化，把中华民族优秀的传统文化发扬光大，为实现伟大的中国梦贡献自己的力量。

（一）学艺与修身：培养大学生传统美德的两个向度

中华民族所传承的优秀文化基因不是一蹴而就的，这需要历经上千年甚至数千年的时间累积。中国传统哲学的最高境界便是帮助人达到天地人和谐相处，超越自然与功利，达至返璞归真的"天地境界"。在中国人的现实世界里，在道德层面要求就表现为坚持勤俭节约、简单质朴，摒弃骄奢淫逸、奢侈浪费的良好品质。

很多人没有正确地理解艰苦奋斗精神。相当一部分人仅仅片面地以为进行"艰苦奋斗"的意义是倡导珍惜物质条件，保持勤俭节约，每每谈及艰苦奋斗，

脑海中所呈现的画面就是以往吃糠咽菜、食不果腹的贫寒日子。但是、我们现在的生活早就脱离了那种艰苦奋斗的环境。实际上，艰苦奋斗虽然强调生活上的勤俭节约，然而这并非代表了它的全部意义，所以人们只是站在物质条件的角度来认知艰苦奋斗是特别片面的。从本质而言，艰苦奋斗精神体现了对人的发展的基本要求。所有有生命的东西以及可以进行自我保护和发展的事物，都必须在发展的过程中面临并解决各种各样的问题，而这些障碍都会在一定限度上影响生命发展，也是生命发展所不可避免的经历。一个人拥有的理想和志向越伟大，那么他为之努力奋斗的过程就会越艰辛。这种情况下，人们只有脱离于现实的物质，保持自身淡然、俭朴的精神和生活状态，面对困难不退缩，敢于奋斗并自强不息，才可以实现自身的目标，并获得相应的回报。那么，我们该怎样培养当代大学生群体的艰苦奋斗精神以广泛传扬中华民族的传统美德呢？

通过分析当代大学生所处的成长环境以及所要达成的培养目标，我们可以从以下两个层面开展工作：第一，努力培养大学生在面对求知学艺时的艰苦奋斗精神。"书山有路勤为径，学海无涯苦作舟"。求学本身就是异常艰苦的过程，只有不惧怕艰难险阻，直面困难，持续探求知识，才会获得相应的成功。显而易见，不是所有的学习都是毫无差别的。如果一个人仅仅是为了自己的私欲、富贵和享乐而进行学习的话，那么在其学习过程中必然与艰苦奋斗扯不上关系，更不要说会获得成功了。所以，大学生若要具备应有的艰苦奋斗精神就必须让其具备远大的理想。第二，努力培养大学生在进行自我修养时把艰苦奋斗视作重要目标。大学之道，在明明德，在亲民，在止于至善。知止而后能定，定而后能静，静而后能安，安而后能虑，虑而后能得一个人若是可以定心、静心、安定、远虑并很好地掌控自己的内心世界，那他才有可能获得自己所追求的，但是这个过程中需要自己反复锤炼心智以更好地应对所有困难。把艰苦奋斗当成大学生基本素质要求进行培养对其成长成才有着重大意义，求知与修身不仅是大学生艰苦奋斗精神培育的主要内容，同时还可以延续传统文化的教育观念。总的来说，大学生的求职之路，不仅需要格物致知，持续拓展知识面，而且需要持续磨炼自身意志，养成良好的思想品质，这个过程必然不能缺少艰苦奋斗的精神。

（二）培养大学生艰苦奋斗精神的实践困境

在大学生学习和自身修养过程中注重艰苦奋斗精神的培养并不简单。在社会环境产生革命性改变的时候，尤其是当物质条件方面产生了显著变化时，这时候说服和教育大学生保持和传播艰苦奋斗精神通常是没有什么说服力的，而且也不切实际。当前，我们越发频繁地听到老师们发出这样的声音："现在的学生没有坚持不懈的精神""现在的学生吃不了一点苦""现在的学生没有远大的目标规划"等。综上所述，造成如今大学生现状的原因多种多样，主要由以下几个方面：

第一，当代大学生所处的成长环境发生了改变。由于经济的迅猛发展，当今的社会环境不再是以前的艰苦条件，可以说当代大学生是生活在"蜜罐"中的一代，然而自他们一出生也无法避免地要面对社会所带来的竞争压力。值得一提的是，前些年严格执行的计划生育制度，导致这一代青年大学生中大部分都是独生子女。这些学生一直备受家人宠爱，而且承受了超出自身能力范围的学业与职业竞争方面的期望与压力。正是由于这种社会大环境，当代大学生的生活方向和志向目标开始走向庸俗。也正是由于这种改变，当代大学生的生活世界逐渐远离了艰苦奋斗精神。许多学生都表示奋斗是可以的，但是不可以艰苦就充分表达出当代大学生的终极奋斗目标变成了"不艰苦"。然而，不管一个人处在怎样的社会状况之下，不努力奋斗的话就不可能达到更高的人生境界。

第二，在弘扬艰苦奋斗精神的过程中有盲点。创造社会生活的艰苦奋斗氛围，其根本之道就是加强教育。然而，一方面，我们要关注艰苦奋斗精神教育的程度不足；另一方面，在教育过程中没有足够的抓手，使学校对于艰苦奋斗的教育产生盲点。重点表现在：普遍存在"口头上被重视，实行中被忽视"的现象；推行艰苦奋斗精神教育的策略没有效果，或仅仅是走形式；进行艰苦奋斗精神教育的内容言之无物，没有联系学生生活实践，没有可参照的典型和榜样；学校对艰苦奋斗的教育没有创新措施，没有实现氛围，无法在学生中引发共鸣，造成教育的有效性和实效性不高。

第三，在培养艰苦奋斗精神的过程中价值的多元化发展引发了巨大冲击。由于生产力和生产关系的演变发展，社会结构与功能也随之发生分化重组，并且普遍引发了民众思想观念的演变发展。当代社会发展的基本趋势使上述演变带来价值多元化，从而造成当代年轻团体的分化，以往的"灌输式"教育机制所能发挥的作用日益局限，不利于当代大学生的自身修养与成长。目前，社会上所充斥的自由主义、消费主义、虚无主义、民主社会主义以及后现代主义等各种思想都在很大意义上影响了当代大学生，尤其是后现代主义思想的广泛影响，在很大程度上与艰苦奋斗所包含的本质要求具有特别大的矛盾。这种多元化发展的价值观对培养当代大学生具备自力更生、艰苦奋斗精神造成了不可忽视的阻碍和冲击。

第四，大学生自身具备的自主性给传统的教育模式带来了很多挑战。根据一些统计分析资料可知，当代大学生往往具备相当程度的自我意识，以自我为中心，重视自身感受，往往都坚持自己所见、所听、所感受的东西就是正确的，对社会事件和问题通常会有自己的判断，这就意味着老师在这方面开始失去了传授信息和知识的权威。在新媒体和自媒体迅速发展的时代背景下，这种变化是必然的，很大意义上是由于人们获取信息的速度和渠道等方面都发生了巨大改变。大学生是一个特殊群体，知识范围广，兴趣爱好五花八门，对于新鲜事物的接受速度快、程度也较深，非常容易受到影响。但是，由于大学生自身的心智发展还没有到成熟的地步，再加上社会环境造成的各种局限，很多情况下他们会受到一些负面消息的影响，形成比较片面的分析判断。这样一来，以往的那种以"说教式"为主的教育模式已经不再适应当代大学生发生的改变，也直接影响了培养当代大学生艰苦奋斗精神的进程。

（三）培养大学生艰苦奋斗精神的实践创新

为了更好地应对大学生群体产生的各种改变，学校需要加强对他们进行艰苦奋斗的精神教育。开展与此相关的教育实践活动所面临的最大挑战就是没有足够的载体，而围绕思想政治教育理论课开展的传统思想政治教育模式已经不能很好地适应当前这个时代的培养要求。在这种情况下，中央颁布的文件给大学生开展思想政治教育实现了方向性的指引，使各高职院校的探索目标成为寻求新时代下除课堂教学之外的更好的育人载体。为了使当代大学生更好地树立艰苦奋斗精神，他们一方面要认真"学艺"，另一方面要注重"修身"，而这两个层面的要求不仅需要在课堂教学中反复阐释艰苦奋斗精神，而且需要在实践生活中把艰苦奋斗精神转变内化成所有大学生自身具备的行为习惯。对当前高职院校的教育实践活动进行总结，我们可以发现，各种各样的育人实践都有着自身不同的特色，比如实践背景是对传统文化的弘扬，实践目标是认真"学艺"和注重"修身"两个层面，实践载体是依托各种主题。下面列举几个颇具特色的教育实践方式：

1. 社会调查研究

这是大学生进行社会实践的最主要的方式、对培养大学生发挥着重大作用。大学生的大部分时间是在校园进行学习，再加上其成长环境的不同，所以往往不能全面地认识和了解社会。然而，有句话说得好"纸上得来终觉浅，绝知此事要躬行"[①]，也就是说，我们必须激励大学生积极参与到社会实践中去，这不仅可以扩展学生的知识面，而且是学生认识国情与社会需求的途径，满足了大学生求职学艺的需要，并锻炼了大学生自身的意志，促进了社会关怀，从而进一步提升自身修养。进行社会调查需要学生切实地投身于社会中，如采取田野调查等方式，这不仅需要学生不怕苦、不怕累，还要求学生具有相应的耐心与毅力。另外，在社会实践过程中，大学生可以切实感受社会实际，拓展认知范围，切实感受和理解其他社会阶层的生活，从而帮助自己形成远大的志向目标，并为这个目标而进行坚持不懈的努力奋斗。同时，参加社会调查还是大学生进行自我修养的过程，不仅可以陶冶情操，还可以正心诚意。只有大学生设身处地投入到社会实践生活里，他们才可以远离小我的局限性，感受社会的宽广与复杂，不再以自我为中心，而是考虑他人的感受，尊重和理解他人的所作所为，遵循并理解社会公德的内在要求，从而得到全方位、多角度的发展。

2. 主题教育实践

主题教育实践的主体突出且富有多种多样的形式，所以可以作为重要方式对大学生实施思想政治教育。对于大学生群体而言，学校将弘扬中华民族传统美德与艰苦奋斗精神作为主题，进行各种各样的教育实践活动是最有效果的。学生通过各种各样的教育实践活动，比如"光盘行动""变废为宝活动""三

① 出自陆游的《冬夜读书示子聿》

节知识竞赛"等，使学院内部形成了"三节"氛围，掀起勤俭节约、艰苦奋斗之风。通过华形式丰富多样的教育主题活动通常能够在很短的时间内就可以引发教育实践活动走向高潮，产生十分广泛的传播效果，进而完成实践育人的伟大目标。

3. 文化艺术活动

把学生喜闻乐见的文化艺术活动与中华民族的传统美德进行有机结合，也是大学有效进行思想政治教育的主要形式之一。传统的文化项目一般都在一定意义上对人的修养和性格提出了相应的要求，发掘优秀的文化艺术活动，并在大学之中引进优雅的艺术，这不仅是建设校园文化的要求，也是促进传统文化传播和学生自身修养的主要途径。通过各种各样的社团活动，学生不仅感受到了传统文化自身暗含的魅力，近距离接触了传统技艺，而且在此过程中锻炼了自身的耐心和毅力，增强了自我修养，培养了自强不息、艰苦奋斗的精神品质。

4. 创业实习体验

这种方式可以让大学生切身体验职场生活，并在此过程中学到与工作相关的重要技能，锻炼自身面对各种困难的坚强意志，从而很好地培养自身的艰苦奋斗精神。

为了达到学生能够认真"学艺"与注重"修身"的教育目的，各校进行了各种各样的教育实践活动，积累了丰富的育人经验。然而，从古至今，要求学生具备自力更生、艰苦奋斗的优良品质一直没有发生改变。中国的传统文化始终重点关注的是"知行合一"，也就是学习与实践的统一。从实践育人的角度出发，当代大学生必须做到矢志不渝、艰苦奋斗，以明德修身为标准，实现学习与实践的统一。在新时代背景下，艰苦奋斗已经成为中华民族内在的精神要求，早就超脱出外在表现出来的口号和形式。对于当代社会而言，思想越来越开放，理念也日新月异，价值观朝着多元化方向发展，生活也变得多姿多彩，在这种环境下保持艰苦奋斗精神，就体现出个体自身所坚持的生活准则、工作作风、利益观念、精神状态甚至是高尚的价值追求。

二、创业与守业

古往今来,艰苦奋斗精神鼓舞了很多中华儿女,他们为了祖国的进步和发展,一直在社会主义革命和建设的道路上奋勇前进、努力奋斗,实现了一个又一个卓越成就。根据以往的历史和现实,一个不具备艰苦奋斗精神的民族很难独立自主,一个不具备艰苦奋斗精神的国家很难进一步发展。同样,一个不具备艰苦奋斗精神的人很难在社会上站稳脚跟。所以,加大力度培养青年大学生的艰苦奋斗精神,对于当代大学生能够健康成长和实现新时代的使命来说,有着重大的现实意义和广泛的历史意义。

(一)创业维艰:传承艰苦奋斗的革命精神

中国共产党经历了艰苦奋斗的历史过程,在这个过程中始终坚持弘扬革命精神。

对大学生进行艰苦奋斗教育是坚定其理想信念的基本要求。归根结底,培养大学生艰苦奋斗的精神就是帮助大学生形成正确的价值观、人生观和世界观的过程。大学所承担的主要任务之一就是教育学生学会做人。教学生做人的过程就是帮助学生形成正确的价值观、人生观和世界观的过程。坚持和弘扬艰苦奋斗精神的效果如何体现着学生自身的世界观,树立正确的世界观就一定会促进艰苦奋斗精神的传扬,让艰苦奋斗精神深深植根于个人的思想之上,并体现于日常行动之中。学校教育工作者应该从形成正确世界观的角度出发,以有计划、有组织的方式教育学生养成艰苦奋斗精神,让他们能够分析和抵制人生道路上遇到的不良诱惑,并在实践中承受住现实的考验。

培养艰苦奋斗精神是培养社会主义建设者和继承人的要求。当代大学生是祖国的支柱,肩负着把我国建设成繁荣、民主、文明、和谐的现代化国家的历史使命。经过几十年的努力,特别是改革开放四十年后,中国的社会主义建设取得了巨大成就,经济实力继续增长,城乡居民生活水平明显提高。但是,我国仍处于社会主义初级阶段,人口多,基础差,经济和科技与发达国家差距仍然很大。同时,世界经济和科技革命发展迅速,国际竞争日趋激烈要在这样的环境下实现中国特色社会主义的现代化建设,只有全国人民共同努力才能实现,特别是当代青年学生,他们都应该努力拼搏、艰苦奋斗。

　　培养大学生艰苦奋斗精神是指引大学生树立成长成才目标的要求。从古代到现代，不管是中国人还是外国人，只要是做出巨大成就的人才，都是我们应该效仿的榜样。"生于忧患，死于安乐""天将降大任于斯人也，必先苦其心志，劳其筋骨，饿其体肤，空乏其身，行拂乱其所为，所以动心忍性，曾益其所不能。"①所以，想要成就一番事业的大学生就应该拥有艰苦奋斗的优良品质。对于艰苦奋斗精神来说，它一方面代表了节约俭朴的生活作风；另一方面代表了不惧苦难、勇于奋斗的思想品质。目前，国际竞争意味着综合国力的竞争，其中最关键的还是人才的竞争。真正的人才在精于专业的同时，还必须具备坚韧的精神、高尚的品格、健全的心理和良好的沟通能力。大学是培养高层次人才的主要机构，必须加大力度培养学生的综合能力，这其中对于意志、精神的磨炼和培养是不可或缺的关键环节。

（二）在创业与守业实践中培养大学生艰苦奋斗精神

　　早在唐代，李商隐诗篇有云："历览前贤国与家，成由勤俭破由奢。"②了在当代，我们必须通过思想政治理论课程奠定艰苦奋斗精神教育的根基。对于高职院校来说，主要就是通过思想政治课程对大学生开展全面的、系统的政治理论思想教育，并可以指引大学生树立正确的价值观、人生观和世界观。学校要始终把思想政治理论课程的开展作为培养大学生艰苦奋斗精神教育的重要途径，并且有计划地组织相关课程的教师进行相关教材的编写并重点备课教师在讲授相关课程时重点进行艰苦奋斗精神的传播教育，站在现实与历史的层面分析艰苦奋斗精神所代表的时代精神，彰显艰苦奋斗精神对于中国革命建设和改革过程的重要意义，运用恰当且易于学生接受的方法将艰苦奋斗精神与课堂教学有机结合，以此来更好地培养大学生的艰苦奋斗精神。同时，学校要利用各种各样的文娱活动来进行艰苦奋斗精神的培育，因为学校必须重点关注第二课堂给学生艰苦奋斗精神带来的加强效果，加大力度构建校园与社会实践平台，提高艰苦奋斗精神培养的及时性。另外，学校应该努力创造一个所有人都注重艰苦奋斗的校园文化氛围，通过开展一系列包含时代特征、学术特征、思想与艰苦奋斗精神教育特征的讲座或专题报告会，进一步加强艰苦奋斗精神教育的

---

① 选自《孟子》
② 《咏史二首·其二》

力度；同时，开展一系列评选活动，促使大学生养成节俭的生活习惯、乐观的处事态度和优秀的自身修养。艰苦奋斗精神的教育必须融合社会以及家庭的力量。强化大学生的艰苦奋斗精神教育不仅要求社会和家庭进行协作，最重要的还是要大学生自身能够发挥主观能动性，主动培养艰苦奋斗精神并加强自身修养。

家庭对孩子的影响无时无刻不在发挥作用，良好的家庭氛围不仅有助于孩子养成良好的生活习惯，还有助于提升社会风气。家长可以说是孩子的启蒙老师，对大学生艰苦奋斗精神的教育更是承担着直接责任。家长的言行举止和家庭氛围在大学生的成长过程中发挥着不可替代的作用。学校的各学科老师和辅导员／班主任都会定期与家长进行联系，共同探讨学生的教育理念和方法，因此学校构建了家长联系制度。社会形式正在不断发生变化，高职院校也开始加强培养学生的独立主体意识，同时当前的社会舆论状况比较好，应当予以充分利用，举办有特色的主题教育活动（如光盘行动、中国梦和三爱三节等），将大学生接受的良好的思想意识落到实处，并定期予以深化。高职院校应不定期地邀请一些名望较高的成功人士讲述他们不懈奋斗的历程，让学生可以从中得到启发，并全面提升他们的信息素养，这样他们就可以自主接受健康的信息，养成自觉学习政治理论的习惯，同时进一步提高分辨是非的能力。

梦想照进现实，关键在于行动，大学生要在实践的熔炉中增长见识、砥砺品质、强化本领，努力成为可堪大用、能负重任的栋梁之材。我国著名教育家陶行知提出有关生活教育理论的三大主张一生活即教育、社会即学校、教学做合一，同时主张在实际的生活实践中对人进行教育，从当下做起，自力更生，自食其力，做一个独立自主的人。对于当代的大学生来说，这也是将成才梦、中国梦照进现实的具体路径。

三、培养自力更生的自强品质

艰苦奋斗、自力更生自古以来就是中华民族的优良美德，也是中国革命和建设事业成功的关键，更是实现新时期中国梦的巨大支柱。新时期的大学生不仅是实现中国梦不可或缺的一部分，而且应该发挥艰苦奋斗、自力更生的奋斗精神，为建设中国特色社会主义的现代化事业而不懈努力。勤工助学正在成为高职院校育人体系的重要组成部分，它不仅可以培养大学生养成艰苦奋斗的行为习惯，而且在大学生思想教育和自主实践方面发挥着重要作用。

（一）勤工助学是大学生养成艰苦奋斗精神的重要载体

正所谓，授人以鱼不如授人以渔，所以高职院校应该将授人以渔作为帮扶教学的重心，其中创业助学（学生勤工助学和创业教育进行有效结合）可以作为一条创新路径划入济困育人的模式。

综上所述，培养大学生自力更生的奋斗精神和自主创业的动力不仅可以使他们摆脱因经济而四处奔波的困境，能够以健康的身心投入学习并快速成长，而且还可以全面提高他们的就业素质，同时使大学生的自主创业体系得到进一步完善，从而使大学生就业局面得到创新。

（二）高职院校勤工助学实践的现状与困境

高职院校各种类型的勤工助学活动可以在一定限度上缓解经济困难学生学习、生活方面的经济与心理压力。目前，勤工助学的范围正在逐步扩大，大量家庭经济状况良好的学生也开始加入这一队伍。虽然传统的高校勤工俭学模式在一定限度上可以缓解学生的经济状况，但是无法同时取得济困和育人的理想效果，因此传统的高校勤工助学模式已经不能满足当前经济飞速发展的状况。现将当前勤工助学工作中存在的问题归纳如下：

第一，设置的勤工助学岗位数量相对较少。目前，高职院校勤工助学岗位的供给量远远满足不了庞大的需求量。下面从校内外两方面对勤工助学活动进行阐述：①校内。勤工助学正处于发展初期，规模比较小，机制尚不健全，只能提供非常有限的工作岗位，所以从客观上来说，校内勤工助学的岗位只能满足一部分学生。②校外。校外勤工助学的工作主要是家教，这种工作通常比较稳定，但是数量相对有限，而且信息渠道相对较窄，学生的实际需要仍旧无法得到满足。因此，勤工助学的工作岗位很难得到充分解决，也就无法得以可持续发展。此外，社会的参与支持力度相对较小，只有政府、学校、少量企事业单位和个人在高职院校设置了不同类别的助学基金，所以我们需要进一步加强支持大学生勤工助学活动的力量。

第二，进一步完善勤工助学体制。我国的大部分高职院校已经设置了相关的勤工助学管理机构，这样不仅可以对勤工助学活动进行统一管理，而且便于提供更好的服务。部分高职院校虽然设置了勤工助学管理机构，但是在机构设置和人员配备等方面都不够完善和专业，所以相关工作一直处于基础阶段，无法保证可持续发展，整体效益也相对较差，无法对学生提供更大的帮助。另外，现存的勤工助学还存在诸多缺陷，如不完善的管理制度，松散的组织结构，无法动态跟踪参加勤工助学的学生，无法及时准确地根据学生的具体情况进行对应的调整，等等。

第三，勤工助学的认识尚不全面。很多高职院校开始将勤工助学与大学生素质提升进行结合研究，但是难度很大，这是因为大部分高职院校的勤工助学岗位基本上处于基础的劳作层面，而简单的体力劳作与学生能力培养很难有效融合。另外，高职院校提供的勤工助学岗位很少提供思想、心理、礼仪和感恩等方面的教育，更别提长期且系统的培训了，因此大学生的专业资源优势很难发挥作用。

第四，勤工助学的负面效应逐渐显现。目前，大学生参加的勤工助学活动大多属于简单的体力劳动，能够与所学专业进行有效结合的工作甚少，这种情况对大学生带来的负面效应非常大。近年来，因为参加勤工助学活动上当受骗甚至荒废学业的案例数不胜数。有的学生参加勤工助学只是为了获取一定的经济收入，但在参加勤工助学活动中可能会产生经济纠纷，这些问题可能会给大学生的身心带来伤害。参加勤工助学活动可以在一定限度上培养学生自强自立的精神，但大多数勤工助学岗位尚属简单的体力劳动，所以可能会加重学生的自卑心理。

（三）在实践中成长：创业型勤工助学模式的育人实践

勤工助学不仅可以在一定限度上对学生提供经济帮助，而且可以让学生全面地参加社会实践活动，这样既可以保证贫困大学生有机会接受高等教育，培养他们自力更生、艰苦奋斗的作风，也可以帮助他们拥有敢于面对困难的勇气，从而更好地克服困难并承担责任。在参加勤工助学活动过程中，大学生的诸多能力（如创新能力、社交能力、自主解决问题的能力、理财能力、适应能力和实践能力等）可以得到提高，综合素质也可以得到提升。

第六节 育人实践——锻炼高尚品格

弘扬传统美德以及引领社会风尚的中坚力量是青年人，尤其是大学生，所以大学生应该有胸怀天下的大德、乐于奉献的公德以及修身齐家的私德，尽最大努力做到身兼三德，不但要做社会主义核心价值观的宣传者，而且要做其实践者。因此，大学生应该及时了解时事，并在此基础上纵观大局，在参加公益活动和志愿服务中弘扬爱心，在参加社会实践的活动中领悟大德。另外，高职院校应当举办国防教育、社会实践、志愿服务活动等，使学生可以真正领悟到"国以德兴，人以德立"。

一、在了解形势中明确使命

从目前来看，大学生的思想品质大体上是积极健康的。他们不仅思维活跃，反应敏锐，而且见解十分独到，对事情有不同的观点和看法，因此大学生能够很容易适应时代的变革。但是，社会发展十分迅速以及大学生也处于不断成长的过程中，所以他们容易在思想方面出现问题。大学生应该及时了解国内外的热点和焦点，准确把握并认真贯彻执行党和政府的方针政策。党和政府的方针政策以及国防教育可以借助课堂教学和课外实践引导大学生树立"国家兴亡，匹夫有责"的大德，提升运用马克思主义基本原理和认识来分析社会问题的能力，进一步激发学生的爱国热情和民族自信心，同时提高学生的社会责任感。

（一）形势与政策教育和国防教育的重要意义

形势与政策教育和国防教育不仅是高职院校对学生进行思想政治教育的主要途径之一，也是对学生进行综合素质教育（通常以思想政治素质为核心）的重要阵地。高职院校对学生进行形势与政策教育可以提升学生分析和解决实际问题的能力。国防教育通常被作为思想政治教育至关重要的组成部分，因为这样可以充实大学生的思想政治教育。形势与政策教育和国防教育不仅是大学生思想政治教育的本质体现，而且是大学生思想政治教育的主要目的。对大学生进行这两种教育有利于贯彻国家意志，有利于培养大学生的国防意识和爱国精神，有利于对大学生的心理进行完善，有利于对大学生进行思想政治教育。

现将对大学生进行形势与政策教育和国防教育的主要任务归纳如下：使大学生能够准确全面地认清国内外形势，同时能够进行科学分析，准确把握党和国家的路线、方针及政策，全方位提升大学生的综合素质，提高他们对政治问题的敏感性和分辨力等。

（二）形势与政策教育和国防教育面临的挑战

由于社会发展日趋快速，文化也逐渐趋于多元化，加之教育存在时效性等问题，因此形势与政策教育和国防教育尚未形成固定的模式，但是各个环节与层次需要进行持续的探究。因此，形势与政策教育和国防教育的相关工作存在不同程度的不足就成了无法避免的事情，原因如下：

第一，社会构成多样化是时代赋予大学生的特色。市场经济飞速发展，学生家庭的经济状况明显改变，学生的生活方式也在向多元化发展，这就对学生的思想观念形成了猛烈的冲击。学生的思想观念明显地向多样化发展，不同观念和价值取向在学生之间的碰撞也越来越明显。他们不仅对人和事的看法不同，而且对各种社会现象和风气的评价也有所差异，同时对不同观念、思潮和生活方式的态度也不同。高职院校形势与政策教育和国防教育应将受教育者的思想、观念和行为多样化放在首先需要考虑的位置。但是，形势与政策教育的模式相对比较单一，同时存在泛化趋势，国防教育的教学活动没有与实际情况进行联系，无法引起学生的兴趣。

第二，科学技术正在飞速发展，信息技术也在向前推进，互联网逐渐成为人们日常生活必不可少的一部分。物理空间的限制性已经被互联网打破，信息交流变得更加方便，这就为日常生活、科学研究和教师教学提供了便利。互联网信息的随意性非常高，主要表现为各种有价值的信息在传播过程中夹杂着各种负面信息。如果无法对学生上网进行有效管理，那么网上的负面信息可能会影响学生的思想。新时代背景下，形势与政策教育和国防教育的研究重点如下：在发挥互联网积极作用的基础上，针对当代大学生的特点进行正面引导，减少互联网对他们的负面影响，使互联网能够真正成为对学生进行辅助教育的工具。但形势与政策教育和国防教育的适应性很差，没有对新变化和新条件给予充分关注，设置的教育内容及形式缺乏创新性，对策也相对滞后，这些都急需进行改善。

第三，形势与政策教育和国防教育涉及面比较广，所以相对缺乏针对性、时效性。因此，高职院校就应该更加认真地选择教育内容，有选择性地对学生进行讲授。也就是说，形势与政策教育的教育内容应十分恰当，与学生的"胃口"相契合。

（三）形势与政策教育和国防教育的探索与创新

我国部分高职院校对形势与政策教育和国防教育进行了一系列探索和实践，这可以在一定限度上提高育人的针对性，而且已经获得有效的成果。

1. 改革教育教学方式，增强吸引力

形势与政策教育和国防教育涵盖的内容十分丰富，包括文化、政治、社会、经济、军事和外交等领域，不但信息量巨大，而且有非常强的时效性。因此，高职院校应该及时更新并调整形势与政策教育和国防教育的相关内容。形势与政策教育不但包含稳定性较强的基本理论和政策，而且应当将时事热点和焦点涵盖在内，同时充分融合大学生的生活、学习及就业等问题，全方位挖掘可能吸引学生的兴趣点，对教学内容进行持续调整，达到常讲常新的目的。

有的高职院校设置了形势与政策教育或国防教育研究组，这样不仅可以更好地进行形势与政策教育和国防教育，集体讨论各个学期的教学要点，细化教学内容，而且可以及时探讨形势与政策教育和国防教育的热点和难点，从而得出较为一致的结论。同时，教学内容要尽量与时俱进，与学生的思想充分契合。

有的高职院校将理论与案例进行结合，这样可以加强教学的说服力和生动性。单纯的理论教学显得较为空洞，学生也很难理解，将案例与理论结合可以使教学内容显得较为生动，学生也可以较好地接受教学内容，课堂沉寂的气氛也可以得到改善。

有的高职院校将形势与政策课程和假期的社会实践活动进行融合，活动结束后学生和教师共同探讨所见所闻，阐述心得体会和人生理想等，同时教师对学生的疑惑进行解答。在实际的教学活动中，教师在阐述社会中存在的正负面现象时应尽量运用新的观点、概念及理论，进而得出结论。对正负面的现象进

行阐述不仅可以对目前的形势与政策进行了解，还可以满足学生对形势与政策教育和国防教育的内在需求，同时调动起学生的积极性、主动性，让他们把学习过程转化为自主的爱国、爱校行动。

学业调整、心理疏导及就业指导等不仅是学生特别关注的焦点，也是形势与政策教育中的研究内容。很多高职院校已经将"新生心理健康教育""职业生涯规划"（两门课程均是选修课）作为对全校学生进行形势与政策教育的相关课程，并且取得了令人满意的结果。新生迈入大学校门后，教师应尽最大的努力帮助他们对未来的职业生涯进行规划，同时重点讲述就业市场的现状以及如何树立正确的择业观、就业观。结合学生的专业背景和特点，邀请不同专业的专家学者对专业现状、就业前景进行全面了解，这不仅能够帮助学生准确把握所学专业未来的发展方向，并且能够及时准确地调整就业观。

2. 激发学生的学习动力，培养学生自主学习的能力

将学生在形势与政策教育和国防教育中的主体作用进行发挥，增强学生对教育的兴趣以及参加教育活动的主动性，使学生积极地融入教育教学活动，进一步提升形势与政策教育和国防教育的实际效用。同时，培养学生的自主学习能力不仅是形势与政策教育和国防教育改革的发展趋势，也是现代高等教育的客观要求，更是解决形势与政策教育和国防教育问题的必经之路。

加强实践教育不仅可以提高学生的学习动力，而且对提高学生学习的积极性至关重要。形势与政策教育和国防教育的实践活动通常划分为校外实践和校内实践。校外实践是指学生通过参观博物馆、科技馆，参加课外实践活动以及进行实际的调研活动等，准确把握当前我国的政治经济等形势，对党和国家大体的方针政策进行了解，从而树立正确的人生观、价值观和世界观。校内实践是指学生在校园内参加与形势与政策教育和国防教育相关的活动，从而提高学生观察和分析问题的能力，使学生时刻关注和注重分析当前时事。

增加与学生互动的力度可以培养学生的自主学习能力。有的高校主张形势与政策教育和国防教育的课堂教育应该由学生主讲，这样可以在一定限度上提升学生参与教学的积极性。从心理学角度进行分析可以发现，认知学习在具体的教学情境下可划分为智力技能、认知策略及言语信息。认知策略是指学生指导自己学习、记忆及思维的能力，并且在学习知识的过程中起控制和执行作用，同时也可以对自身的内部行为进行控制。在水平大致相等的智力技能条件下，能够选择有效认知策略的学生，其解决问题的实际能力往往就越强。由学生主讲的优势如下：从分析问题入手选取相关信息，从而对知识进行串联和重组，快速提升学生获取和筛选知识的能力；培养学习能力，提高解决问题的能力，这往往比获得书本知识更加重要；加强对教育内容的把握程度。

3. 优化师资队伍结构，提高教师自身素质

对于形势与政策教育和国防教育来说，师资雄厚的教师队伍的建设至关重要。形势与政策教育和国防教育的目标是使大学生能够深入了解并认同我国的主流意识，并且最终与学生的价值观进行融合，而这一目标与其他思想政治理论课的目标大体上一致。其他思想政治理论课通常直接向学生阐述马克思列宁主义、毛泽东思想、邓小平理论、"三个代表"重要思想、科学发展观、习近平新时代中国特色社会主义思想，而形势与政策教育和国防教育则是运用相关原理、方法及理论对当前发生的重大事件以及出台的方针政策进行分析。在具体分析的过程中，大学生不仅要认同党的方针政策，而且要提高自己的分析能力，也就是说，授之以鱼不如授之以渔。综上所述，形势与政策教育和国防教育成功的关键在于：第一，提升教师自身的素质；第二，对师资队伍结构进行优化。

二、在志愿服务中体现价值

国家越来越重视大学生志愿服务，所以高职院校通常将其作为实践育人和德育工作的重要内容。大学生参加志愿服务活动不但可以体现实践育人的价值，而且可以为实践育人提供平台，对育人目标的达成具有无可替代的作用。大学生参加志愿服务活动不仅可以丰富其发展平台，还是加强大学生思想政治教育活动有效性的重要方法。

大学生志愿服务体系和构建社会主义核心价值观是双向的互动关系。从国家层面来看，志愿服务体系在一定限度上可以弥补市场机制和政府机制存在的不足，从而为把我国建设成为富强、民主、文明、和谐的国家贡献力量。从公民个人层面来看，志愿服务有利于大学生树立爱国、敬业、诚信、友善的价值观。在构建社会主义核心价值观的过程中参加志愿服务活动的作用主要表现在以下

几点：作为精神因子推动构建社会主义和谐社会的步伐；推进社会主义精神文明建设；净化社会道德文明风尚；传承团结友爱的信念。

（一）大学生志愿服务的育人价值

大学生志愿服务在我国一经提出就受到党和国家的高度关注，这说明党和国家充分肯定和重视志愿服务的育人功能。加强和改进思想政治工作，注重人文关怀和心理疏导，培育自尊自信、理性平和、积极向上的社会心态。深化群众性精神文明创建活动，广泛开展志愿服务，推动学雷锋活动、学习宣传道德模范常态化。高职院校进行实践育人和开展德育工作的重要手段与创新载体是志愿服务活动，它是构建社会主义和谐社会，培养合格的建设者和接班人的新途径。它不仅是大学生服务社会的主要方式，而且是高职院校培养高素质人才的初步尝试。

大学生志愿服务是大学生对志愿服务进行价值研究和判断后进行的实践活动。大学生通常是利用课余时间参加志愿服务活动，这种实践活动通常是自愿参加的，且不以报酬为目的，以时间、精力及技术的付出来推动社会公益事业、调节社会矛盾、完善生活区工作的一种实践行动。大学生志愿服务活动的时代特征十分明显，它不仅与当代大学生的特点相契合，而且是大学生参加社会活动的重要方式。近年来，志愿服务活动在高职院校十分盛行、大学生已成为志愿服务的主导力量。志愿精神是志愿服务的核心，它借助志愿者强大的信念指引志愿者参加活动，在此过程中充分展现了传递爱心和服务社会的态度。奉献、友爱、互助和进步是中国青年志愿者协会对志愿精神的简要概述。志愿服务的精髓是"助人自助"，即大学生基于自愿的原则利用课余时间贡献自己的知识、技能及才能等，从而为他人、为社会提供免费的服务。参加志愿服务活动不仅可以促进社会公益事业的发展，也可以加强参与者的独立意识和社会责任感，强化爱国主义精神，使自我价值得以实现，最终达到提升综合素质和实践能力的目的。

高职院校实践育人过程中极为重要的一个环节就是大学生志愿服务。志愿服务的思想政治教育功能主要体现在以下几个方面：第一，导向功能，通常是指信仰导向、道德导向及成才导向，这一功能主要是引导大学生在社会转型时期强化正确信仰和道德素质，并运用所学的文化知识服务社会；第二，凝聚功能，在爱国主义、志愿服务、集体荣誉感和共同信念的影响下，大学生能够迅速凝聚，最终为共同目标而奋斗；第三，激励功能，通常包括责任感、评价、成就感和榜样等方面的激励；第四，调节功能，主要是指志愿者内部、志愿者与社会机构、志愿者与服务对象等方面的协调。

如何通过志愿服务体系充分开展大学生德育教育，这是高职院校师生的研究热点。基于志愿服务育人功能得以充分发挥的要求，鼓励学生积极参加志愿服务活动，从而达到正确树立社会主义核心价值观、社会责任感以及弘扬爱国主义情怀的目的，传承"学雷锋"精神，弘扬中华民族传统美德，加强团队协作意识和动手实践能力，锤炼高尚品德和坚强意志，实现自我价值，有效实现"助人自助"的局面。这不仅是开展高职院校志愿服务活动的目标，也是高职院校进行实践育人和德育工作中最值得探索的问题。

（二）大学生志愿服务的主要表现形式

从服务内容看，当下大学生志愿服务活动主要分为以下四类。

1.专项型志愿服务活动

专项型志愿服务活动的各个环节（发起、招募、培训、组织、实施和评估等）通常是围绕专项任务展开的，在达成目标后，志愿服务活动也就到此为止。

2.专业型志愿服务活动

专业型志愿服务通常是指具有某项专业知识或技能的志愿者提供的志愿服务，涉及教育、医疗及法律等各个领域。随着社会文明的快速发展和人们需求的日益多样化，专业型志愿服务的发展显示出蓬勃发展的态势，引起了越来越多的关注。影响较大的专业型志愿服务活动通常涉及以下几种：高校开展的义务家教活动，大学生志愿者运用他们的知识无偿为经济困难家庭的孩子辅导功课，社会受益范围非常广；"三下乡"社会实践活动；研究生支教团等。

3.公益型志愿服务活动

公益型志愿活动通常是指志愿者为政府举办的大型赛事、庆典、会议等大型活动提供的各种公益服务，它是大学生志愿活动的主要形式之一。无论是北京冬奥运会、上海世博会，到处都能看到大学生志愿者忙碌的身影。大学生志愿者能够以其独特的热情积极投入到各种大型服务活动中，有规划、有组织、有纪律地开展方方面面的工作，甘于付出，不计得失，愿意为国家举办的大型活动贡献自己的力量。在参加志愿活动的过程中，志愿者不仅可以开阔眼界，增长见识，锻炼社会实践能力，而且可以加强自身的业务素质和服务社会意识。

4. 社区型志愿服务活动

随着我国城市化进程的日渐加快和政府职能的逐步转变，社区型志愿服务的重要性日益凸显，并且成为社区公共服务的一种重要组织形式。大学生带着一定的知识、技能、劳动走入社区，进行敬老、爱幼、助残、帮学、扶贫和帮困等志愿服务活动，有目的地为社区民众尤其是困难群体提供各种形式的援助，体现了大学生志愿者的自我价值，在推进现代城市社区的建设中起到了重要作用。例如，青年志愿者"一助一"长期结对服务计划，让青年志愿者与服务对象建立一对一的服务关系，通过多种措施（如量化服务时间、建档立卡及使用"一助一志愿服务卡"等）开展志愿服务活动，在服务对象和志愿者之间构建稳定的帮扶关系，从而为困难群众提供帮扶，这已成为青年志愿者深入基层、深入民众的一项经常性工作。

（三）大学生志愿服务工作的完善与提升

随着社会日新月异的发展，大学生志愿服务遇到了新情况、新问题、新挑战，同时面临着新的发展机遇。比如大学生志愿服务组织中出现组织松散、管理混乱、资金匮乏、缺乏专业指导、活动流于形式、效率低下、志愿者权益得不到保障等问题。这些问题限制了大学生志愿服务德育功能的发挥，所以需要在实际活动中进行解决。为了解决这诸多问题，建设大学生志愿服务体系的相关工作必须与时俱进，运用有效的方法、手段、机制及活动载体，针对不断出现的新情况进行探索和实践，寻找解决问题的路径。

因此，国内各高校和社会机构在志愿服务体系的建设和完善方面进行了创新性探索，从志愿服务组织的薄弱环节着手，通过平台的搭建和制度的支持，对校内志愿服务体系进行了调整，通过创新组织与管理体制，建设志愿服务长效机制，促进活动常态化、基地化、品牌化，对志愿服务保障机制进行完善，建立健全评估和激励机制，加强志愿服务品牌的影响力，从而有效开展志愿服务活动，增加德育工作的实效性，更好地发挥志愿服务的德育功能，最终取得值得肯定的成绩。

专业型志愿服务组织尚存在诸多问题，如制度不健全、专业水平不足等，因此福建省各医学院校均成立了志愿者组织，并制定了相应的管理办法。比如福建医科大学构建的志愿服务申报制度极其规范，基于该制度，福建医科大学附属第一医院医务社工服务项目、"一助一"志愿服务项目、关爱农民工子女教育项目、残疾人社工服务项目等一大批志愿服务项目随之成立。在开展志愿服务活动时，福建省医学院校可以发挥其专业优势一提供医疗类志愿服务。

针对志愿者凝聚力不强、积极性不高的问题，有些院校为提高学生志愿组织党团建设的力度，积极发挥共产党员的领导带头作用，充分调动了整个团队的积极性。

针对各高校志愿服务资源配置不均衡等问题，一些地区的高校志愿服务组织自发组成了联盟体系，促进了合作交流和资源整合，使志愿组织在区域内形成了动态有机的网络体系。

大学生志愿服务作为一种新的社会动员方式和机制，是新时期高校实践育人工作的有效途径和载体，是践行社会主义核心价值体系的新渠道。在党的领导下，我国大学生志愿服务经过多年的发展，志愿服务体系日趋完善，发展路径日趋明朗，在促进社会建设、推动社会文明等方面起到了不可替代的作用，而充分发扬志愿者的服务精神对于大学生思想品德的磨炼和综合素质的提升意义重大。

三、在社会实践中强化责任

高职院校实践育人的目的是培养学生树立正确的人生观和价值观，通过社会实践加强学生的动手能力、解决问题的能力、与人合作沟通交流的能力。通过积极参加社会实践活动，磨砺思想道德品质，大学生不仅可以在具体的实践活动中发现新知识并加以运用，还可以在解决实际问题的过程中增长见识。作为大学生思想政治教育的重要途径，社会实践在高校实践育人的教育活动中具有重要的现实和战略意义。

为进一步开展爱国主义教育、形势政策宣传以及人生观、价值观和世界观的正确树立等相关教育活动，高职院校特意组织学生深入参加各类具体的实践活动。这些种类繁多的实践活动具有以下几方面的重要作用：带领学生走出校园、走向社会，有助于他们了解社会、民情，加强爱国主义教育；切身体会实践活动，有助于他们深入理解课堂所学知识，增长见识；亲自感受万千事物，有助于他们树立正确的人生观、价值观和道德观。对实践经验和成果进行总结可以发现，大学生的社会实践活动已经成为高校实践育人的重要方式，在提高大学生思想道德素质方面起到了积极作用，发挥了重要的德育功能。

（一）大学生社会实践实效性的缺失

大学生社会实践包括研究型、服务型及养成型三种。其中，大学生实践的主要途径是服务型，如"三下乡"（指让农村知道文化、科技、卫生方面的知识）、"四进社区"（指科教、文体、法律和卫生进入社区）及社会调研等。虽然相关的实践活动已经取得令人惊喜的成绩，但是有的社会实践活动仅仅是为了应对上级或社会呼吁而进行的，学生无法收获真正有价值的知识或见识，学校举办的这种活动可有可无。

大学生对于社会实践活动重视不足，一部分原因就是高职院校在实施社会实践活动时存在机制不完善的情况，主要包括考核机制以及资金投入不匹配等问题。那些可以让学校获得荣誉的国家和省市级项目，学校投入会比较大，并且还有专业的导师进行指导，但对于一般的学生来说，社会实践活动却没有统一的考核要求和相关的激励措施，而这部分社会实践活动的开展却对大学生整体素质的培养有着非常重要的意义。

有些社会单位不太愿意接受学生到单位进行社会实践。究其原因，一是安全稳定因素，二是大学生的所学与社会单位的要求脱节，有差距。许多社会单位对于接受大学生进行社会实践的热情度不高，一定限度上还把它当成一种负担，单位认为大学生来单位实践，不仅不能给单位解决实际问题，反而还会给单位的正常运转带来不便，导致有些学生是出于亲朋好友的关系才得到社会实践的机会，因此又使大学生少了一条了解社会的途径。同时，有部分家长也认为大学生参加社会实践活动是不务正业，在思想上、经济上不予以支持。

很多高校的经验表明，固定的社会实践基地对于大学生社会实践活动开展的有效性会有很好的推动作用。目前的情况是学校可提供的实践基地少，学校主要集中锻炼学生的理论素质，对学生在专业技能方面的训练相对较少。

（二）提升大学生社会实践实效性的路径

针对以上问题，我们应该结合实际情况，在社会实践的内容和形式方面做出改变，基于层次性、服务性及教育性进行进一步的选取，层次性是指依据各校的定位和特色；服务性是指遵循地方经济、社会发展、学生成才需求；教育性是指依据育人的目标，使学生在具体的实践活动中掌握为人处世的原则。另外，很多高职院校根据大学生社会实践活动的有效性作了很有意义的探索，可以归纳为以下几个方面：

1. 增强大学生社会实践活动内容的广泛性

大学生对社会实践活动不够重视，主要原因在于活动的主题对大学生的吸引力不大。这就对教育主管部门或学校提出了较高的要求，每年除了针对国家重大事情的大力推进，还可以就民生问题、社会热点问题进行相关活动的开展，定期在学校里公开征集一些热点议题，让学生自发增强责任意识、积极参与社会实践。他们可以在实践中增长才干，提高分析、解决问题的能力，在一定程度上也可以调动他们的积极性。

另外，因为涉及内容的广泛性，在学生的社会实践考核方面，学校可以做很多新的尝试，除正常的学生递交实践调研报告途径之外，还可以采用访谈录、纪实报道等方法来总结。目前，许多大学生的实践报告还停留在千篇一律的流水账式，诸如通过一个活动，获得了某些成绩，这种报告缺乏深度思考，大部分还是停留在表面概述上，有的甚至还局限于一种形式，无益于大学生深层次能力的培养，需要进行变革。通过深刻反映问题，递进式地分析问题，最终解决问题，只有这样才能实质性地培养学生的社会适应能力。

2. 培养有个性、有独立学习能力的学生

教育工作者应该根据学生不同的个性，因材施教，实现个性化教育，培养学生的独立思维。

人格教育涉及一个人宏伟的人生目标、良好的社会适应能力，使其在社会中遭遇陌生环境或新的事物时，能够保持乐观、积极的心态，使思想、行为跟

上社会的发展潮流，进而改变现状学生在参与过程中可以有选择性地做自己喜爱的或擅长的项目，学校要围绕多种主题来开展实践活动，使每个参与者的身心都得到进步与发展，并在实践中获得真理，增强自信心，提高社会主人翁意识，以便大学生更好、更快地融入社会，张扬个性，最大限度地发挥自身的优势。

在实践的过程中，主动参与的学生提前步入了社会，真实感受到了人间冷暖，了解了社会发展的现状和问题，增进了责任意识，从而用积极的心态去关爱社会、服务社会，在这个过程中，自己也会得到社会的反馈，展现自己的人生价值。这在一定限度上满足了主、客观条件的需要，同时适应了社会多样化发展的需求。

能否树立"服务学习"的理念是高职院校社会实践成败的关键。通过实践可以培养学生的社会意识，提高学生的社会技能，赋予学生社会使命，促进学生的自我发展。开展社会实践的目的不只是为了让学生走出校园，看到社会的表面现象，而是让学生将所学知识与实际相结合，解决实际问题。所谓实践出真知，在实践的过程中，学生可以学到课堂上学不到的知识，开阔自己的视野，成为拥有使命感和宽广胸襟的人。

3. 分层次有针对性地开展社会实践活动

大学生参与社会实践是他们履行社会责任的一种体现，高职院校应该把社会实践环节作为大学生的必修课程来进行管理，要求他们每学期必须完成相应的学分，在实践课题的难度上、深度上，高年级比低年级要相对加大，形成一定的梯度。例如，低年级学生的社会实践可以跟勤工助学结合在一起，另外还可以通过志愿者服务、做义工等形式，加强学生对社会的了解，为以后更广泛地服务社会打下基础；高年级的学生可以发挥自己专业上的特点，社会实践要跟专业结合得更加紧密，可以提高一个层次，区别于低年级的大学生和一般的社会青年。这些切实有效的操作方式在一定限度上还可以避免大学生局限于书本的理论知识，形成刻板的教条主义。目前，社会上为何还认为大学生眼高手低、高分低能，就是因为大学生对于社会的了解还不够，学校、社会给他们的有效资源不足，体制上决定了大学生还是处于一种比较封闭的环境里。比如大三的学生可以开展"大学生为何就业难"这一社会实践课题，而事实是，目前一些类似的课题通常都由相关领域的专家、学者来完成，原本处在这个问题中的主人翁却置身事外，大学生自身对于大学生为何就业困难最具有发言权，这就可以当成一种探索，可以结合择业、就业、创业的相关问题开展。

在实践中，教师要鼓励学生对不同程度的社会实践议题进行大胆创新，并且给予一定的专业指导，如完成社会实践调研报告，要求学生注重理论联系实际，并使报告在实践中具有可行性，定期对在社会实践活动中表现优秀的学生进行一定的表彰与激励，条件好的还可以在校园进行宣讲。

4. 加强学校与社会的紧密合作

社会对于大学生社会实践的热情不高，学校培养体系与社会需求在一定限度上还存在脱节现象。从目前部分大学生就业难的情况可以看出，大学生在适应社会环节上还有偏差，学校的培养目标与社会的需求有差距。为了切实加强学校与社会的联系，可以进行以下两方面的探索，一方面，学校在学习年限、专业、课程上的设置要更紧密地与社会联系在一起，加强调研活动，积极关注毕业生走上工作岗位后的反馈，开展用人单位对大学生的要求调查等；另一方面，在大学生的培养过程中，学校可以聘请社会上的人员一起加强对大学生的指导，建立并实施职业导师制等措施。学校与社会紧密合作的总体要求就是学校既要走出去，又要请进来，形成一套动态的有效机制。

5. 强化社会实践基地建设

根据各个学校的具体情况，要有重点、分层次建立学生社会实践基地。从学校层面来看，可以重点建设诸如爱国主义、民族精神等思想政治教育实践基地，注重大学生道德层面的教育，同时进一步加强与政府相关职能部门、公益性事业单位的联系，如社区、传统教育基地、福利院、敬老院等。通过开展志愿者服务活动，从根本上对学生进行引导，使中华民族的优良传统得以传承，在实践活动中让学生了解社会，服务社会，培养学生正确的人生观与价值观。

从院校系层面来看，各院系可以结合自己的专业特点，本着互惠互利、共同发展的原则，与企业共同建立实践基地，通过实践环节，在实践中强化学生的专业思想，强调专业知识在企业中的实际运用。比如参与企业的一些课题项目，刚开始可以简单点，随着了解的不断深入，对相应课题进行深化，增强学生对书本知识的实际应用，巩固学生的专业基础，另外还可以提前引导学生培养自身的职业素养，知晓企业的运营规则，有针对性地做好毕业生与职场人士之间角色的平稳过渡与衔接，如果条件成熟，学校还可以与企业建立产、学、研实践基地，通过实践与实习、就业直通车等，达到多方共赢的局面。

　　坚持理论教育与社会实践相结合，使学生所学的知识能够与具体实践联系起来，这是引导学生成长、成才的有效途径，需要学校、社会共同关注。学校要把社会实践活动与专业学习、服务地方、志愿服务、创新创业相结合，并且在机制建设、资金投入等方面能切实有效地去组织、实施，为培养出对社会主义事业建设有用的人才而不懈努力。

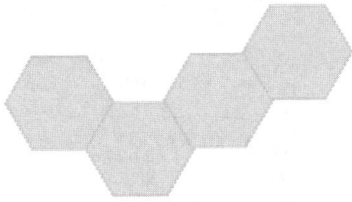

参考文献

[1] 张鹏超，吴德银，俞婷 . 高职院校学生思想政治教育的理论与实践 [M]. 杭州：浙江大学出版社，2021.04.

[2] 钟艳红，袁希 . 高职院校文化育人认知与行动 [M]. 北京：光明日报出版社，2021.05.

[3] 章玲 . 新时代高职院校思想政治理论课教学实效性研究 [M]. 北京：中国华侨出版社，2021.09.

[4] 王嘉嘉 . 高职院校大学生心理健康教育 [M]. 北京：中国铁道出版社，2021.10.

[5] 吴清，卢文凤，丁翠娟 . 高职院校思政育人新略 [M]. 北京：光明日报出版社，2021.06.

[6] 孙晓玲 . 新时代工匠精神与高职思政课融合研究 [M]. 北京：时事出版社，2021.09.

[7] 王蓉霞 . 融合思政教育视域下社会主义核心价值观培育践行研究 [M]. 成都：四川大学出版社，2021.09.

[8] 杨喆，韦宏思，张建军 . 高职学生社会实践探索 [M]. 成都：西南交通大学出版社，2021.07.

[9] 李妮 . 公共管理视角下的高职教育研究理论与实践 [M]. 北京：经济管理出版社，2021.07.

[10] 邓艳君 . 高职思想政治教育滋养工匠精神研究 [M]. 长沙：湖南大学出版社，2020.05.

[11] 阳文 . 高职院校思想政治教育研究 [M]. 北京：北京工业大学出版社，2020.09.

[12] 禹云，伍锦群，朱燕．高职院校文化育人的理念与实践研究 [M]．沈阳：辽海出版社，2020.01.

[13] 毛厌草，段静毅．高职院校共青团活动设计与实践 [M]．天津：天津社会科学院出版社，2020.09.

[14] 张岩松．文化育人的研究与探索 [M]．沈阳：东北财经大学出版社，2020.06.

[15] 马薇．"互联网+"时代下高职院校思想政治教育研究与实践 [M]．长春：吉林大学出版社，2019.02.

[16] 冯刚，王东平．高职院校党建与思想政治工作研究 [M]．北京：中国书籍出版社，2019.12.

[17] 闫桂伦，贾宁宁主编；别洪范，杨根旺副．大学生思想政治教育基础 [M]．北京：经济日报出版社，2019.07.

[18] 张新．高职高专思想政治理论课教学方法研究 [M]．重庆：重庆大学出版社，2019.12.

[19] 余小波．新时代大学教育思想研究 [M]．长沙：湖南大学出版社，2019.11.

[20] 鲁继平．高职院校思想政治理论课实践教学研究 [M]．天津：南开大学出版社，2019.10.

[21] 乔慧．高职院校思想政治教育实践育人模式研究 [M]．广州：广东旅游出版社，2019.03.

[3] 夏明凤．高职院校文化课教学的功能与实践 [M]．北京：现代出版社，2019.03.

[22] 黄小华，陈磊．高职院校辅导员队伍建设的理论与务实 [M]．延吉：延边大学出版社，2019.05.

[23] 黄艳．产教融合的研究与实践 [M]．北京：北京理工大学出版社，2019.08.

[24] 郑家刚．高职院校思想政治教育多样化与发展趋势探索 [M]．北京：九州出版社，2018.05.

[25] 聂菁，刘菲，王融．高职思想政治教育创新路径 [M]．成都：四川大学出版社，2018.01.

[26] 申秀秀，闫政芹．现代高职思想政治教育新生态 [M]．北京：中国纺织出版社，2018.10.

[27] 邵坚钢．高职院校学生思想政治工作品牌建设的创新实践 [M]．徐州：中国矿业大学出版社，2018.04.

[28] 张建．高校思想政治教育工作中实践育人机制构建研究 [M]．沈阳：沈阳出版社，2018.07.

[29] 王官成，苟建明．高职院校文化育人的创新与实践 [M]．北京：光明日报出版社，2018.06.

[30] 曾学龙．民办高职院校思政课协同育人教学模式创新的实践 [M]．广州：广东高等教育出版社，2018.02.

[31] 李秀红，邹良影，陈敏青．众创背景下高职院校实践育人共同体建设研究 [M]．北京：中国水利水电出版社，2018.06.

[32] 孙新卿．高职院校校企协同育人模式理论与实践研究 [M]．延吉：延边大学出版社，2018.07.